»NUR WO DU ZU FUß WARST, BIST DU AUCH WIRKLICH GEWESEN.«

Johann Wolfgang von Goethe

Frank Eberhard, Markus und Janina Meier
Manfred Kostner, Bernd Ritschel

PANORAMABLICK und HÜTTENGLÜCK

Die schönsten Berghütten der Alpen

KAISERSCHMARRN UND BERGIDYLL

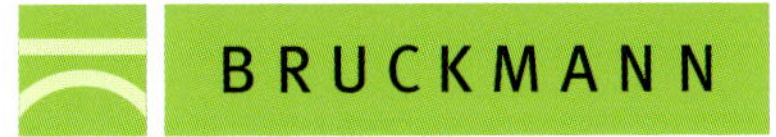

INHALTSVERZEICHNIS

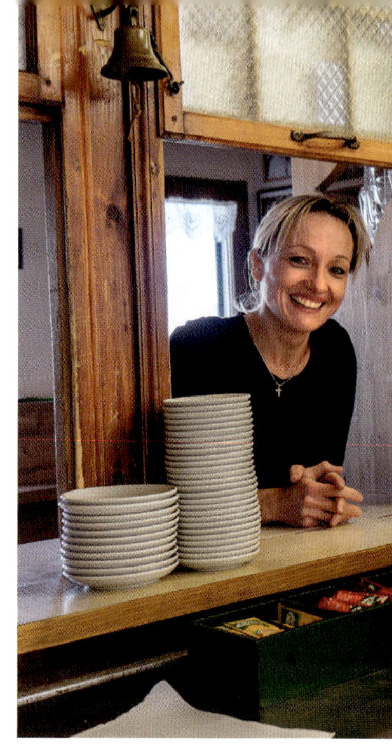

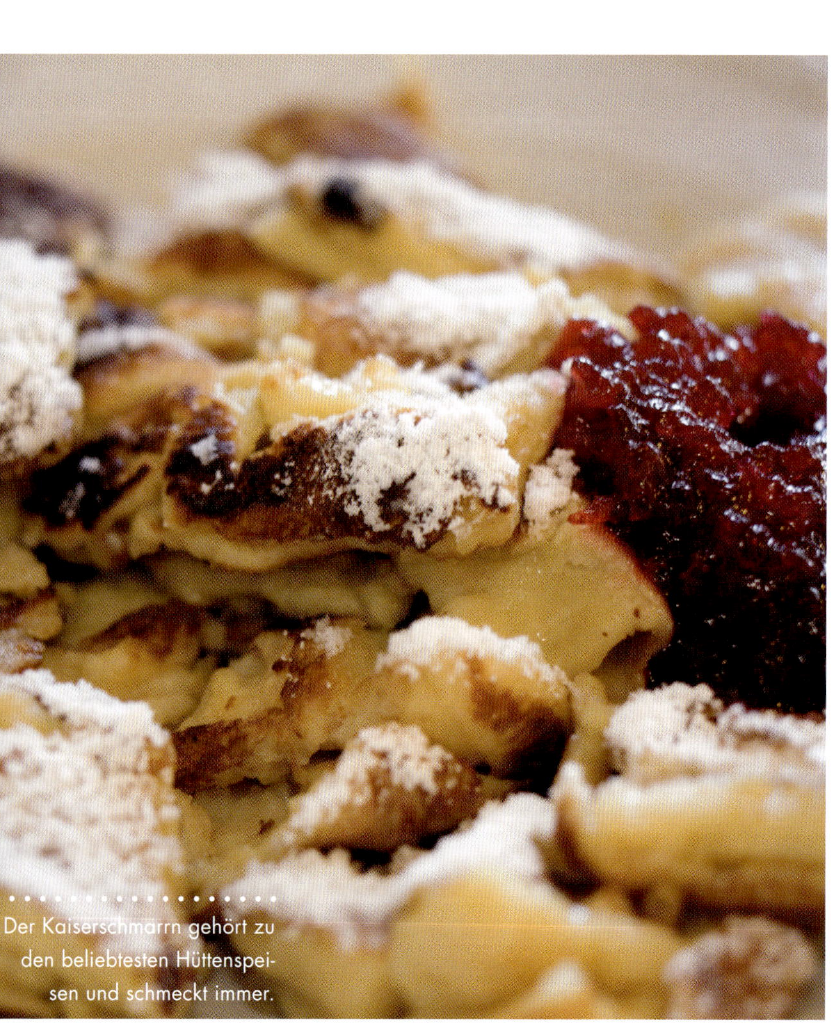

Der Kaiserschmarrn gehört zu den beliebtesten Hüttenspeisen und schmeckt immer.

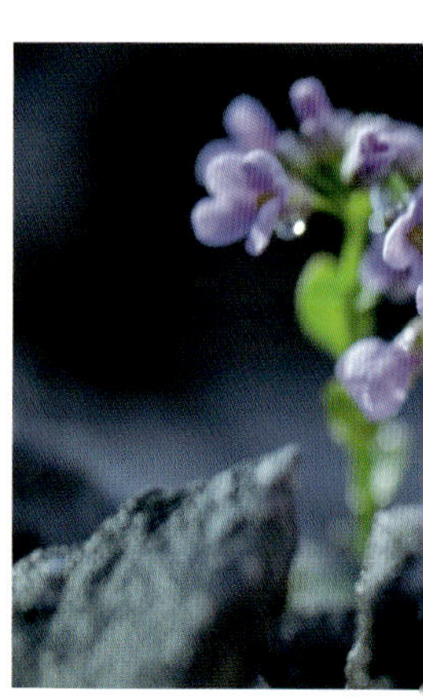

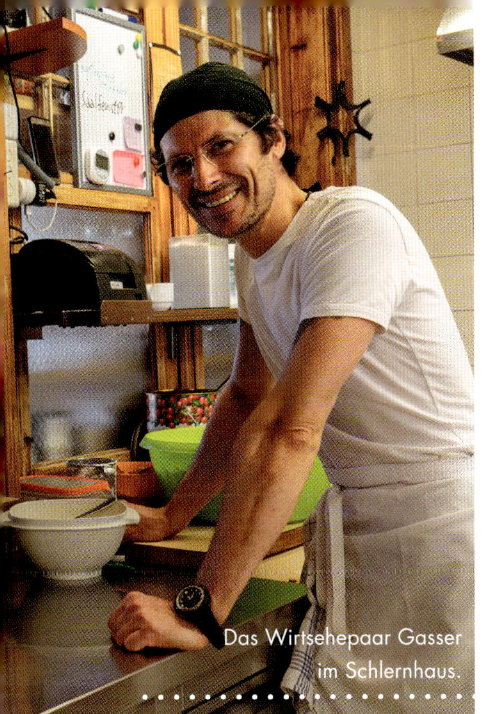

Das Wirtsehepaar Gasser im Schlernhaus.

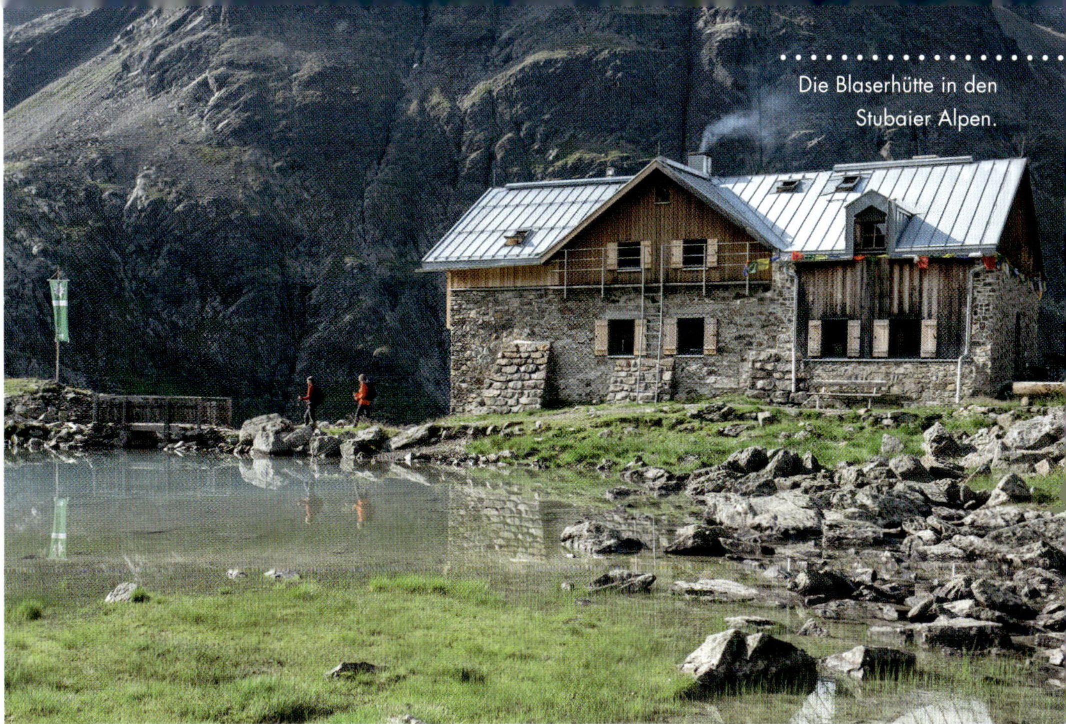

Die Blaserhütte in den Stubaier Alpen.

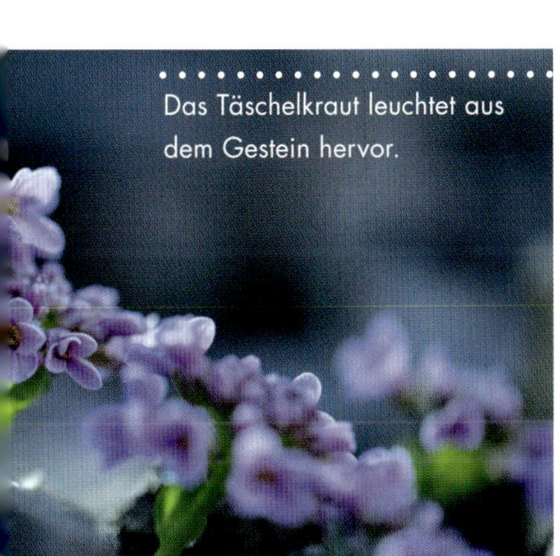

Das Täschelkraut leuchtet aus dem Gestein hervor.

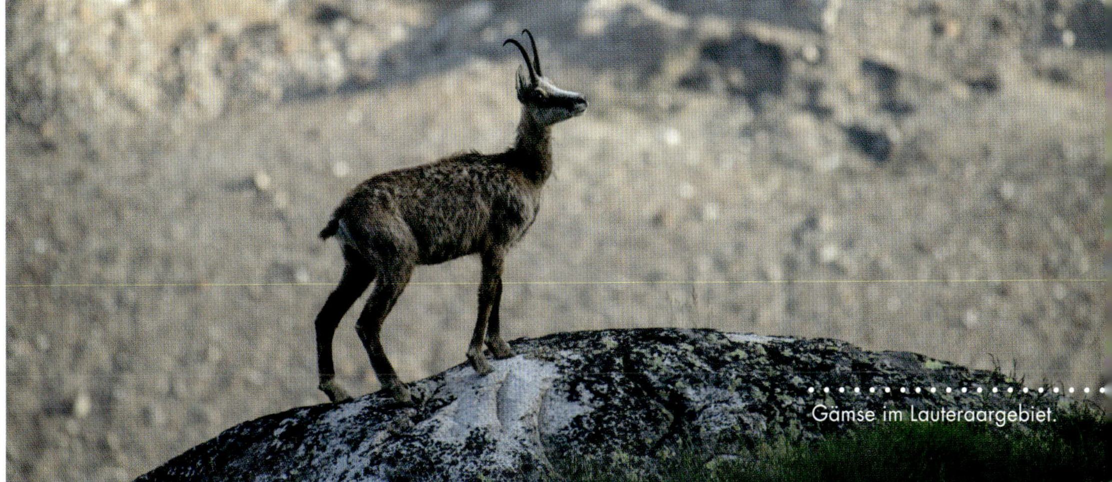

Gämse im Lauteraargebiet.

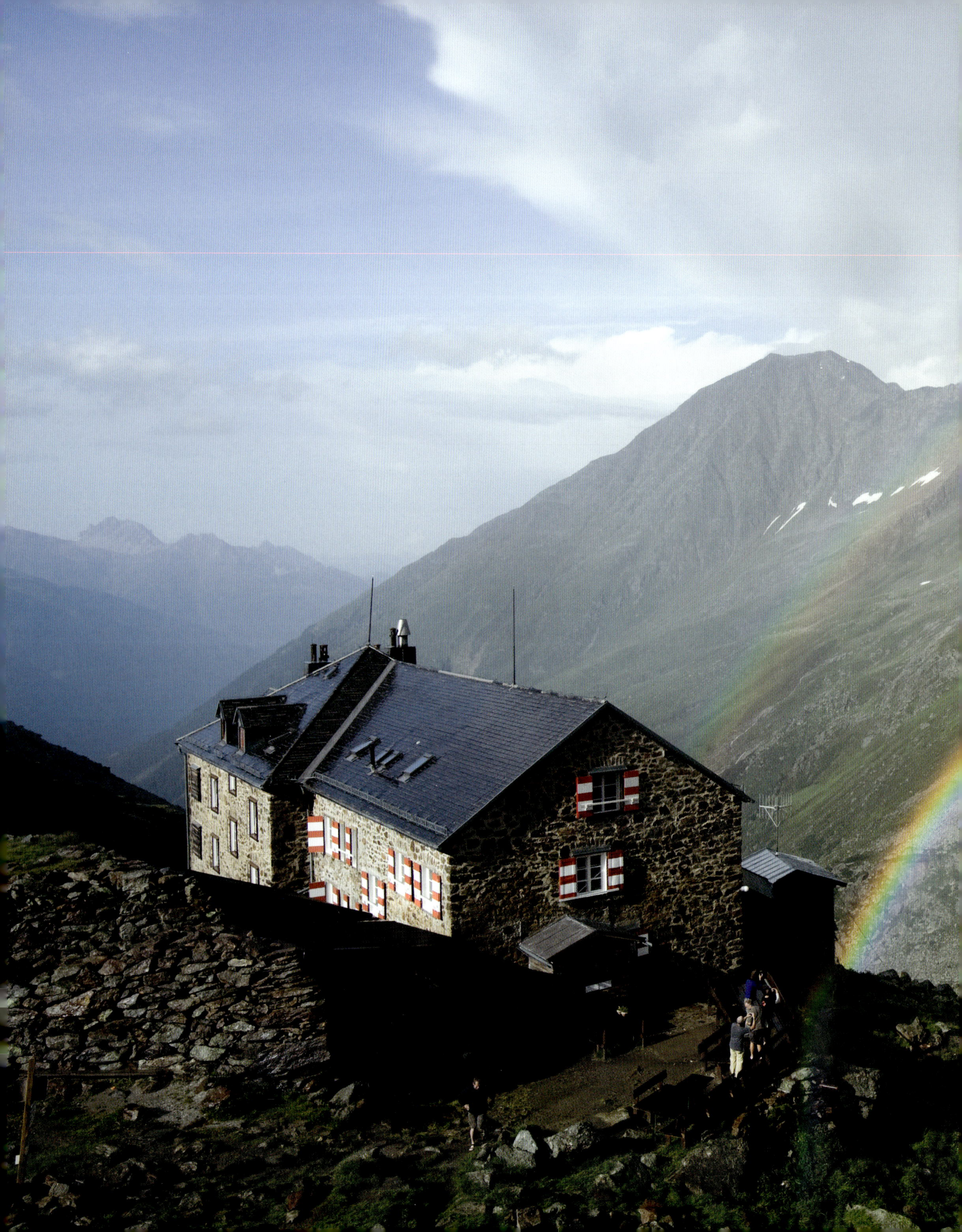

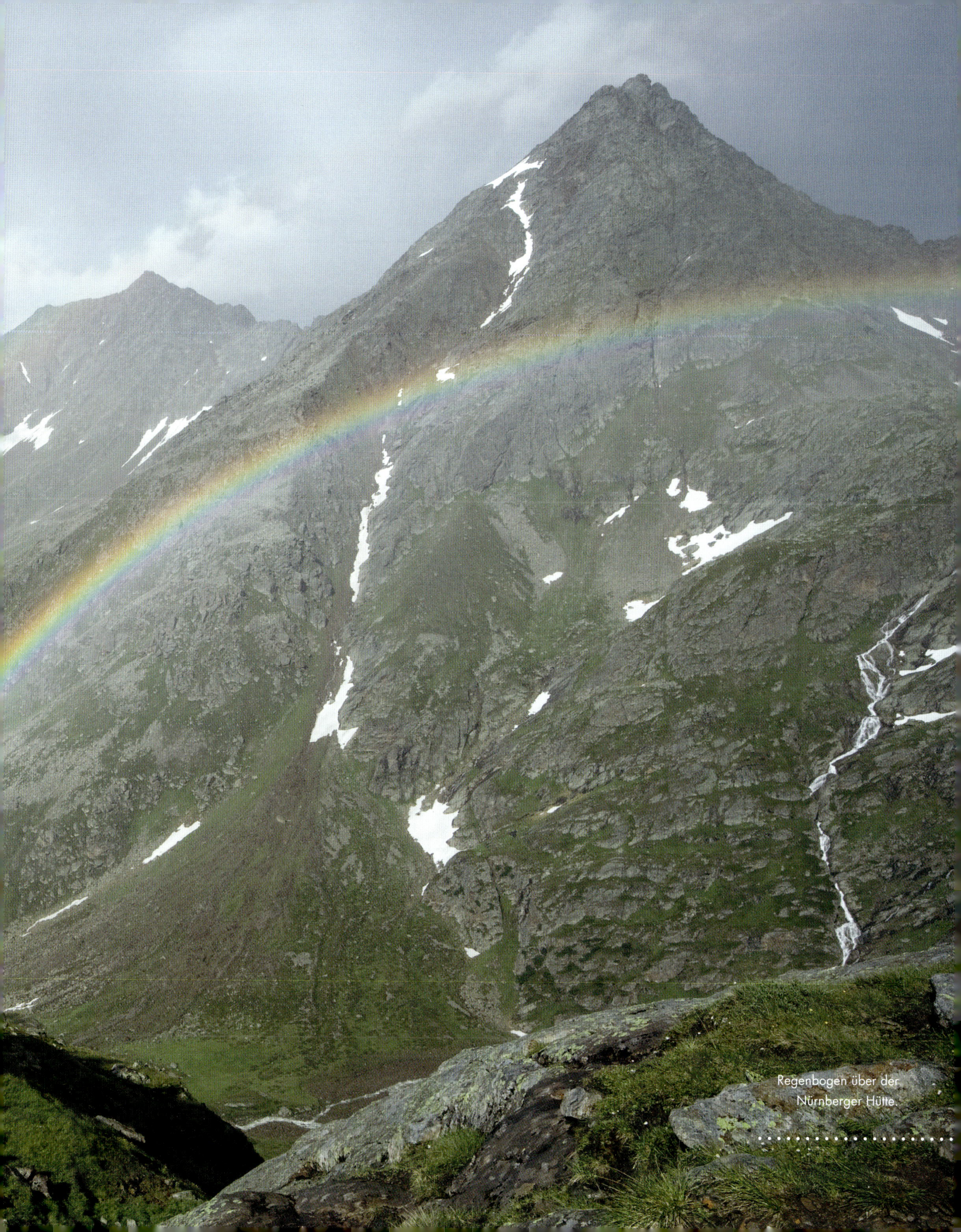

Regenbogen über der Nürnberger Hütte.

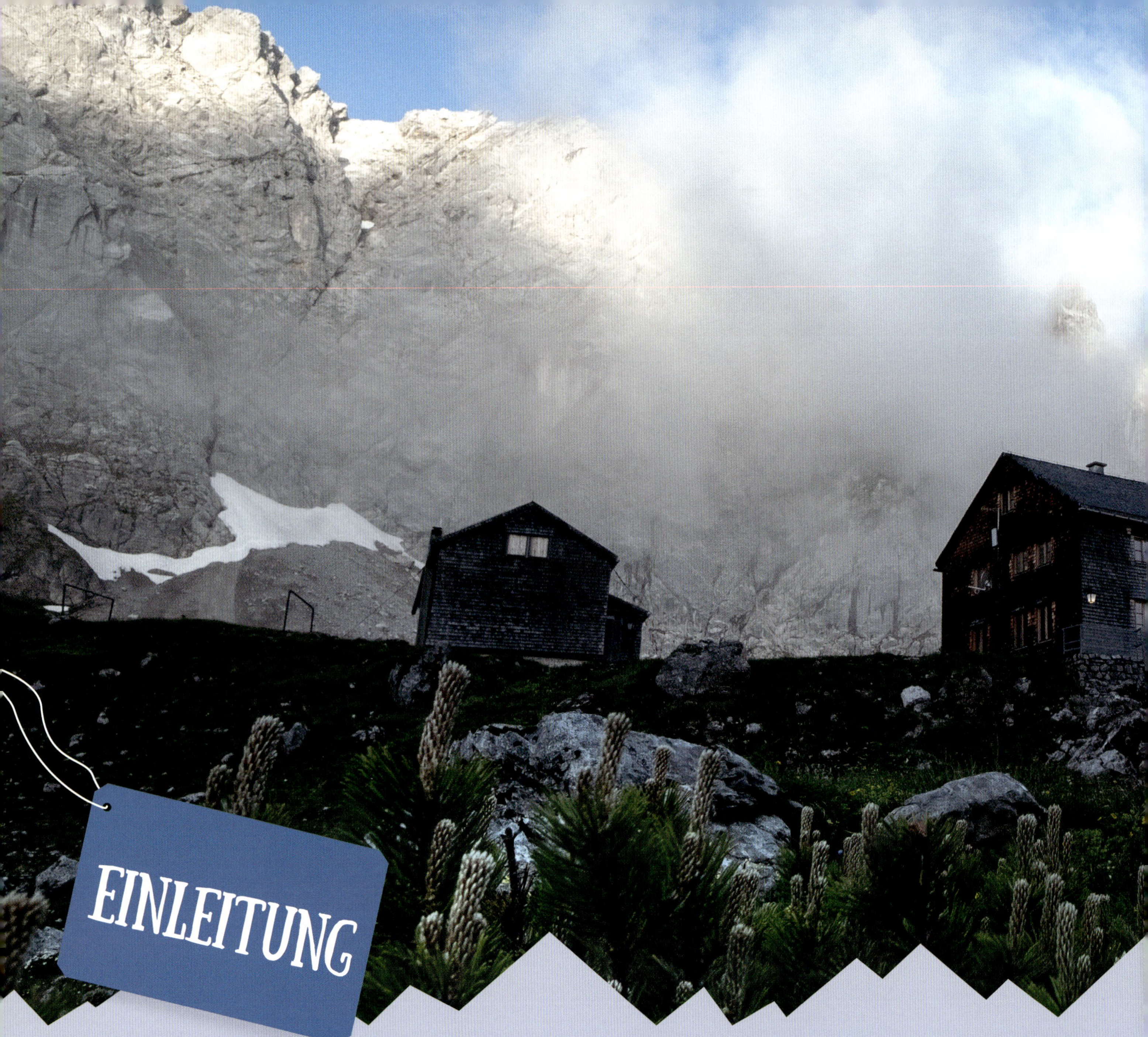

EINLEITUNG

Hüttentouren in den Alpen – wo sollen Wanderer da nur anfangen? Wo finden sie die schönsten Hütten? Welches Haus muss man besucht haben und wo verstecken sich tolle Geheimtipps? Fünf alpin erfahrene Bild- und Textautoren haben sich für dieses Buch zusammengetan und 85 Tipps für die Leser und Betrachter aufgestellt. Dafür streiften sie über Jahre durch vier Länder und lernten so die ihrer Meinung nach schönsten und spannendsten Hütten in Deutschland, Österreich, Italien und der Schweiz kennen. Das Ergebnis: Kapitel, die nicht nur aktuelle Informationen zur jeweiligen Hütte liefern, sondern auch mit hochwertigen Fotos sowie unterhaltsamen Texten Lust auf einen Besuch machen und ein Bild vom Leben hoch oben in den Bergen vermitteln.

Viel hat sich verändert, seit Ende des 18. Jahrhunderts die ersten Bergsteiger einfache Hütten in den Alpen erbauten. Damals waren die Häuser reine Stützpunkte für Gipfeltouren und das bleiben sie bis heute. Aber nicht nur Gipfelstürmer befinden sich unter den Gästen. Berghütten sind nun viel mehr – Stützpunkte für Weitwanderer, für Familien, für Kletterer und Kurse, aber auch reine Ausflugsziele um ihrer selbst willen. Geblieben ist – damals wie heute – die Faszination für die Berge und da spielen die Hütten in unseren Alpen

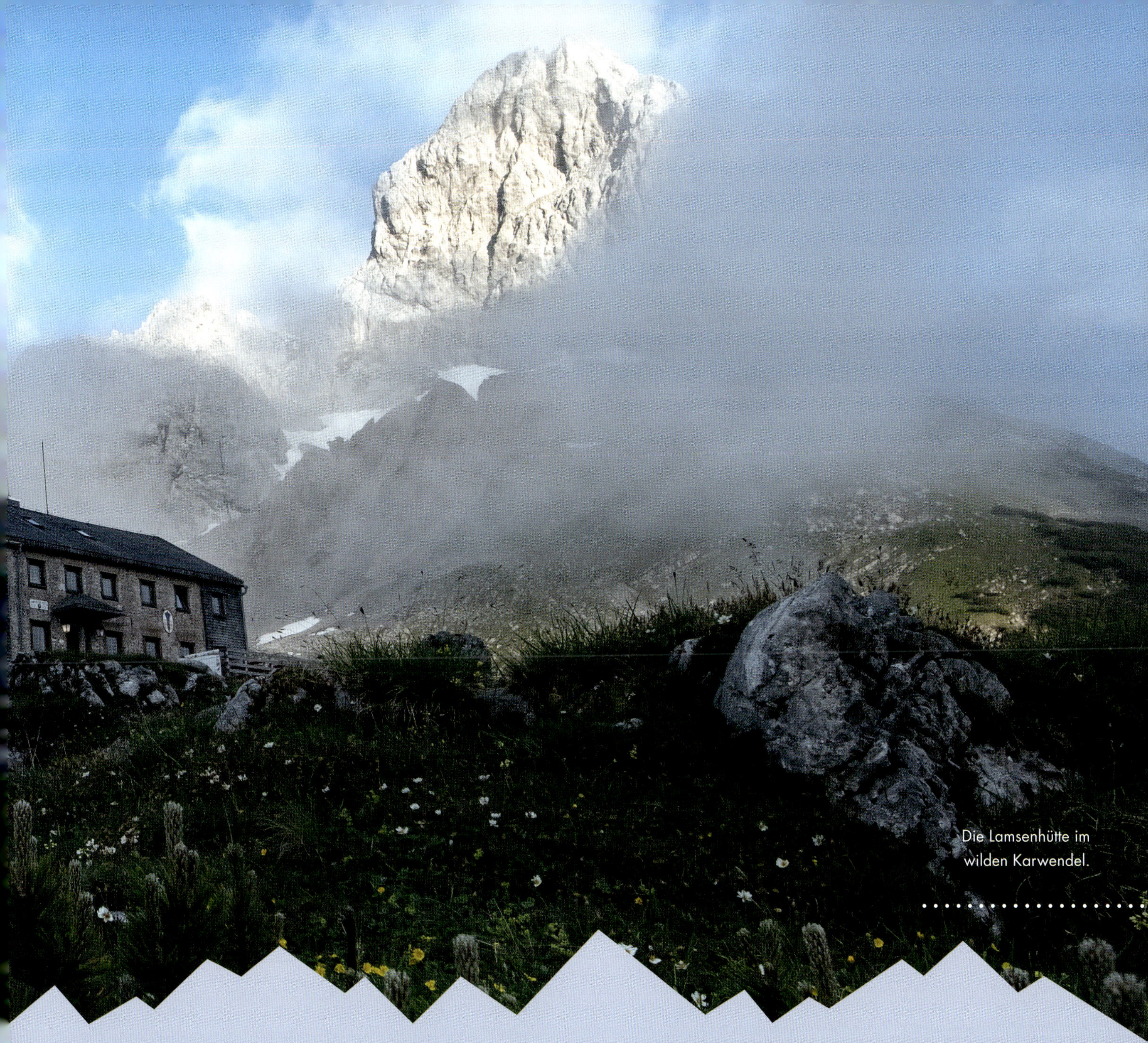

Die Lamsenhütte im wilden Karwendel.

eine wichtige Rolle. Jeder der Autoren erinnert sich an manch gemütlichen Hüttenabend, an dem er mit bislang fremden Menschen ins Gespräch kam und seinen Horizont wieder um ein Stück erweiterte.

Um Ihnen, verehrte Leserinnen und Leser, diese Erfahrungen zugänglich zu machen, haben wir hier unsere Top-Hüttenziele zusammengetragen. Sie sollen als Anregung und Vorauswahl dienen, um einzigartige Momente zu erleben. Die Bandbreite reicht dabei von hochalpinen Zielen über beeindruckenden Gletscherflächen bis hin zu schnell erreichbaren Hütten auf Blumenwiesen, von besagten Gipfelstützpunkten bis zu beliebten Treffpunkten, vom großen Haus mit dreistelliger Bettenzahl bis zur kleinen, weitgehend unbekannten Herberge. Beim Wandern und Entdecken wünschen Ihnen viel Freude!

Frank Eberhard
Manfred Kostner
Markus und Janina Meier
Bernd Ritschel

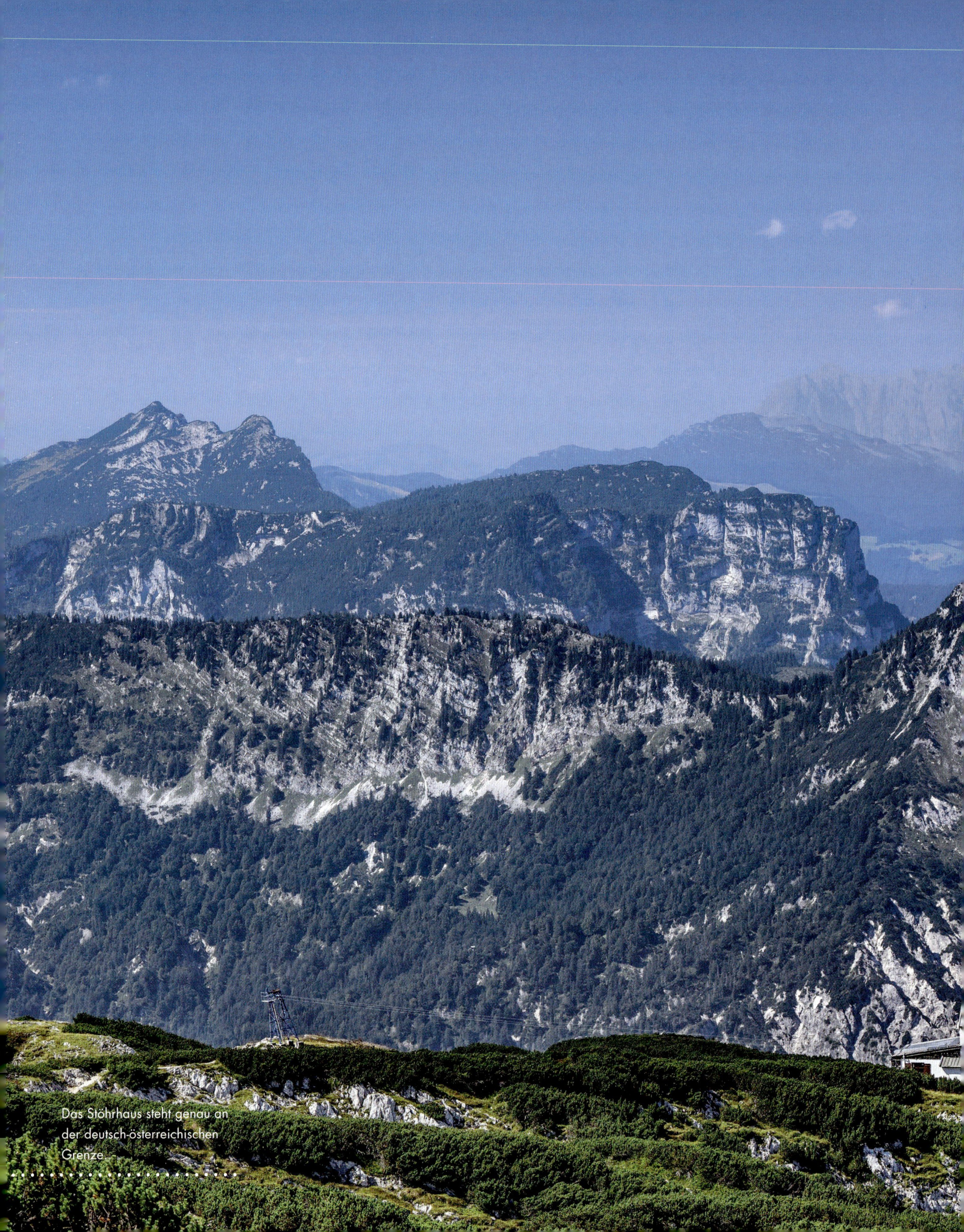
Das Stöhrhaus steht genau an der deutsch-österreichischen Grenze

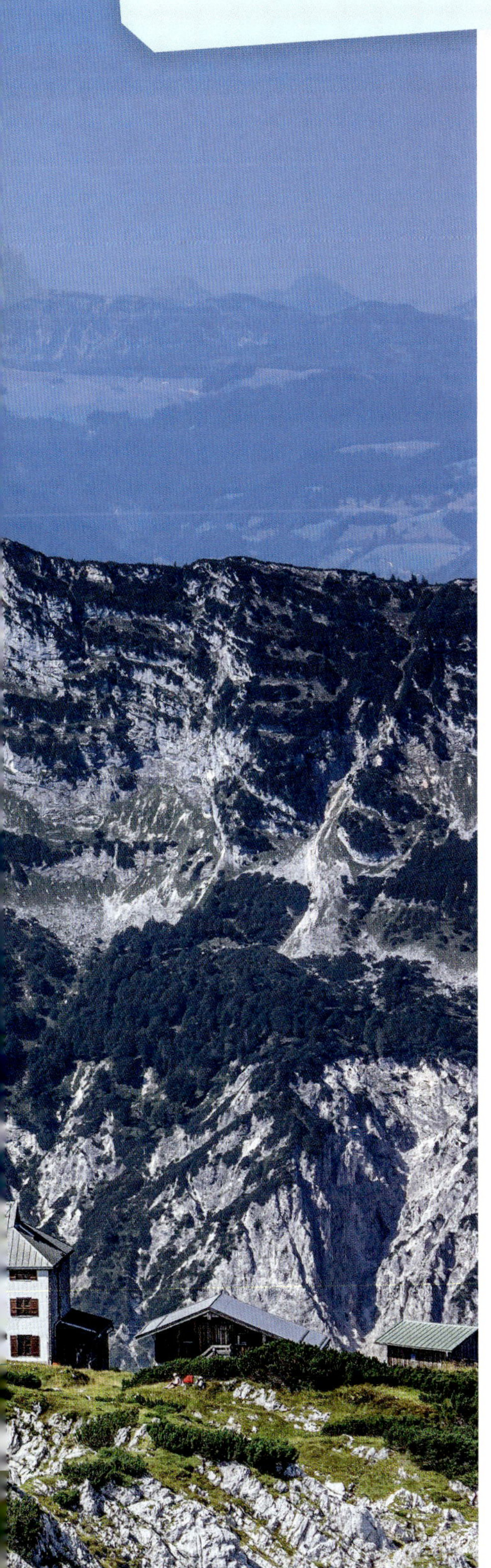

HÜTTEN IN DEUTSCHLAND

Zwischen Allgäu und Berchtesgaden

Das bayerische Bergland bietet eine Vielzahl an unterschiedlichen Landschaften. Genauso unterschiedlich wie die Landschaften sind auch die hier vorgestellten Berghütten. Von der neu erbauten Hütte über dem ehemaligen Jagdhaus von König Ludwig II. bis zur Gipfelhütte ist alles dabei.

Das Allgäu gehört zu den beliebtesten Gebirgsregionen der Alpen. Steile Grashänge sind dort typisch. Eindrucksvolle Hüttenstandorte und gemütliche Almen finden wir hier. Weiter östlich treffen wir auf das Wettersteingebirge mit seinen steilen Felsgipfeln, gefolgt vom Karwendelgebirge, das nur mit seinem nördlichen Teil zu Deutschland gehört. Es wartet aber mit ein paar sehr heimeligen Hütten auf. Auch die kleinen Ammergauer Alpen sind mit aufgeführt. Einen großen Teil nehmen natürlich die ausgedehnten Bayerischen Hausberge ein. Von Gipfelhütten bis zu beliebten Wanderhütten ist alles in der Region von Garmisch-Partenkirchen bis Rosenheim vertreten. Eine der beeindruckendsten Regionen in den deutschen Alpen ist ganz im Osten das Berchtesgadener Land. Auch dorthin machen wir einen Abstecher und stellen zwei tolle Hütten vor.

DIE TOP 5 HÜTTEN DER REGION

- **Meilerhütte**, 2366 m – Wie eine Festung in einer Scharte gelegen, bietet die Umgebung dieses Hauses große Touren.
- **Waltenbergerhaus**, 2084 m – Allein der Zustieg zur Hütte tief am Allgäuer Hauptkamm ist schon ein Abenteuer.
- **Soiernhaus**, 1616 m – Am Ufer der Soiernseen und bereits zur Zeit König Ludwigs II. ein traumhafter Standort.
- **Weilheimer Hütte**, 1955 m – Kurz unterhalb eines Gipfels ein wunderbarer Platz für einen Sonnenaufgang.
- **Tegernseer Hütte**, 1650 m – Ein Adlerhorst zwischen den Felsgipfeln Roß- und Buchstein.

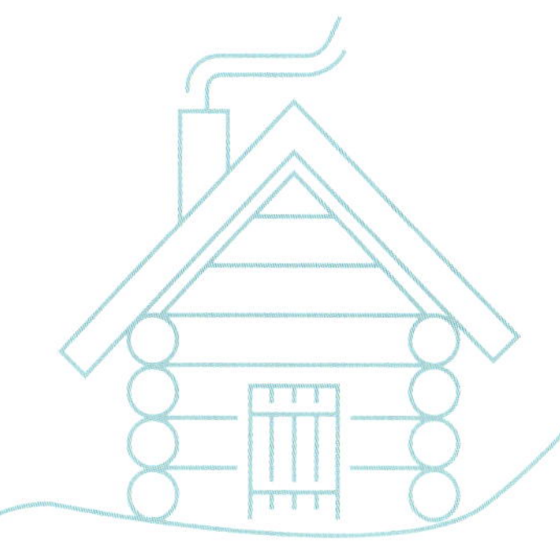

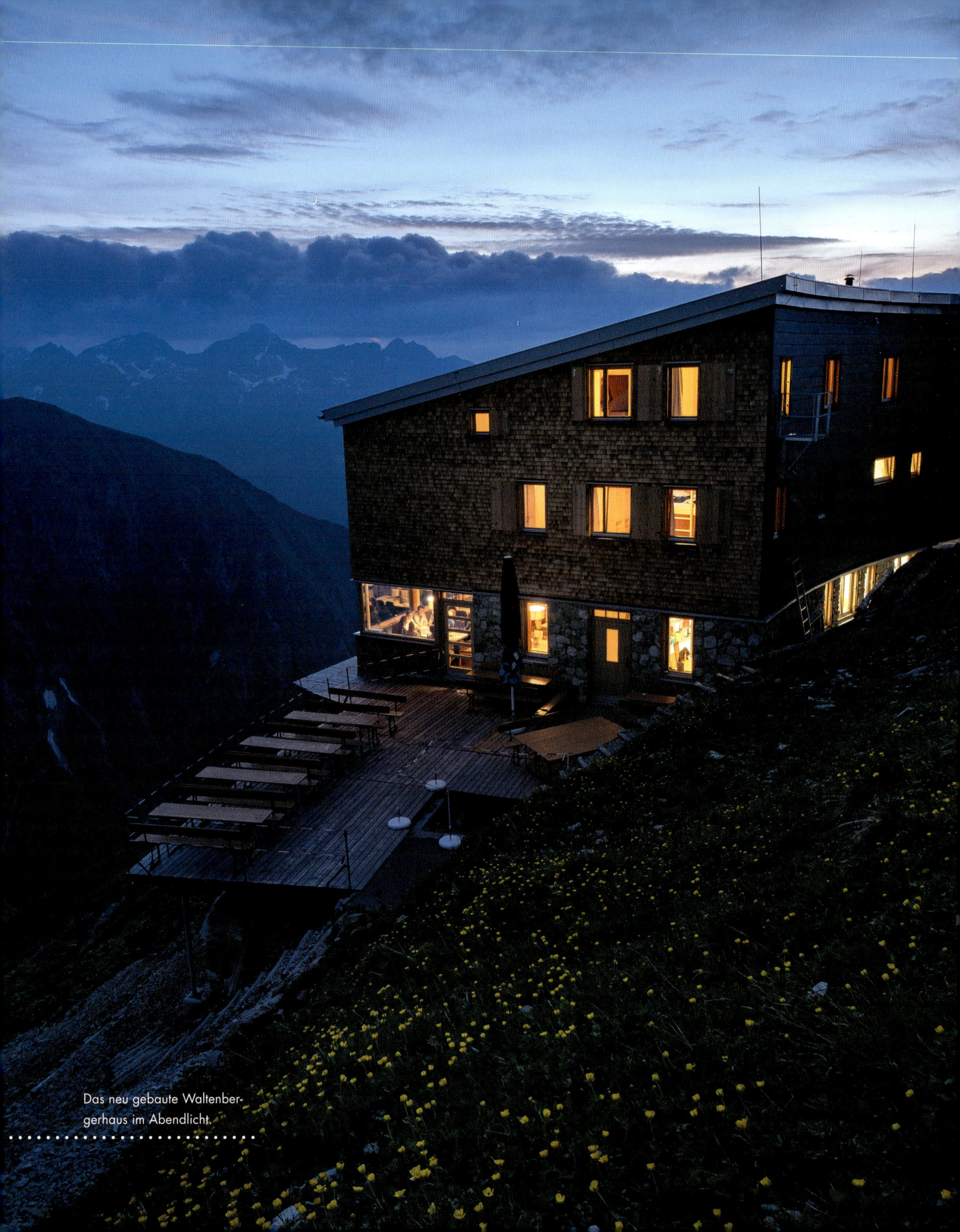

Das neu gebaute Waltenbergerhaus im Abendlicht.

Hüttenwirt Markus Karlinger führt das Waltenbergerhaus mit viel Elan.

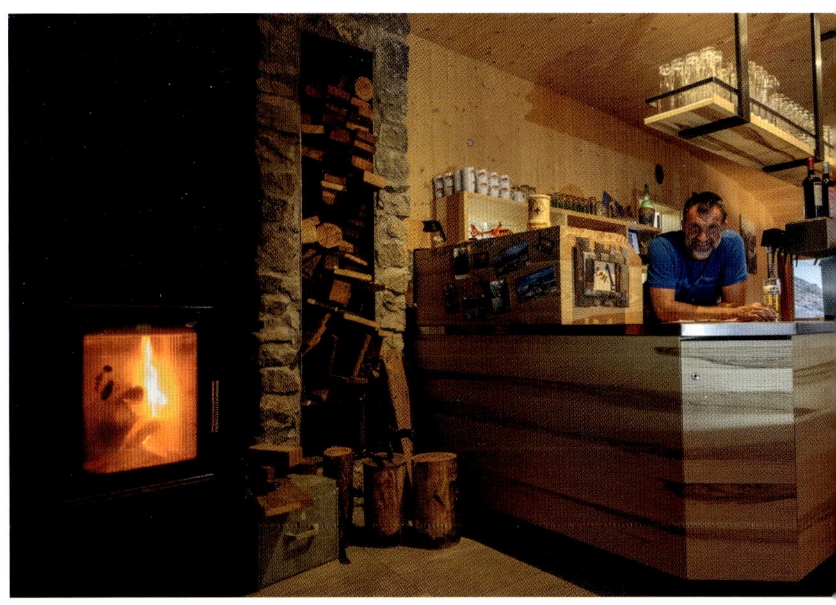

1 WALTENBERGERHAUS

Ins wilde Land der Steinböcke

Weit hinein in die Allgäuer Berge führt eine Wanderung zum Waltenbergerhaus. Wer hier unterwegs ist, taucht nicht nur auf einem schmalen Pfad in wilde Vegation entlang des Bacherlochbachs ein, sondern steigt auch dem berühmten Dreigestirn aus Hochfrottspitze, Mädelegabel und Trettachspitze entgegen. Während der düstere Tobel unterhalb des Hauses wenig Sonne sieht, schmiegt sich der moderne Neubau des Waltenbergerhauses aus dem Jahr 2017 auf 2084 Meter Höhe an steile, sonnige Hänge.

Hinter dem Haus geht es in das schottrige und schattige Bockkar. Seinen Namen trägt es zu Recht, dank der Steinböcke, die sich dort oft blicken lassen. Das zieht Naturfreunde an, vor allem auf die bekannte Steinbockrunde, die von Hütte zu Hütte führt. »Dort findest du normalerweise wirklich auf jeder Etappe Steinböcke, es sind sehr standorttreue Tiere«, erzählt Wirt Markus Karlinger. Er berichtet von Böcken, die sich bei wenig Betrieb schon fast bis an seine Terrasse herangetraut haben.

Hüttenverbindungswege bescheren dem Waltenbergerhaus den größten Teil der Gäste. Über dem Bockkar führt der beliebte, aber hochalpine Heilbronner Weg teils wie ein leichter Klettersteig ausgebaut an der berühmten Mädelegabel (2645 m) und ihrem Minigletscher Schwarze Milz vorbei. Mit dem Abschmelzen des Schwarzmilzferners ist in den kommenden Jahren zu rechnen. Dieser Verbindungsweg von Rappensee- und Kemptener Hütte verläuft ebenso über den Gipfel des Bockkarkopfs (2609 m).

Vor allem einheimische und routinierte Bergsteiger klettern auf das Horn der Trettachspitze (2595 m). Nach deren Überschreitung kehren sie gerne bei Karlinger ein. Dann locken zum Beispiel hervorragende und bereits optisch überzeugende Brotzeitplatten.

Schon seit 1875 gibt es hier oben eine Hütte. Diese veränderte sich natürlich immer wieder und wich zuletzt dem hellen, großzügigen und funktionalen Neubau mit 72 Schlafplätzen und 18 Notlagern. Das Waltenbergerhaus wird wegen seiner Lage als einzige Hütte in den Allgäuer Alpen per Helikopter versorgt. Der Zustieg gehört zu den schwierigsten in der Region: Zuerst geht es lange und noch einfach ins autofreie Tal nach Einödsbach heinein. Es folgt das Bacherloch – hier halten sich Schneereste bis tief in den Sommer. Der Pfad führt dann oft durch Absturzgelände und oben helfen Drahtseile und Metallstege, zum Haus in den tiefsten Tiefen des Allgäus zu gelangen.

> DER NEUBAU BEGEISTERT NICHT NUR VIELE BESUCHER, SONDERN AUCH WIRT MARKUS KARLINGER UND SEINE FAMILIE. SIE VERBRINGEN JÄHRLICH VIER SOMMERMONATE DORT OBEN. DER WIRT VERLÄSST SEINE »KLEINE HEILE WELT« IN DIESER ZEIT SELTEN, MANCHMAL GAR NICHT.

HÜTTENINFO

HÖHE 2084 m TALORT Oberstdorf (813 m)

ZUSTIEG Über Birgsau zum Weiler Einödsbach und dem Weg entlang des Bacherlochbachs folgen. Steil, teils gesichert, führt er aus dem tief eingeschnittenen Gelände hinaus und zur Hütte.

HÖHENMETER 1200 GEHZEIT 3,5 Std.

BUCHUNG www.waltenbergerhaus.de

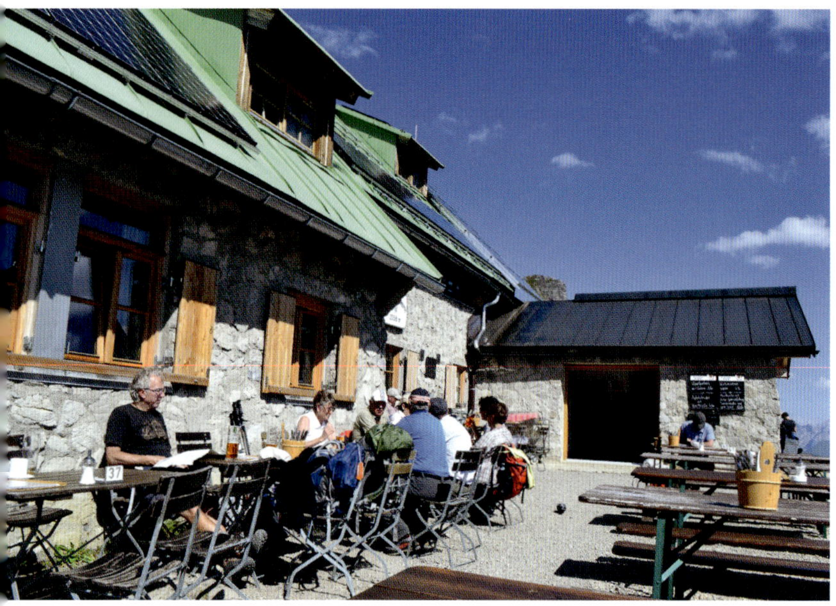

Auf der Terrasse der Mindelheimer Hütte lässt sich gut einkehren.

2 MINDELHEIMER HÜTTE

Über den Klettersteig

Die Mindelheimer Hütte ist vor allem als Stützpunkt des Mindelheimer Klettersteiges bekannt. Sie liegt am Endpunkt des an der Fiderepasshütte startenden Klettersteiges. Großartig ist der Eisenweg! Der Gang über die Schafalpenköpfe begeistert durch spannende Klettersteigpassagen und herrliche Ausblicke. Oben am Kemptner Köpfl ist der Zauber dann vorbei. Man könnte jetzt schnell ins Wildental absteigen und die Tour beenden. Empfehlenswert ist aber der Weiterweg zur Hütte. Vor allem weil der Abstieg ins Wildental noch einmal Konzentration erfordert, aber auch weil man sonst die gemütliche Mindelheimer Hütte verpassen würde. Völlig entspannt kann man sich auf der großen Terrasse niederlassen, ein kühles Getränk genießen und den Ausblick zum mächtigen Biberkopf bewundern. Neben dem Biberkopf entdeckt man den spitzen Gipfel der Trettach. Die Hütte ist ein richtiges Schmuckstück, »ohne WLAN und Drive-in«, wie es auf der Homepage steht. Dafür mit viel Gemütlichkeit und leckeren Speisen wie zu »Großmutters Zeiten«. Die Hütte wurde ab 2001 umfangreich saniert, hat sich ihren Hüttencharakter aber wunderbar erhalten. Somit kann man sich hier eine märchenhafte Auszeit von unserer schnelllebigen Zeit gönnen. Das gilt nicht nur für die Klettersteiggeher, sondern auch für die Wanderer, die über einen der vielen Wege aufgestiegen sind. Sei es durch das romantische Wildental mit seiner steilen Schlussetappe zur Kemptner Scharte, über den aussichtsreichen Birgsauer Höhenweg von Birgsau oder über den großartigen Zustieg über das Gemsteltal. Hier wandert man zuerst gemütlich durch das Tal bis zur Hinteren Gemstelalpe. Dann steigt man hinauf zur Oberen Gemstelalpe und geht weiter zum Koblat. Beeindruckend ist hier der Blick hinüber zum mächtigen Widderstein. Nun folgt der Übergang zur Mindelheimer Hütte – nicht schwer, aber doch etwas anstrengend. Mit etwas Glück können wir in einem der Felshänge Steinböcke beobachten. Die Tiere sind nicht besonders scheu, sodass sie sich oft in der Nähe des Wanderweges aufhalten. Nicht verschweigen möchten wir aber auch den direkten Anstieg zur Hütte. Von Birgsau geht es zur Talstation der Materialseilbahn. Idealerweise legt man diese Strecke mit dem Bike zurück. Ab hier spaziert man gemütlich über einen schönen Steig zur Hütte.

HÜTTENINFO

HÖHE 2013 m TALORT Mittelberg (1200 m)

ZUSTIEG Vom Parkplatz Schwendle oberhalb von Mittelberg auf breitem Weg in das Wildental. Vorbei am Wasserfall geht es zu einem steilen Aufschwung, der mithilfe von Drahtseilen überwunden wird. An der Kemptner Scharte sieht man bereits die Hütte, die man auf gutem Weg absteigend erreicht.

HÖHENMETER 890 GEHZEIT 4 Std.

BUCHUNG www.mindelheimer-huette.de

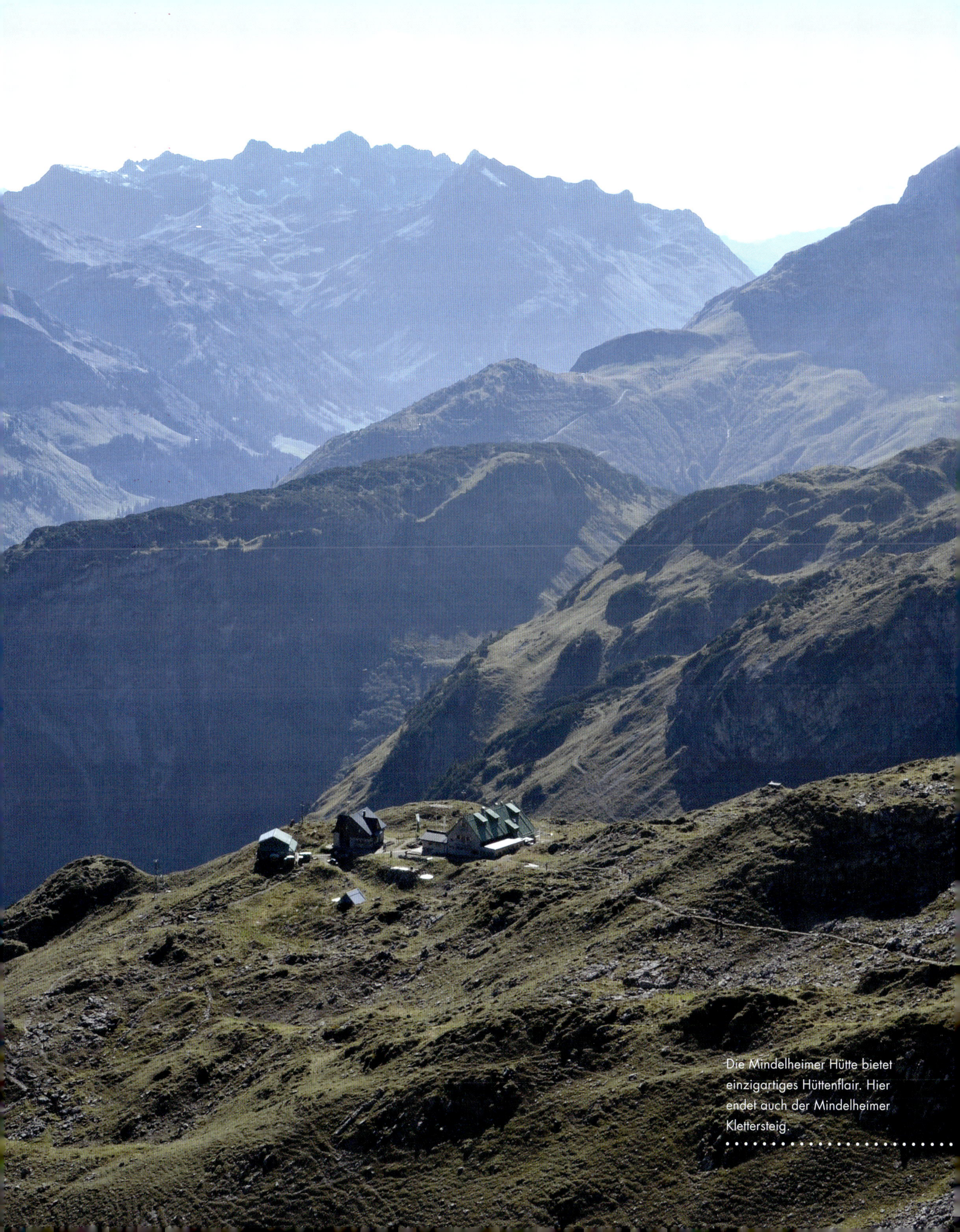

Die Mindelheimer Hütte bietet einzigartiges Hüttenflair. Hier endet auch der Mindelheimer Klettersteig.

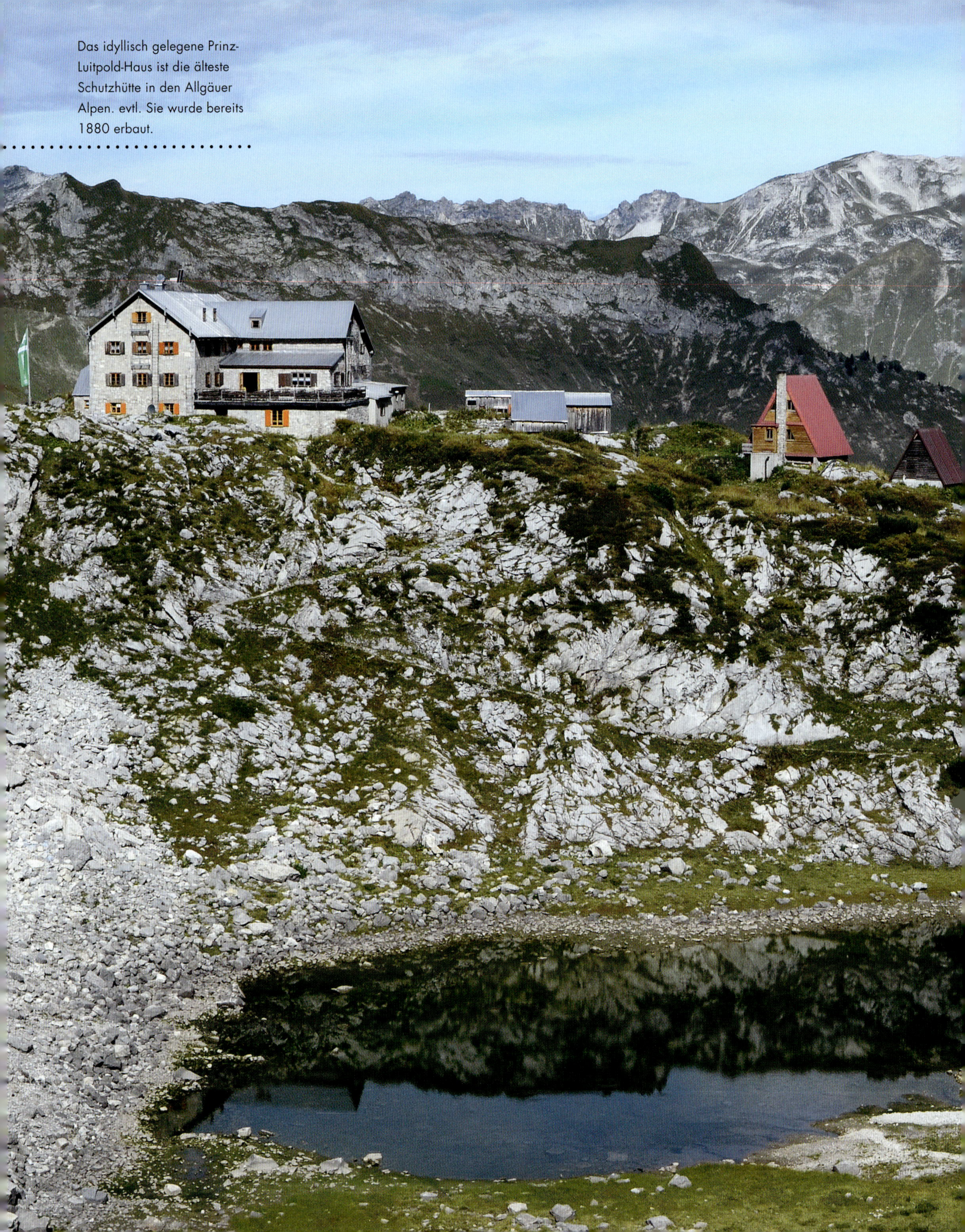

Das idyllisch gelegene Prinz-Luitpold-Haus ist die älteste Schutzhütte in den Allgäuer Alpen. evtl. Sie wurde bereits 1880 erbaut.

Es ist immer wieder eine große Freude, in den Alpen auf Edelweiß zu treffen.

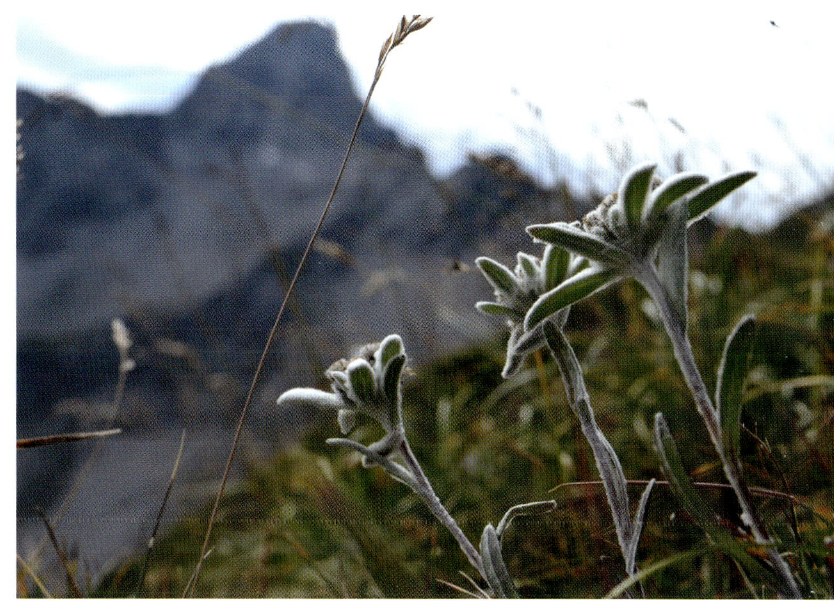

3 PRINZ-LUITPOLD-HAUS

Kalkberge wie aus dem Geologielehrbuch

Wer sich dem Prinz-Luitpold-Haus nähert, staunt nicht schlecht: Die Felswände, die um den großen Stützpunkt des Alpenvereins aufragen, gehen als Meisterwerke der Alpenfaltung durch. Der Kalk windet sich derart, dass dies die Kräfte verbildlicht, die bei der Entstehung der Berge arbeiteten. Und die Kräfte der Natur wirken immerfort. Denn der bekannteste und formschönste Berg in Hüttennähe, der Hochvogel (2593 m), droht nach Süden hin auseinanderzubrechen. Ein riesiger und zig Meter tiefer Riss spaltet nämlich den Gipfelbereich.

Glücklicherweise liegt das Prinz-Luitpold-Haus an der nördlichen und damit sicheren Seite des Berges. Zur Entstehungszeit dieses Buches ist der Bäumenheimerweg auf der österreichischen Seite gesperrt, sodass Hochvogel-Aspiranten meist über die hier vorgestellte Hütte ansteigen. Der markante, aber instabile Hausberg stellt jedoch bei Weitem nicht den einzigen Grund dar, die Pächterfamilie Erd zu besuchen. In ihren 14 Jahren auf dem Staufner Haus, am Hochgrat, weit im Westen des Allgäus, verliehen sie diesem Kultstatus. Das Prinz-Luitpold-Haus liegt zwar weiter weg vom Schlag, sodass die schnellen Feierabendbesucher dort die Ausnahme sind. Schließlich steht erst mal eine Bus- oder Fahrradfahrt von Hinterstein zum Giebelhaus an, bevor es hinaufgeht. Doch Kletterkurse und Bergsteiger, die sich an die wilden Gipfel um das Haus herum wagen, werden die Erd'sche Art zu bewirten schätzen. Kletterrouten rund um das Haus machen es zu einem idealen Ausbildungsstützpunkt.

Das Gleiche gilt für das steile Schneefeld »Kalter Winkel«, das bis tief in den Sommer besteht und schon als Trainingsgelände für Bergretter diente. Es liegt auf dem Weg zum Hochvogel, schmilzt mittlerweile aber spätestens zum Spätsommer ab und hinterlässt unangenehmes Schottergelände. Schöner gestaltet sich der Weg über die Kreuzspitze: Ein durchgehender leichter Klettersteig reduziert die Risiken massiv, wenngleich dieser Weg ausgesetzter ist. Doch nicht jeder muss zum Hochvogel: Das Prinz-Luitpold-Haus liegt an verschiedenen Routen von Hütte zu Hütte. Außerdem lockt mit dem Wiedemerkopf (2163 m) ein alpin anspruchsvoller Hausberg, dessen Anstieg an den entscheidenden Stellen gesichert ist.

MITTEN IN DEN ALLGÄUER HOCHALPEN GELEGEN, DIENT DAS PRINZ-LUITPOLD-HAUS ALS STÜTZPUNKT FÜR GIPFELTOUREN, ALLEN VORAN AUF DEN HOCHVOGEL, SOWIE FÜR KLETTERER UND HÜTTENWANDERER.

HÜTTENINFO

HÖHE 1846 m TALORT Hinterstein (866 m)

ZUSTIEG Vom Giebelhaus (Bus von Hinterstein) in das Bärgündeletal und über die Bärgündelealpe zur Hütte.

HÖHENMETER 800 GEHZEIT 2,5 Std.

BUCHUNG Link zum Reservierungssystem unter www.prinz-luitpoldhaus.de

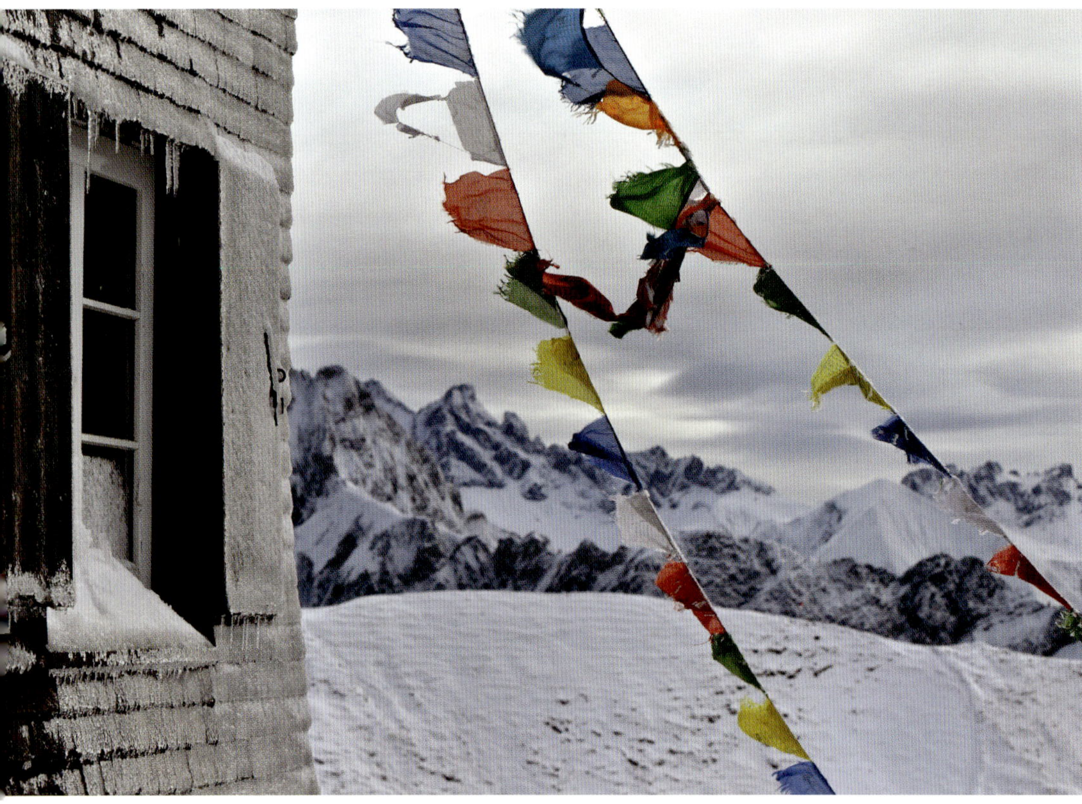

Der Wind lässt die Fahnen am Edmund-Probst-Haus flattern.

4 EDMUND-PROBST-HAUS

Ausgangspunkt für große Touren

Eine Alpenvereinshütte direkt neben der Station eines Skigebietes – das mag zuerst einmal seltsam klingen. Doch die Traditionsunterkunft von 1890 am Nebelhorn macht tatsächlich Sinn: Sie liegt nicht nur wunderbar über Oberstdorf und mit Blick auf die berüchtigte Höfats, sondern bietet sich als leicht erreichbarer Startpunkt für große Touren an. Am nur 300 Meter höher gelegenen Gipfel des Nebelhorns beginnt der lange Hindelanger Klettersteig und in die Tiefen der Allgäuer Alpen führt der Laufbacher-Eck-Weg.

HÜTTENINFO

HÖHE 1932 m TALORT Oberstdorf (813 m)

ZUSTIEG Von der Bergbahnstation Höfatsblick in wenigen Schritten zur Hütte. Oder von Oberstdorf an Schattenbergschanze und Vorderer Seealpe vorbei zum Haus.

HÖHENMETER 0 oder 1120 GEHZEIT 0 oder 3,5 Std.

BUCHUNG www.edmund-probst-haus.de

5 DIETERSBACHALPE

Am Fuß der steilen Grasberge

Die Dietersbachalpe liegt unter einem der ikonischsten Berge der Allgäuer Alpen: Direkt über der Alphütte ragen die extrem steilen Grasflanken der viergipfligen Höfats (2258 m) in den Himmel. Eine Tour zur Hütte an der 400 Jahre alten und unter Denkmalschutz stehenden Bergbauernsiedlung Gerstruben geht als leichte Wanderung durch. Wer dagegen auf die Höfats will, muss sich im steilen Gras und über Fels mit nur wenigen Sicherungsmöglichkeiten bewegen, während unter einem der Abgrund gähnt. Alternativ gibt es eine Umrundung des Massivs via Älpelesattel und Oytal.

HÜTTENINFO

HÖHE 1325 m TALORT Oberstdorf (813 m)

ZUSTIEG Vom Parkplatz am Golfplatz südlich von Oberstdorf via Gerstruben zur Hütte.

HÖHENMETER 450 GEHZEIT 2 Std.

BUCHUNG Keine Übernachtungsmöglichkeit

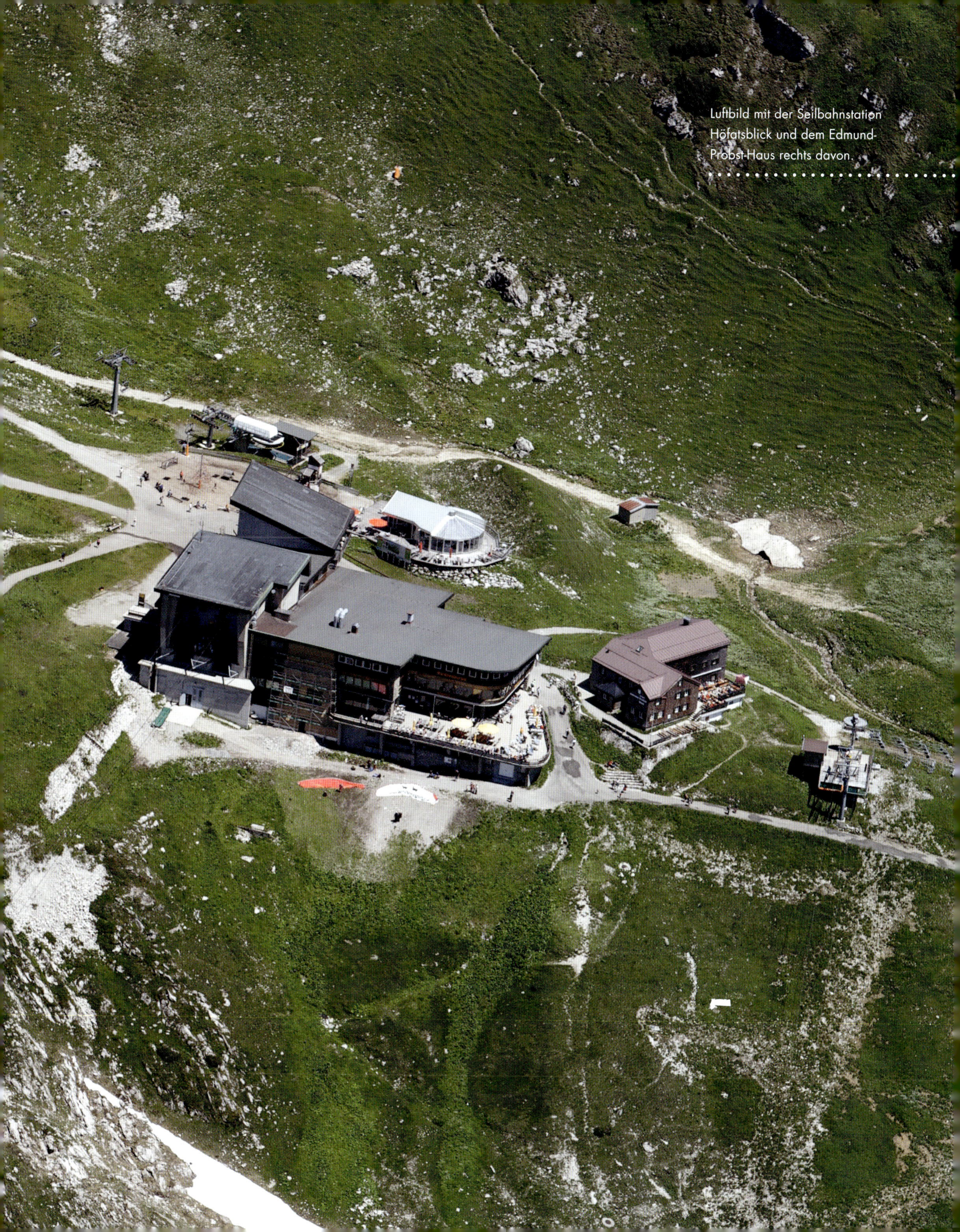

Luftbild mit der Seilbahnstation Höfatsblick und dem Edmund-Probst-Haus rechts davon.

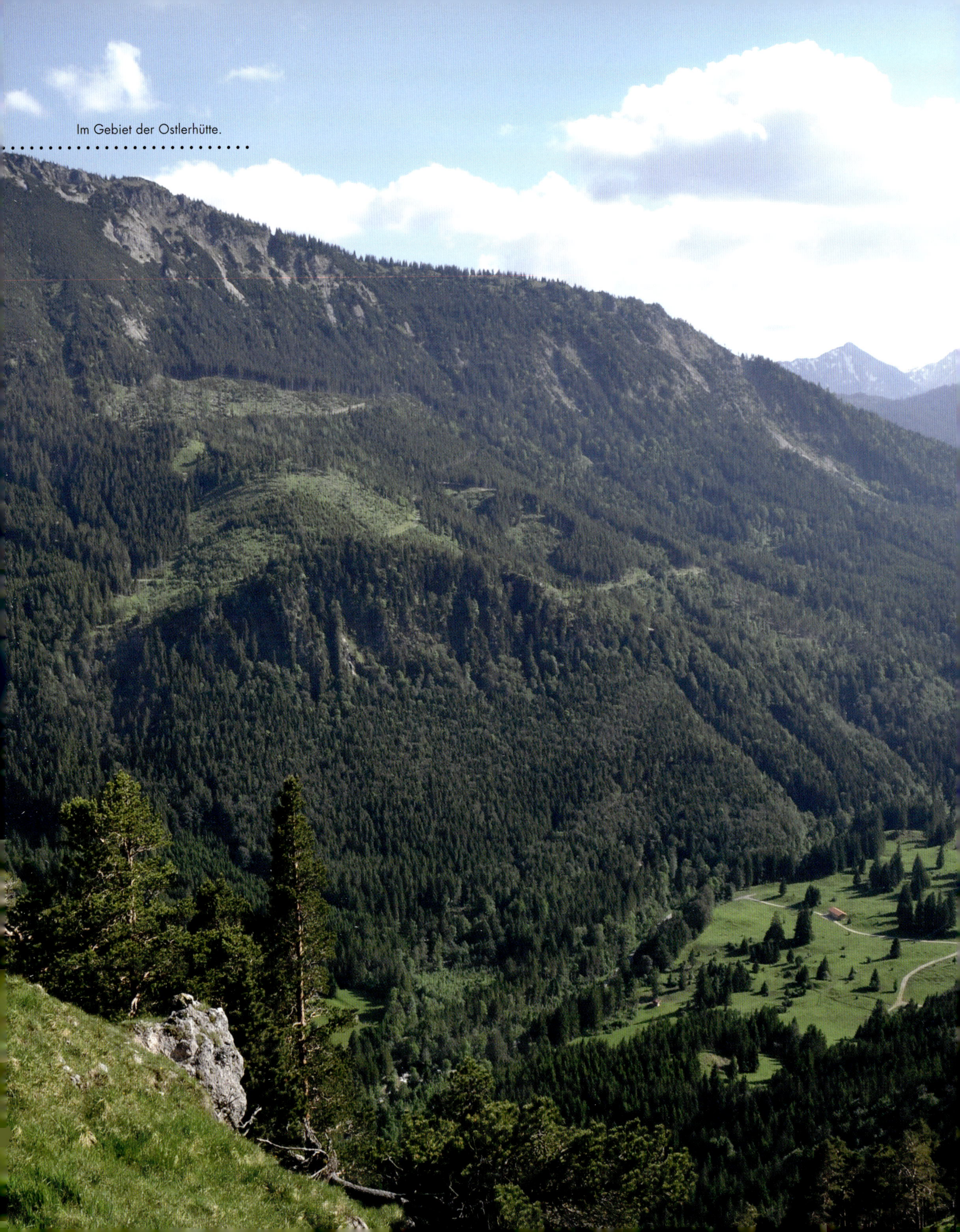

Im Gebiet der Ostlerhütte.

Auch im Winter ist die Ostlerhütte ein schönes Ziel für Skifahrer und Rodler.

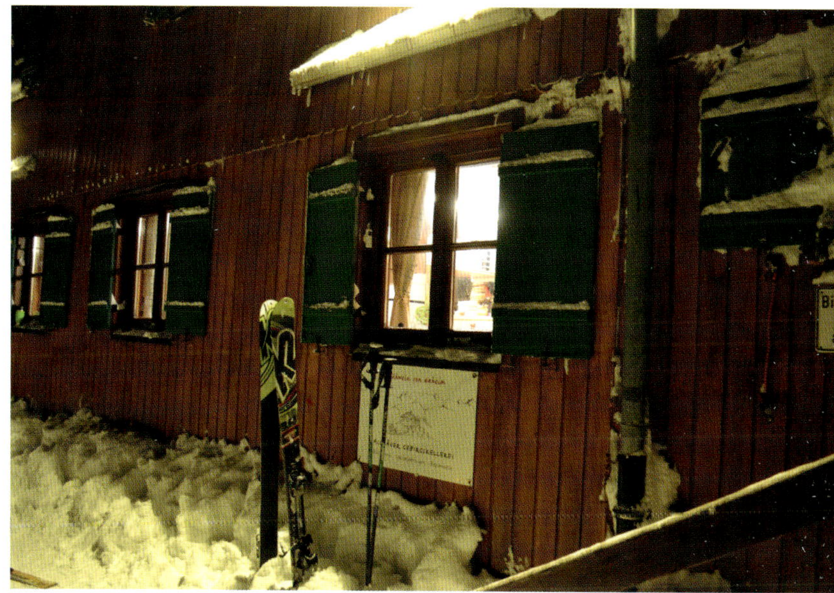

6 OSTLERHÜTTE Gipfelhaus über dem Ostallgäu

So richtig oft gibt es das in Deutschland nicht, schon gar nicht im Allgäu: eine Hütte mitten auf dem Gipfel eines Bergs. Was Freunde des 360-Grad-Ausblicks eher aus Italien kennen, bietet auch die Ostlerhütte über dem Ostallgäu. Sie sitzt in 1838 Meter Höhe auf dem Gipfel des Breitenbergs und bietet damit besonders aussichtsreiche Brotzeiten: auf der einen Seite die lieblichen Hügel des Allgäus, die ins Flachland übergehen, auf der anderen die formschönen Tannheimer Berge mit der dominierenden Nordflanke des Aggensteins (1986 m). Auch er lässt sich in einer nicht ganz leichten und dennoch für geübte Wanderer machbaren Bergtour von der Ostlerhütte aus erreichen.

Ob es nun Wermutstropfen oder großer Vorteil ist, dass sich der Anstieg durch die Breitenberg- und Hochalpbahn auf etwa eine halbe Stunde verkürzen lässt, muss jeder für sich selbst entscheiden. Denn natürlich lockt die Bahn zusätzliches Publikum an. Doch darauf kann sich jeder einstellen. Und es heißt nicht automatisch, dass auf den längeren Wanderwegen zur Hütte viel los ist. Denn ganze sechs Touren führen zur Ostlerhütte, sodass sich auch an schönen Tagen der Andrang verteilt. Die verschiedenen Routen aus dem Tal nehmen meist zwischen zwei und drei Stunden Aufstiegszeit in Anspruch.

Egal, über welchen dieser Wege es hinaufgeht: Treffpunkt für alle ist oben die gemütliche Hütte, die Wirtin Andrea Heiligensetzer seit Anfang 2016 führt. Kräftige Unterstützung bekommt sie dabei von ihrer Familie, sodass im Haus mit seiner Aussichtsterrasse stets eine freundliche Atmosphäre herrscht. Auf die Speisekarte haben die Heiligensetzers natürlich Allgäuer Spezialitäten gesetzt, die sie vor allem aus regionalen Produkten zubereiten.

Ein großer Vorteil der Ostlerhütte mit ihren 40 Übernachtungsplätzen ist, dass sie auch im Winter geöffnet hat. Somit bieten sich Aussicht und Gipfelessen im Warmen auch während der kalten Monate an. Dabei lässt sich die Hütte sowohl auf einem präparierten Winterwanderweg vom Sessellift als natürlich auch mit Tourenski oder Schneeschuhen vom Tal aus erreichen. Als Extras gibt es noch einen wöchentlichen Skitouren-Stammtisch und eine sechs Kilometer lange Rodelstrecke. Im Tal bringt ein Bus die Rodler dann wieder zur Talstation der Breitenbergbahn zurück.

DIE OSTLERHÜTTE SITZT EXPONIERT AUF DEM GIPFEL DES BREITENBERGS UND BIETET BLICKE AUF DIE DÜSTERE NORDWAND DES AGGENSTEINS SOWIE IN DAS LIEBLICHE ALPENVORLAND. SIE LÄSST SICH ZU FAST JEDER ZEIT IM JAHR ERREICHEN.

HÜTTENINFO

HÖHE 1838 m TALORT Pfronten (853 m)

ZUSTIEG Zahlreiche Möglichkeiten. Am schönsten vom Parkplatz/Bushaltestelle an der Achtalstraße auf der Nordseite hinauf und über den Westrücken zur Hütte.

HÖHENMETER 950 GEHZEIT 2,5 Std.

BUCHUNG www.huette-mit-herz.de

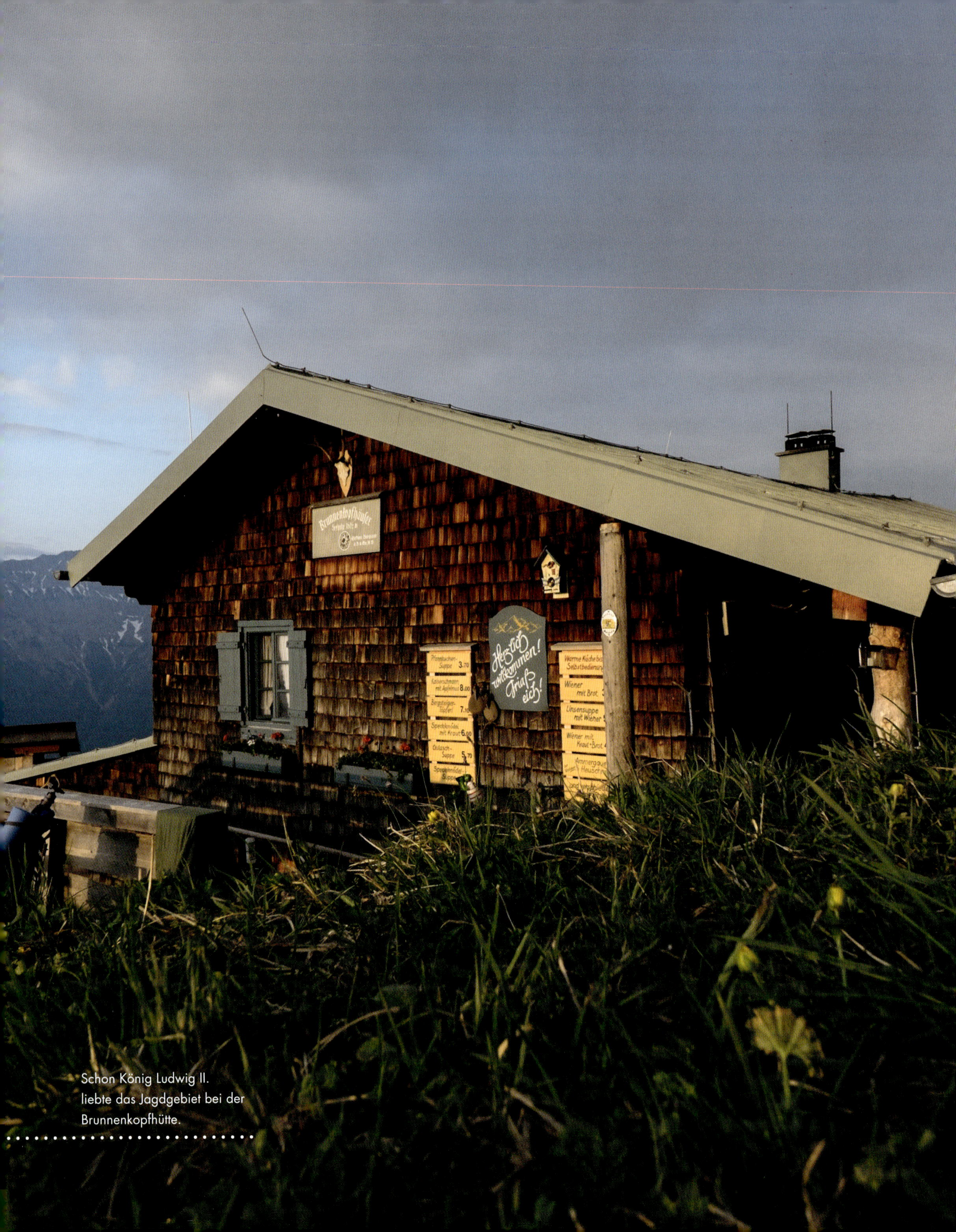

Schon König Ludwig II. liebte das Jagdgebiet bei der Brunnenkopfhütte.

Das Hüttenteam der Brunnenkopfhütte bei der Arbeit.

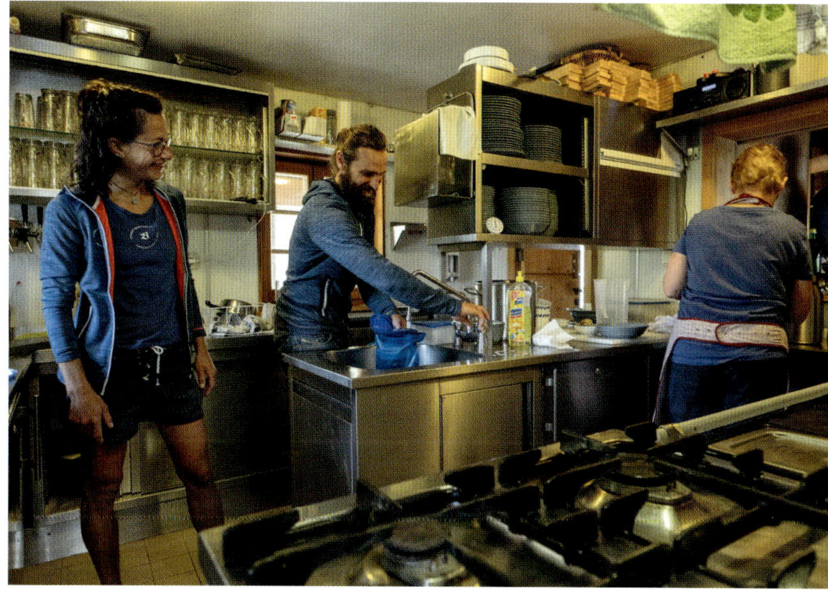

7 BRUNNENKOPFHÜTTE

Im Ammerwald

Der bayerische Märchenkönig Ludwig II. hatte einen Blick für grandiose Landschaften. Überall in den bayerischen Bergen findet man an besonders schönen Orten seine ehemaligen Jagdhäuser. Hoch über dem Graswangtal, wo sein Lieblingsschloss Linderhof steht, warten die Brunnenkopfhäuser auf Besuch. Auch bei ihnen handelt es sich um ehemalige Jagdhäuser des Königs, die in prächtiger Aussichtsposition am Südhang des Brunnenkopfes liegen. Die Hütten erreicht man auf dem gut ausgebauten Reitweg von Schloss Linderhof. Dies ist der gleiche Weg, auf dem der König mit der Kutsche zur Hütte hinaufgefahren wurde.

Heute gehören die Hütten der DAV-Sektion Bergland. Eine der beiden Hütten ist bewirtschaftet. Im Jahre 2019 übernahm der Garmisch-Partenkirchner Luis Baudrexl die Hütte und verwöhnt nun mit seinem Team die Gäste. Um den Besuchern den Aufenthalt möglichst entspannt zu gestalten, stellte er von Selbstbedienung auf Bedienung um. Somit kann man bei leckerer Brotzeit in wunderbarer Ruhe die Aussicht auf die mächtige Kreuzspitze auf der anderen Talseite genießen. Wer noch ein wenig mehr sehen möchte, der sollte noch auf einen der umliegenden Gipfel steigen. Hüttenberg ist der nahe Brunnenkopf, der sich nur etwas mehr als einhundert Meter oberhalb der Hütte erhebt. Auch wenn der Anstieg nur kurz ist, so ist die Spritztour zum Gipfel nicht zu unterschätzen; das Gelände ist doch relativ steil, sodass man schon einigermaßen trittsicher sein sollte. Deutlich weiter und auch etwas anspruchsvoller ist die Große Klammspitze. Wirklich ausgesetzt sind aber nur die letzten Meter zum Gipfelkreuz. Hier oben bietet sich dann ein großartiges Panorama bis zum eindrucksvollen Wetterstein mit der Zugspitze. Wer den Gipfel überschreiten möchte, wird mit einer großartigen Gratrunde belohnt. Leider kommt man beim Abstieg nicht mehr an der gemütlichen Hütte vorbei. Dafür spaziert man dann durch das wildromantische Sägertal.

EINFACH, ABER SCHÖN IST DAS LEBEN AUF DER BRUNNENKOPFHÜTTE – UND DIE LAGE IST IMMER NOCH FANTASTISCH.

Wer drei Tage Zeit hat, sollte sich die Ammergauer Königstour vornehmen: Von Oberammergau wandert man am ersten Tag über den Kofel zum August-Schuster-Haus am Pürschling. Über den Teufelstättkopf geht es am nächsten Tag zu den Brunnenkopfhäusern. Den Abschluss bildet dann die Überschreitung der Großen Klammspitze.

HÜTTENINFO

HÖHE 1602 m TALORT Graswang (677 m)
ZUSTIEG Von Schloss Linderhof auf dem ehemaligen königlichen Reitsteig über steile Südhänge zur Hütte.
HÖHENMETER 670 GEHZEIT 2 Std.
BUCHUNG www.brunnenkopfhuette.eu

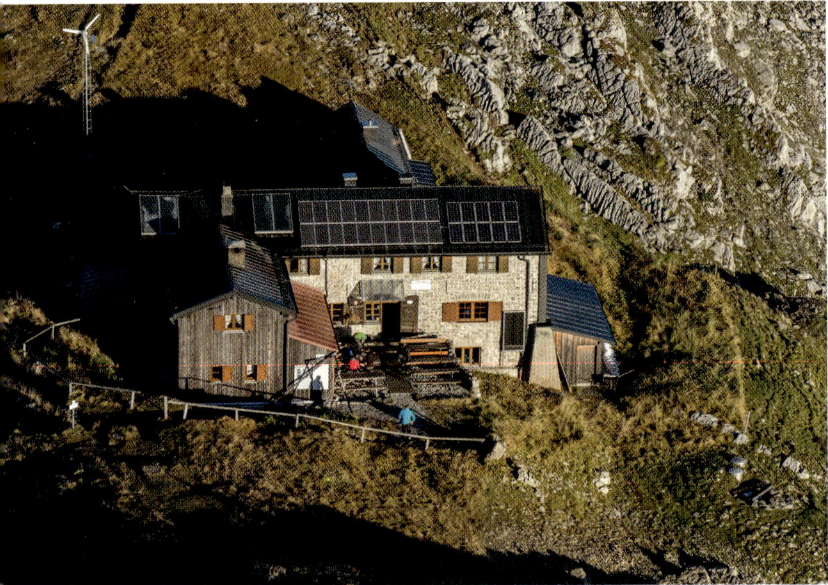

Die Weilheimer Hütte ist ein hoher Hüttenstandort im Estergebirge.

8 WEILHEIMER HÜTTE Sonnenaufgang

Die Weilheimer Hütte liegt mitten im Estergebirge am Fuße des Krottenkopfes. Es ist nicht weit hinauf zum nahen Gipfel, dem höchsten Punkt dieses kleinen Gebirges. Somit bietet sich der Gipfel ideal für das Erleben traumhafter Stimmungen an. Egal, ob Sonnenauf- oder -untergang: Der Blick ins Karwendel und zum Wettersteingebirge ist einfach immer fantastisch.

Allerdings ist der Weg zur Hütte weit – ob man aus dem Tal von Oberau, Farchant, Krün oder Garmisch-Partenkirchen aufsteigt oder die Seilbahn zum Wank nimmt.

Der kürzeste Zugang ist noch jener von der Bergstation der Wankseilbahn. Dann muss man zuerst 500 Höhenmeter zur Esterbergalm absteigen. Etwas mehr als drei Stunden ist man trotzdem unterwegs, bis man auf der Hütte ankommt. Die Anstiege aus dem Tal benötigen dagegen alle zwischen vier und fünf Stunden. Oben erwartet uns dann Christian Weiermann, der die Hütte seit einigen Jahren bewirtschaftet. Mit Ende zwanzig entschied er sich für dieses anstrengende, aber erfüllende Leben. Christian selbst ist leidenschaftlicher Fotograf und kann uns natürlich Tipps für die besten Fotostandorte verraten. Wie schon erwähnt, ist der Krottenkopf der Hüttengipfel der Weilheimer Hütte. Nur knapp 30 Minuten sind es auf dem unschwierigen Wanderweg, bis man am Gipfelkreuz mit dem großartigen Panorama steht. Gegenüber lockt noch ein weiteres Gipfelkreuz – am Oberen Rißkopf. Der kleine Gipfel ist in knapp zwanzig Minuten von der Hütte zu erreichen und bietet einen tollen Tiefblick auf das Loisachtal. Wer nach einer Nacht auf der gemütlichen Hütte einen Hüttenabstieg mit schöner Aussicht unternehmen möchte, der kommt am Hohen Fricken auf seine Kosten. Der Steig führt vorbei am Bischof und erreicht auf einem aussichtsreichen Schlussabschnitt das Gipfelkreuz auf dem Fricken. Hier präsentiert sich das Wettersteingebirge von seiner schönsten Seite. Alle Gipfel sind wie an einer Perlenkette aufgereiht. Vom Hohen Fricken gibt es dann zwei Abstiegswege. Möchte man nach Garmisch-Partenkirchen zurück, geht man nach Norden bis in die Nähe der Esterbergalm und wandert auf der breiten Straße hinunter ins Tal. Eine eindrucksvolle, wenn auch sehr steile Alternative ist der Abstieg nach Farchant. Kurz vor dem Ort kommt man an den grandiosen Kuhfluchtwasserfällen vorbei, die über drei Stufen und insgesamt 270 Meter herunterstürzen.

HÜTTENINFO

HÖHE 1955 m TALORT Garmisch-Partenkirchen (708 m)
ZUSTIEG Von der Bergstation der Wankbahn über den aussichtsreichen Rücken und einen schmalen Steig hinab zur Esterbergalm. Auf breitem Fahrweg zur Talstation der Materialseilbahn. In vielen Serpentinen wandert man hinauf zur Hütte.
HÖHENMETER 690 GEHZEIT 3 Std.
BUCHUNG www.dav-weilheim.de/huetten/weilheimer-huette/

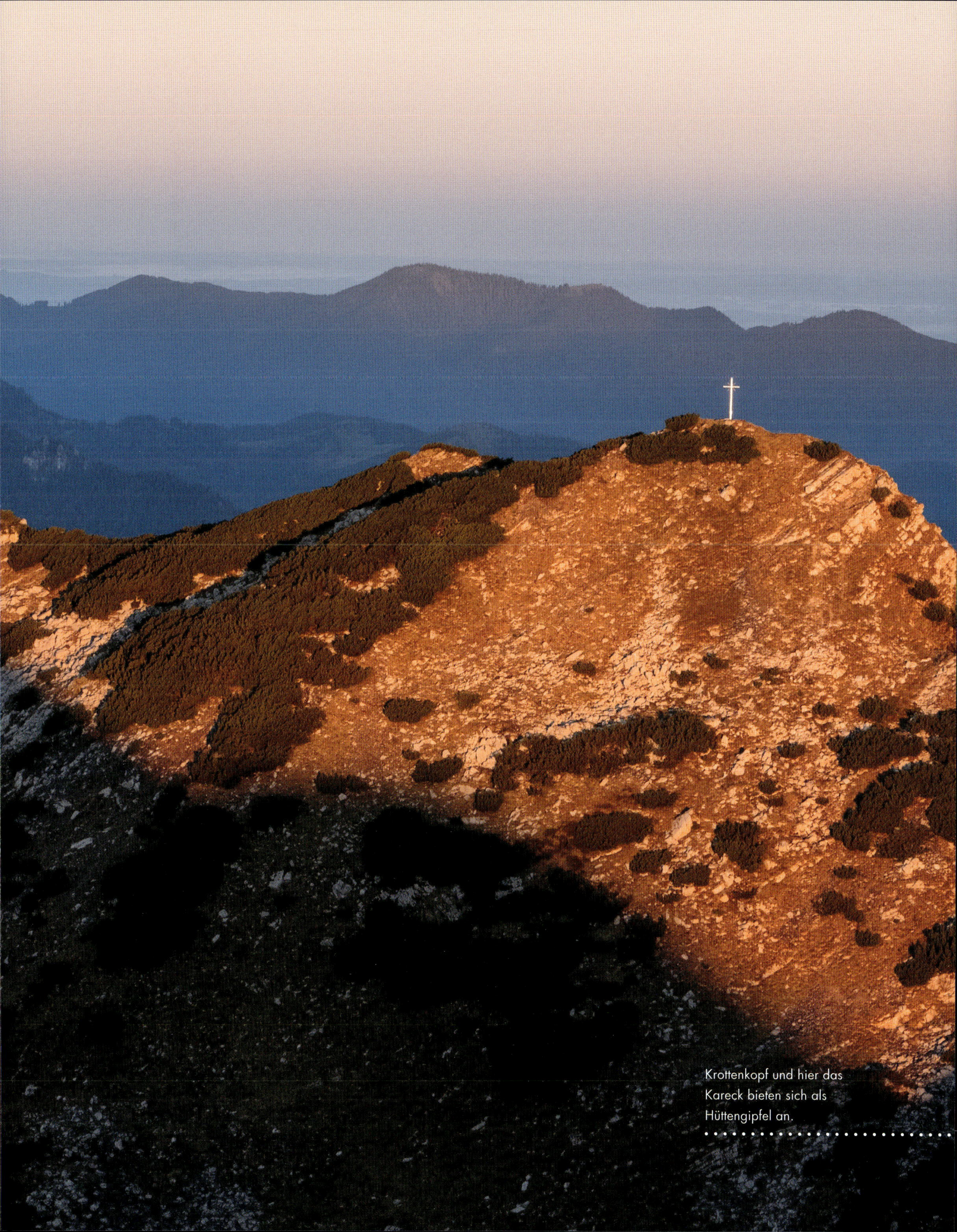

Krottenkopf und hier das Kareck bieten sich als Hüttengipfel an.

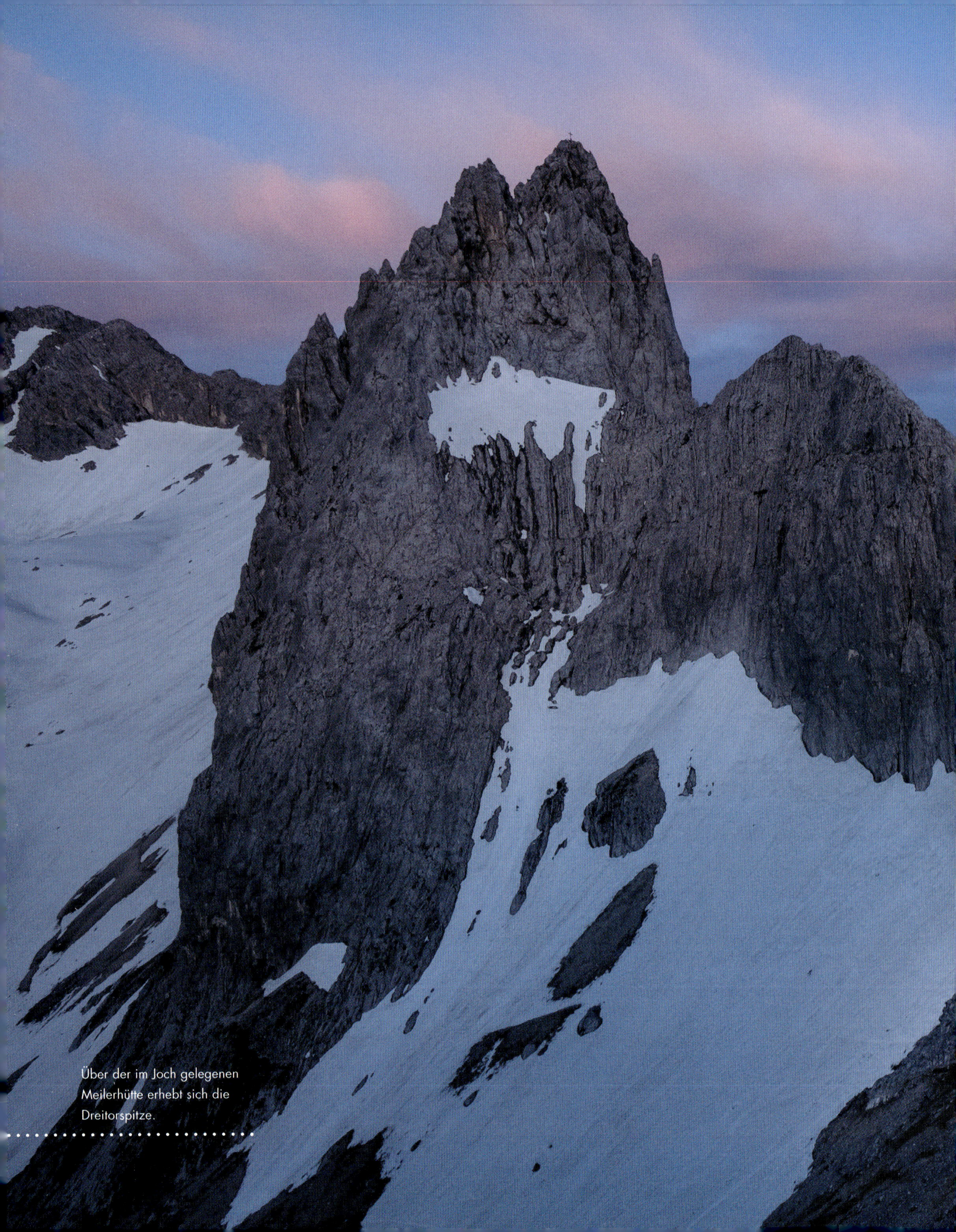

Über der im Joch gelegenen Meilerhütte erhebt sich die Dreitorspitze.

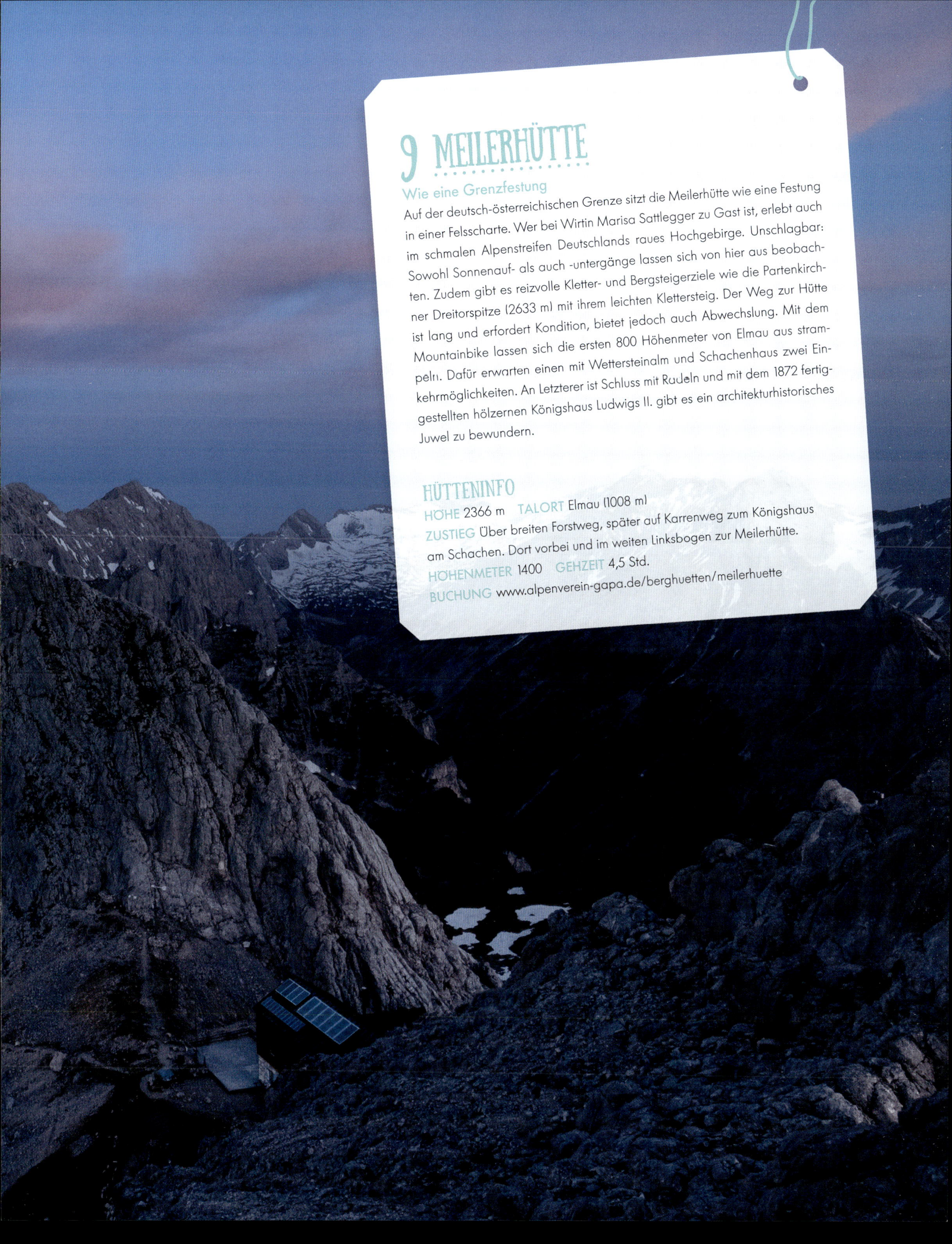

9 MEILERHÜTTE

Wie eine Grenzfestung

Auf der deutsch-österreichischen Grenze sitzt die Meilerhütte wie eine Festung in einer Felsscharte. Wer bei Wirtin Marisa Sattlegger zu Gast ist, erlebt auch im schmalen Alpenstreifen Deutschlands raues Hochgebirge. Unschlagbar: Sowohl Sonnenauf- als auch -untergänge lassen sich von hier aus beobachten. Zudem gibt es reizvolle Kletter- und Bergsteigerziele wie die Partenkirchner Dreitorspitze (2633 m) mit ihrem leichten Klettersteig. Der Weg zur Hütte ist lang und erfordert Kondition, bietet jedoch auch Abwechslung. Mit dem Mountainbike lassen sich die ersten 800 Höhenmeter von Elmau aus strampeln. Dafür erwarten einen mit Wettersteinalm und Schachenhaus zwei Einkehrmöglichkeiten. An Letzterer ist Schluss mit Radeln und mit dem 1872 fertiggestellten hölzernen Königshaus Ludwigs II. gibt es ein architekturhistorisches Juwel zu bewundern.

HÜTTENINFO

HÖHE 2366 m TALORT Elmau (1008 m)
ZUSTIEG Über breiten Forstweg, später auf Karrenweg zum Königshaus am Schachen. Dort vorbei und im weiten Linksbogen zur Meilerhütte.
HÖHENMETER 1400 GEHZEIT 4,5 Std.
BUCHUNG www.alpenverein-gapa.de/berghuetten/meilerhuette

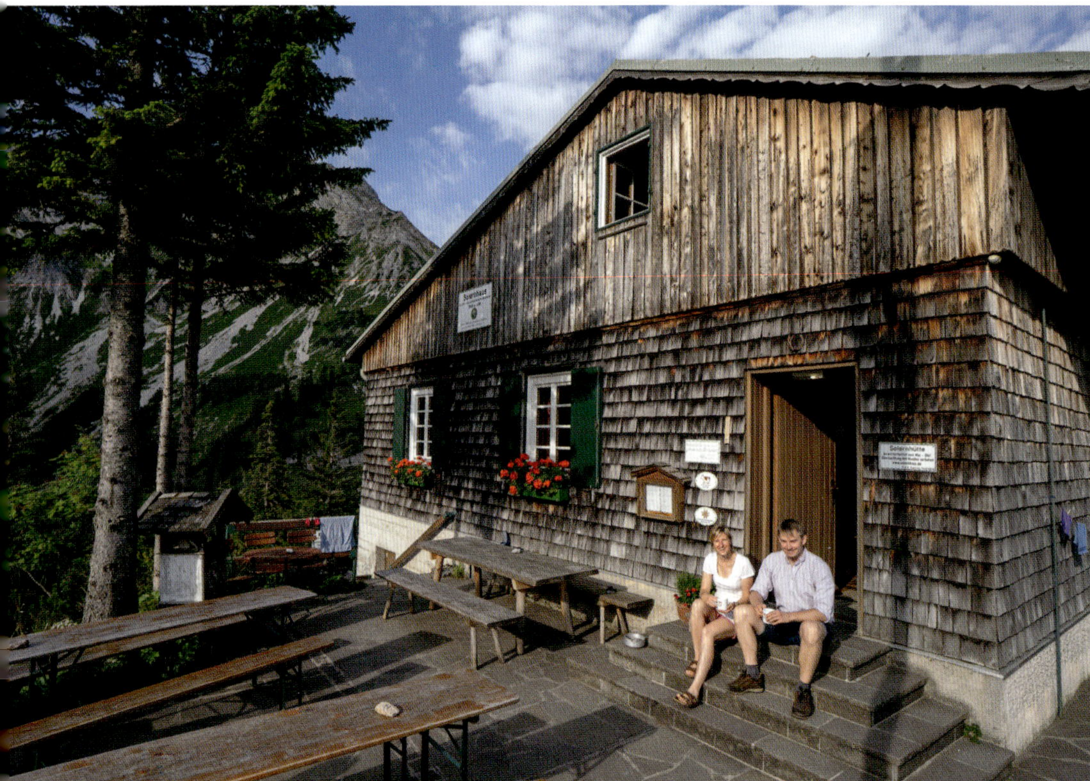

Die Soiernhütte ist eine gemütliche Unterkunft bei den Soiernseen.

10 SOIERNHÜTTE Mondschein

Die Soiernhütte befindet sich unweit der beiden Soiernseen im Karwendel. In klaren Nächten spiegelt sich manchmal der Mond in den beiden Seen. Früher nutzte König Ludwig II. die klaren Mondnächte für eine Fahrt mit dem Boot auf den Soiernseen. Die Soiernhütte war ein Jagdhaus des bayerischen Königs, der sogar einen Reitweg auf die Schöttelkarspitze erbauen ließ. Der Gipfel bildet den Auftakt der grandiosen Soiernumrahmung, die an der eindrucksvollen Soiernspitze endet.

HÜTTENINFO

HÖHE 1616 m TALORT Krün (875 m)
ZUSTIEG Von Krün wandert man auf der Schotterstraße bis zur Fischbachalm. Weiter geht es über den etwas ausgesetzten Lakaiensteig oder über die Straße und einen Steig zur Hütte.
HÖHENMETER 910 GEHZEIT 3,5 Std.
BUCHUNG www.sektion-hochland.de/soiernhaus/index.php?id=soiernhaus

11 SCHACHENHAUS Jagdschloss

Auch am Schachen hoch über Garmisch-Partenkirchen treffen wir auf König Ludwig II. Hier oben erbaute der König das Jagdhaus am Schachen. Während das Erdgeschoss noch relativ unscheinbar ist, so erwartet uns im Obergeschoss ein wunderbar ausgestatteter türkischer Salon. Übernachten kann man im Schachenhaus neben dem Schloss. Unbedingt sollte man noch den nahen Aussichtspavillon besuchen. Grandios ist der Tiefblick von hier oben ins Reintal, zur Zug- und Alpspitze.

HÜTTENINFO

HÖHE 1866 m TALORT Elmau (1008 m)
ZUSTIEG Vom Wanderparkplatz bei Elmau folgt man der Schotterstraße durch den Wald bis zur Wettersteinalm. Hier biegt man nach rechts ab und wandert weiter auf dem Fahrweg zur Hütte und zum Königshaus hinauf.
HÖHENMETER 870 GEHZEIT 3 Std.
BUCHUNG www.schachenhaus.de

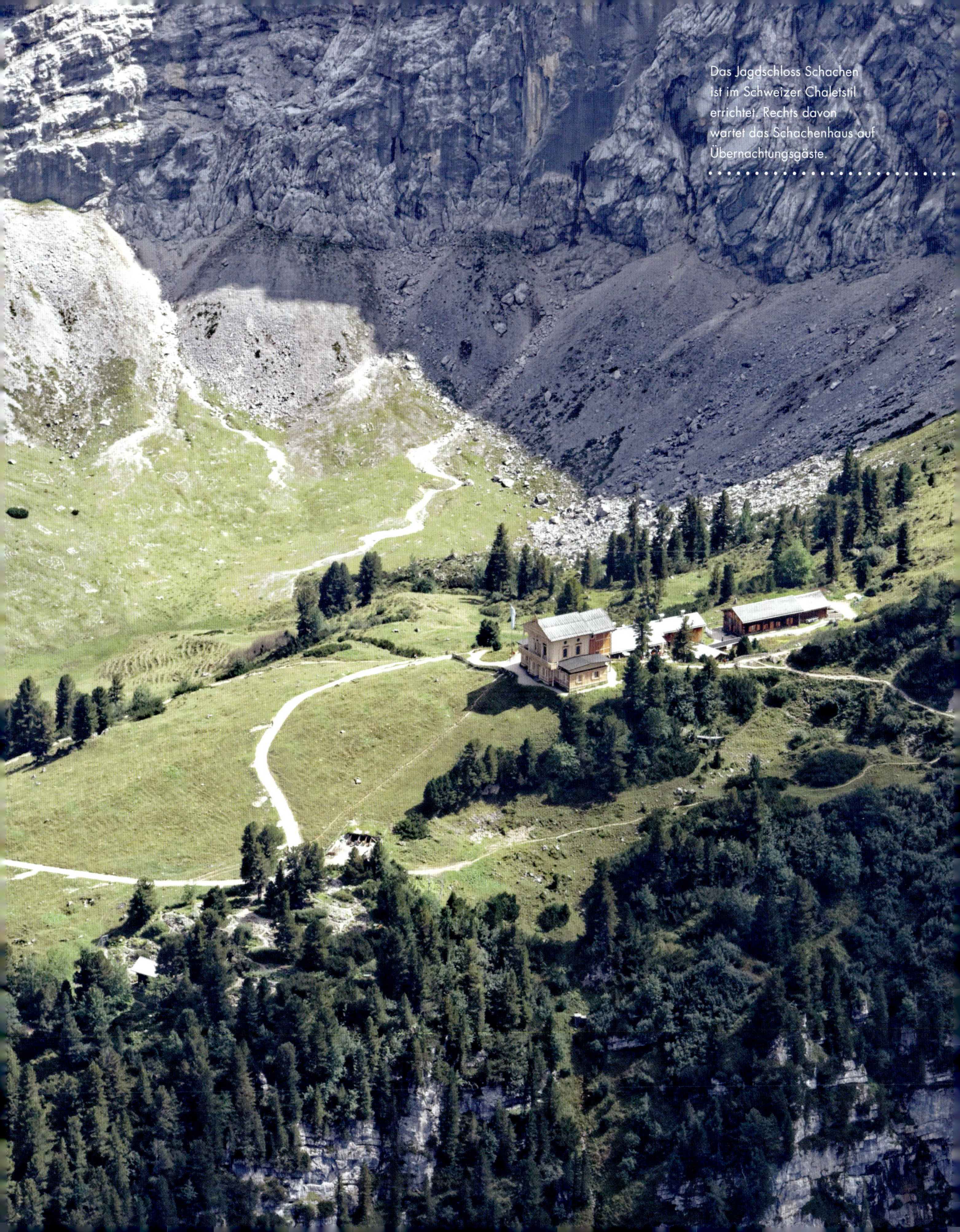

Das Jagdschloss Schachen ist im Schweizer Chaletstil errichtet. Rechts davon wartet das Schachenhaus auf Übernachtungsgäste.

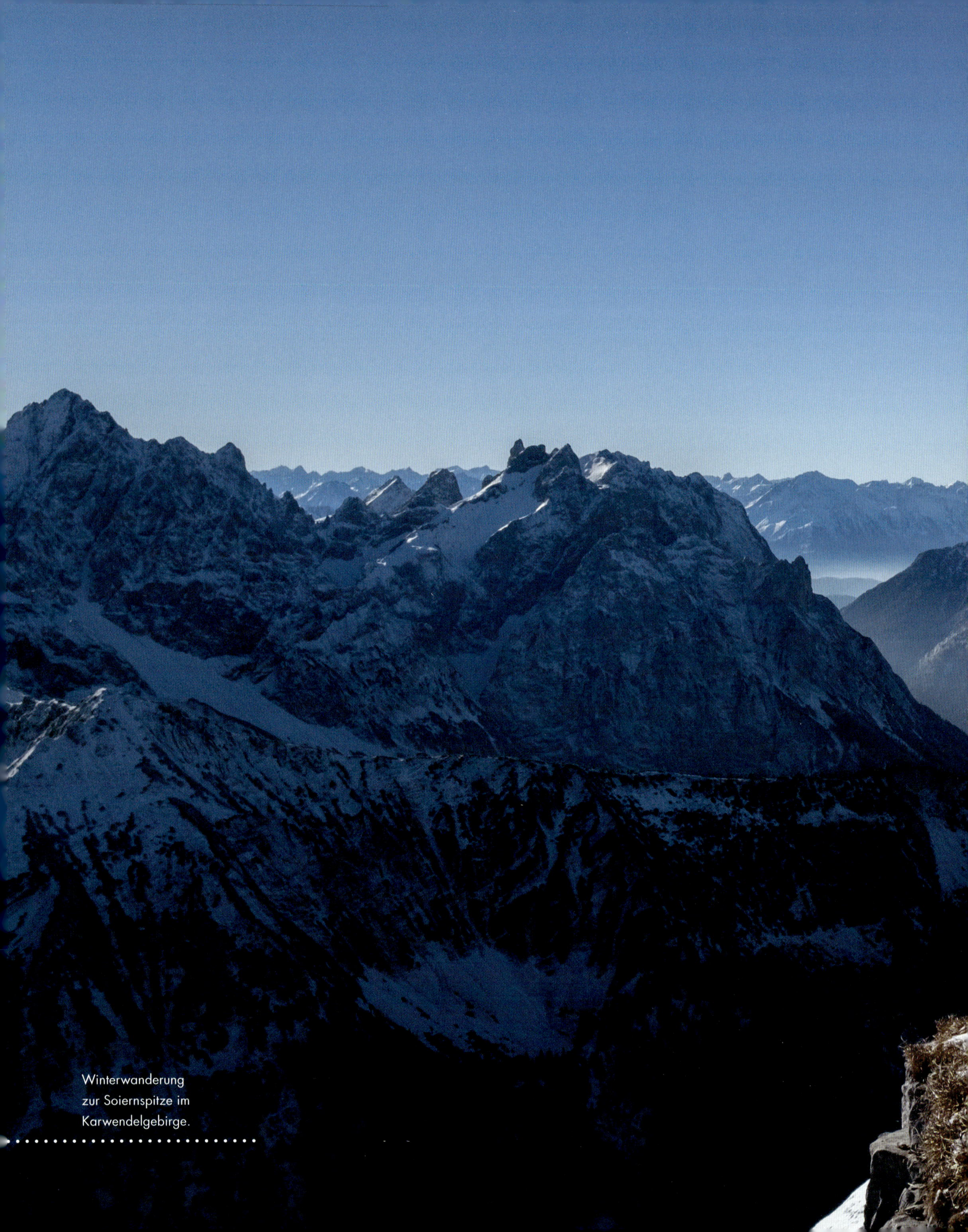

Winterwanderung
zur Soiernspitze im
Karwendelgebirge.

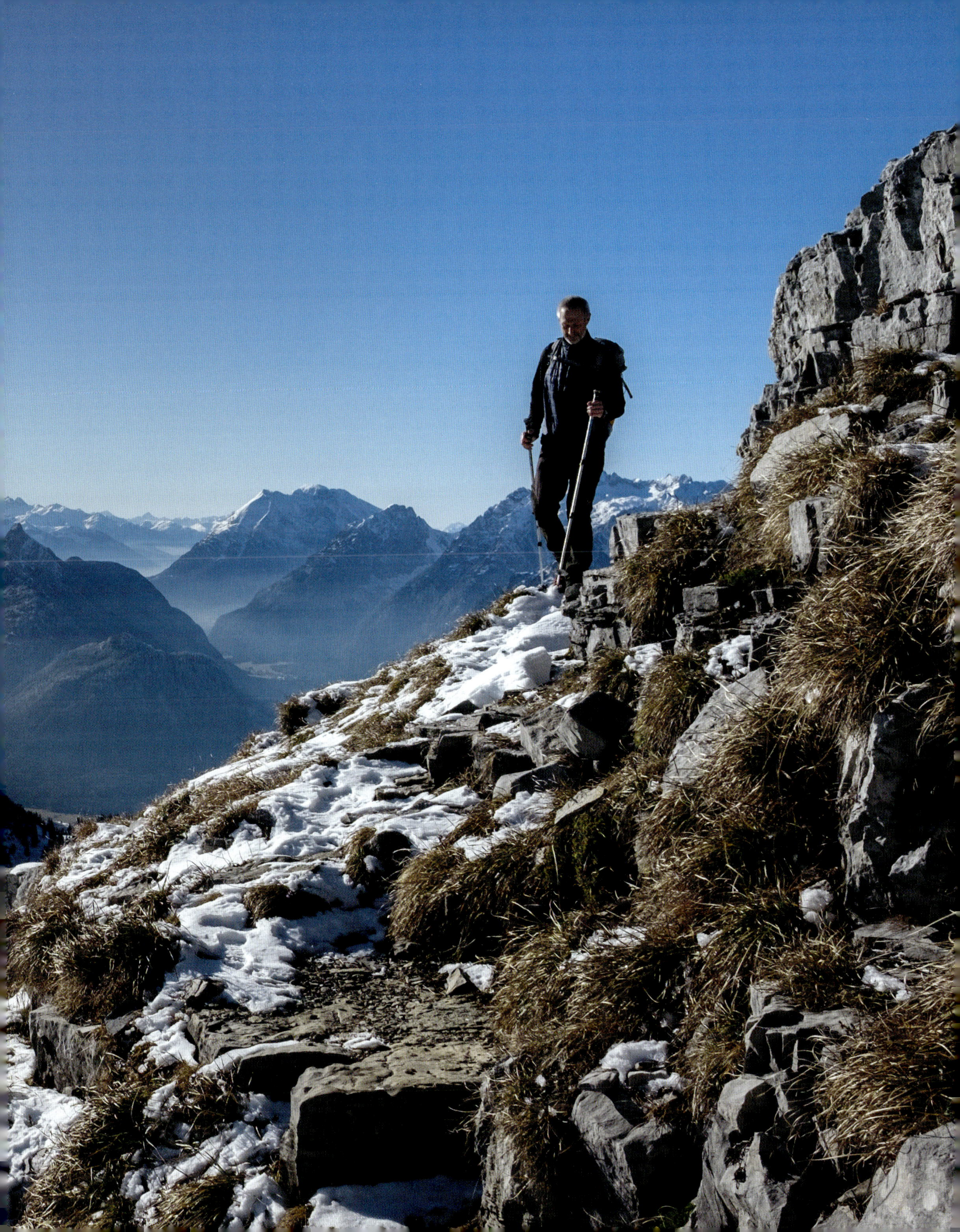

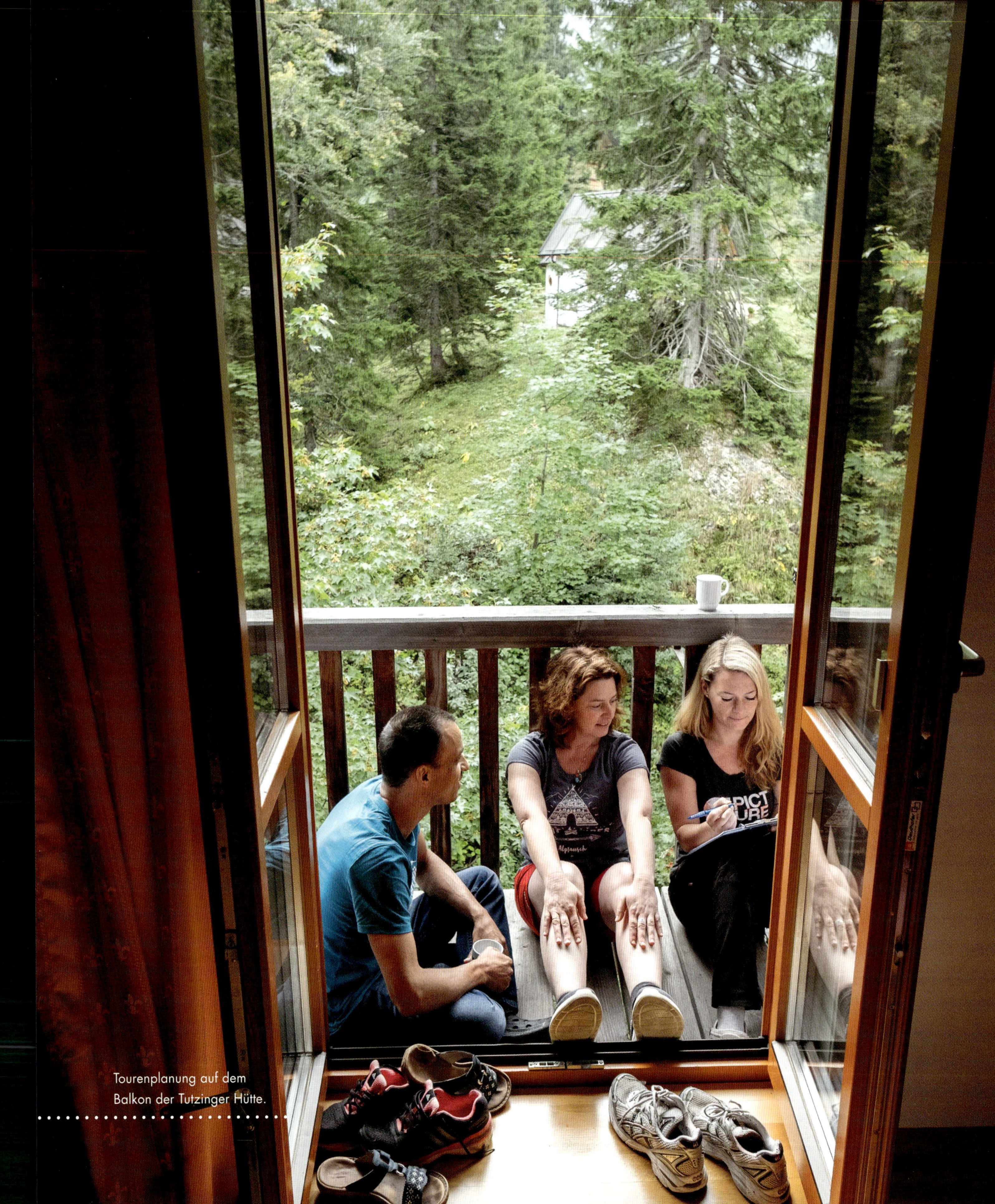

Tourenplanung auf dem
Balkon der Tutzinger Hütte.

Die Tutzinger Hütte ist ein schöner Hüttenstandort unterhalb der Benediktenwand.

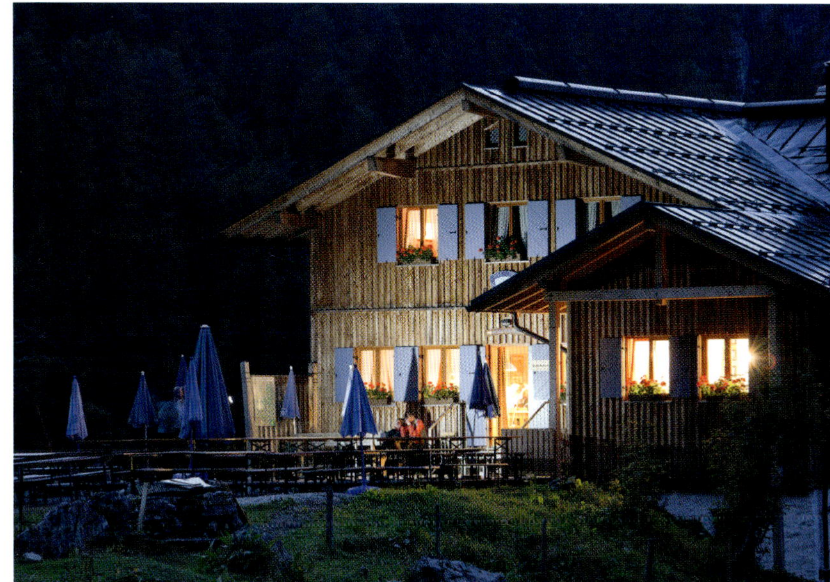

12 TUTZINGER HÜTTE An der Benewand

Die »Benewand«, wie die Benediktenwand umgangssprachlich genannt wird, ist einer der beliebtesten Münchner Hausberge. An ihrer schattigen Nordseite liegt die Tutzinger Hütte, ein beliebter Stützpunkt, der auch gerne als eigenständiges Wanderziel dient.

Die Geschichte der Hütte geht auf das Jahr 1907 zurück. Das kleine Haus wurde immer weiter ausgebaut und hatte 1931 bereits 110 Schlafplätze. 1999 erfolgte dann der Abriss der alten Hütte. Seit 2001 steht hier eine neue komfortable Hütte mit 91 Schlafplätzen. In der benachbarten Hausstattalm gibt es noch weitere Schlafplätze, nachdem das alte Gebäude einem Lawinenabgang zum Opfer gefallen ist. Ein Trio bewirtschaftet die Hütte seit 2018: Thomas, Sabine und Tini haben den Berufswechsel gewagt und verwöhnen seitdem die Gäste mit bayerischen Schmankerln und Tiroler Spezialitäten. Dabei wird großer Wert auf Regionalität gelegt.

Gut 2,5 Stunden braucht man von Benediktbeuern über die Kohlstattalm zur Tutzinger Hütte. Dabei kann man mit dem Mountainbike bis zur Talstation der Materialseilbahn fahren. Danach sind es nur noch knapp 25 Minuten bis zur Hütte. Hausberg der Hütte ist natürlich die Benediktenwand. Direkt zur Hütte grüßt ihre eindrucksvolle Nordwand herunter. Schon früh wurde sie von den Kletterern entdeckt. So richtig populär waren die Routen bis auf die »Rampe/Rippe« eigentlich nie. Mäßige Felsqualität, schattige Lage und viel Botanik sorgten dafür, dass die Benediktenwand weiterhin eher ein Wanderberg ist.

Es gibt zwei Anstiege von der Hütte auf den Gipfel, die sich zu einer schönen Rundtour kombinieren lassen. Der Ostanstieg mit seinem seilversicherten Aufschwung ist etwas schwieriger und daher vor allem für den Aufstieg zu empfehlen. Der Westanstieg weist dagegen keine besonderen Schwierigkeiten auf und bietet sich daher bestens für den Abstieg oder weniger geübte Wanderer an. Egal, für welchen Weg man sich entscheidet, oben am Gipfel wird man mit einem großartigen Panorama für die Anstrengungen des Aufstieges belohnt. Weit reicht der Blick vom großen Gipfelkreuz nach Norden in das Alpenvorland mit Starnberger See und Ammersee. Eindrucksvoll erheben sich im Süden die Gipfel von Karwendelgebirge und Wetterstein.

DIE TUTZINGER HÜTTE STEHT AN EINEM DER BEKANNTESTEN MÜNCHNER HAUSBERGE – DER BENEDIKTENWAND.

HÜTTENINFO

HÖHE 1327 m TALORT Benediktbeuern (617 m)
ZUSTIEG Vom Ortsteil Gschwend wandert man durch das Lainbachtal und weiter bis zur Talstation der Materialseilbahn, dann auf einem Steig durch den Wald bis zur Hütte.
HÖHENMETER 660 GEHZEIT 3 Std.
BUCHUNG www.tutzinger-huette.de

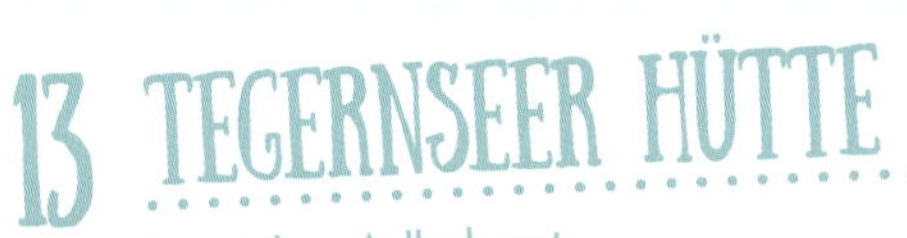

13 TEGERNSEER HÜTTE

Aussichtsreicher Adlerhorst

Direkt zwischen den Felsgipfeln von Roß- und Buchstein thront die Tegernseer Hütte. Die spektakuläre Lage zwischen beiden Gipfeln veranlasst viele Bergfreunde, die Hütte als Wanderziel anzusteuern. Der Weg von der Straße zwischen Kreuth und Achenpass ist nicht besonders lang, führt aber zuletzt über eine ausgesetzte, seilversicherte Passage. Dabei kann man die Kletterer an der kühnen Roßsteinnadel bewundern. Bevor man sich eine leckere Brotzeit auf der Terrasse gönnt, unternimmt man noch einen Abstecher zum Roßstein, dem westlichen der beiden Gipfel. Dieser Gipfel ist relativ einfach zu erreichen. Der benachbarte Buchstein mit seiner glatt polierten Felsrinne (Schwierigkeit II) ist dagegen nur erfahrenen Bergsteigern mit Trittsicherheit und Schwindelfreiheit vorbehalten.

HÜTTENINFO

HÖHE 1650 m TALORT Kreuth (787 m)

ZUSTIEG Vom Parkplatz bei Bayerwald steigt man auf steilem Steig durch den Wald bergauf bis zur Sonnbergalm. Nun durchwandert man den Kessel bis zum Wandfuß des Roßsteins und geht auf schmalem, seilversichertem Steig zur Hütte.

HÖHENMETER 800 GEHZEIT 2 Std.

BUCHUNG www.tegernseerhuette.de

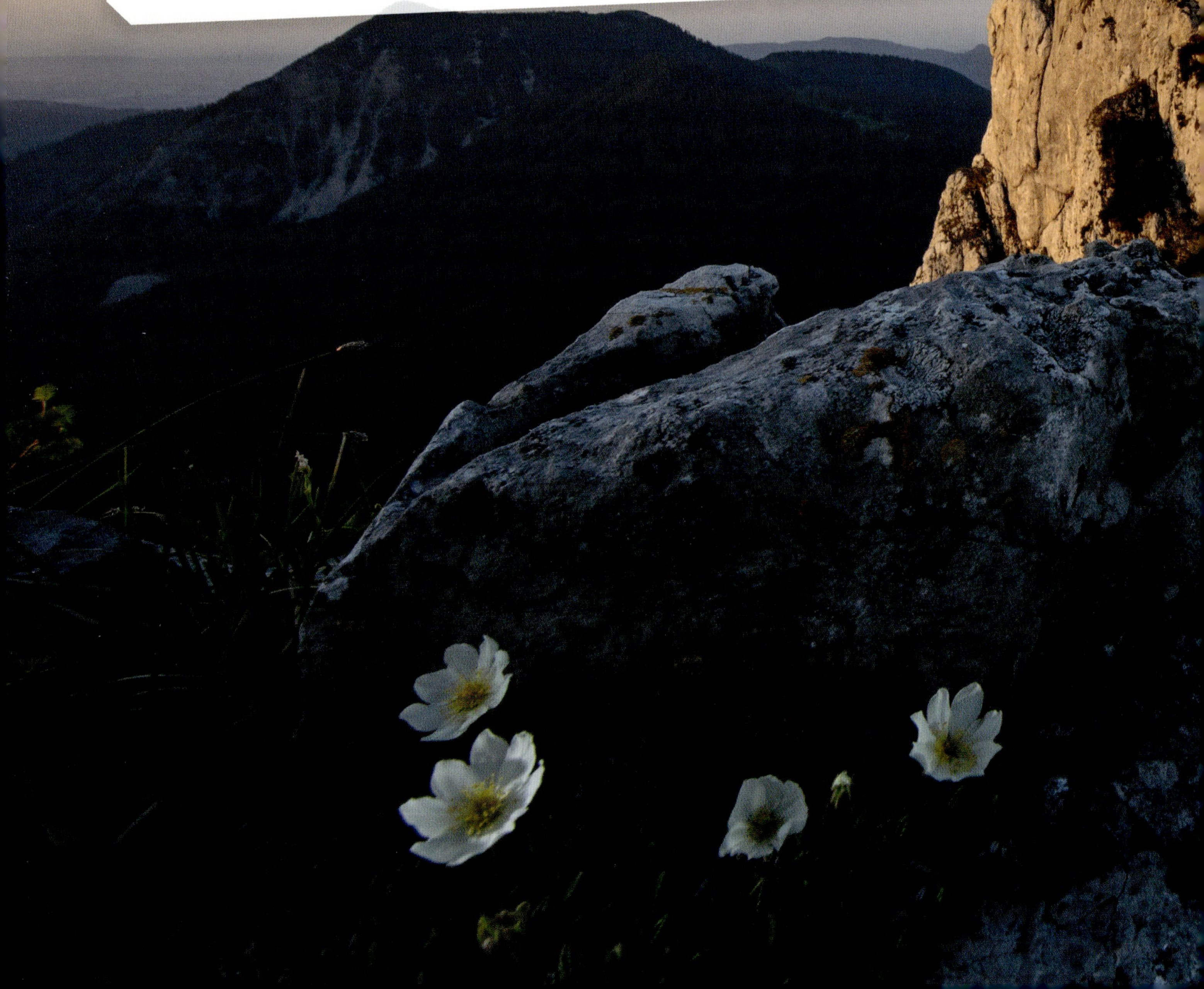

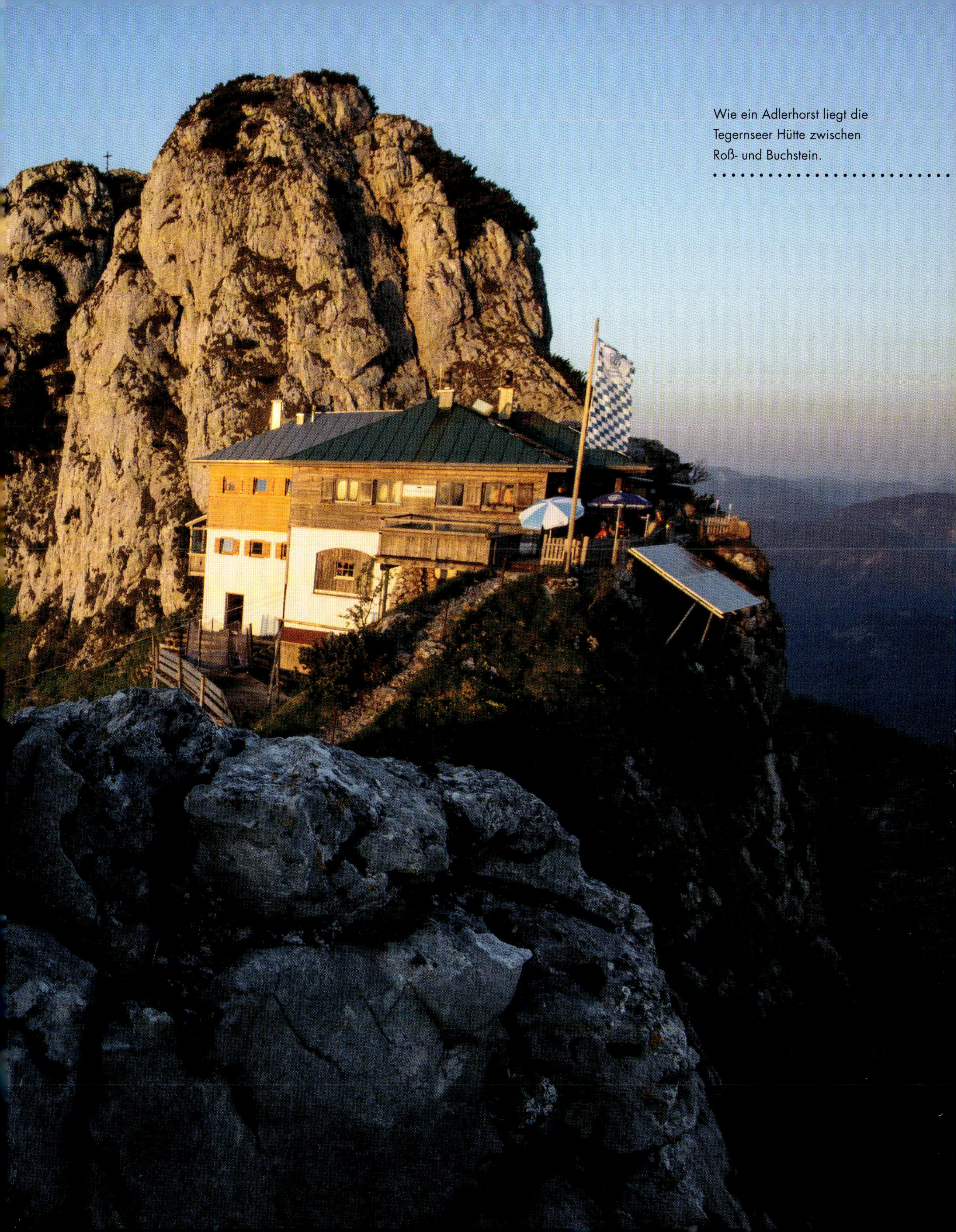

Wie ein Adlerhorst liegt die Tegernseer Hütte zwischen Roß- und Buchstein.

Unten: An der Oberen Schönfeldalm und der Schönfeldhütte kommt man am Weg zum Jägerkamp vorbei.
Rechts: Blick vom Taubensteingipfel.
Rechts unten: Der Brünnstein vom Steilner Sattel.

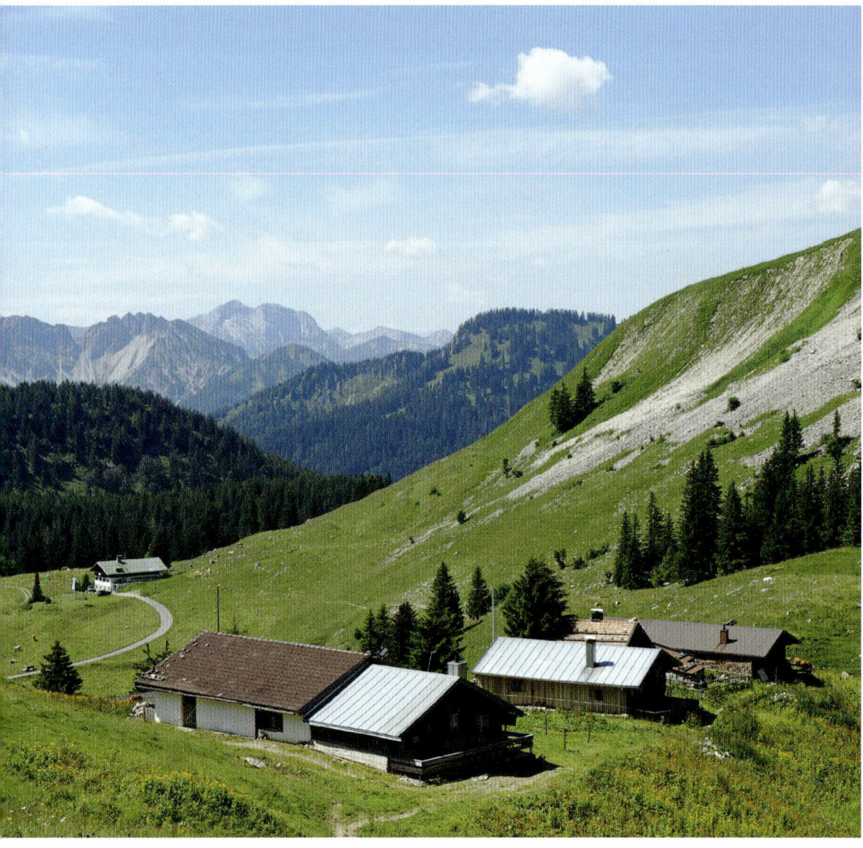

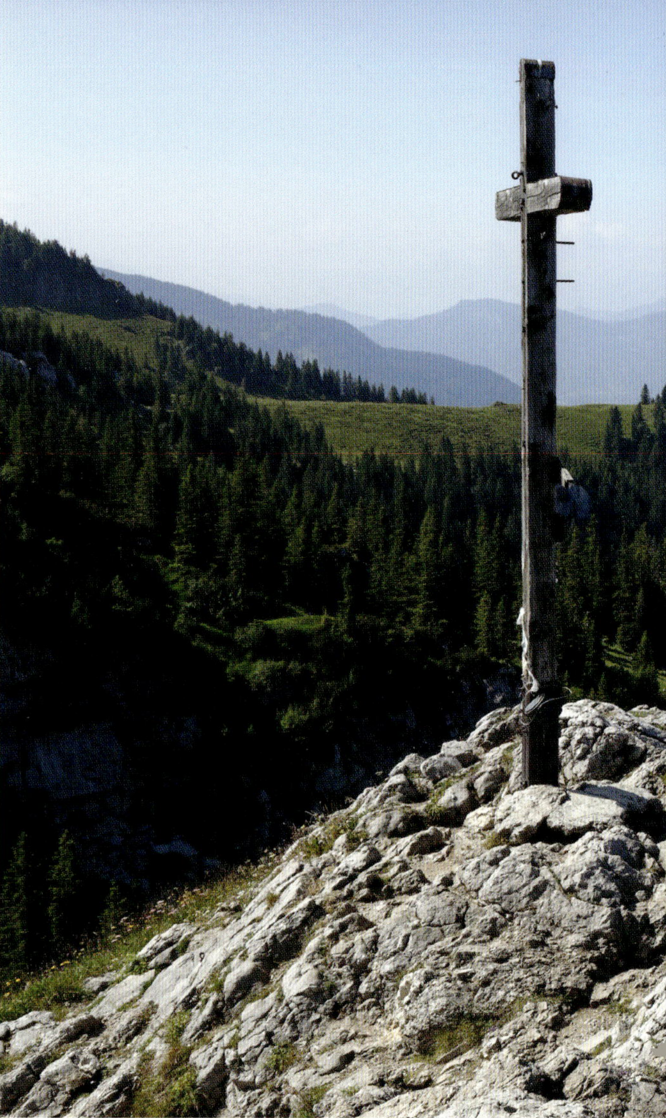

14 SCHÖNFELDHÜTTE Leckereien auf der Hütte

Die Schönfeldhütte liegt im Spitzinggebiet in den Bayerischen Voralpen. Die Hütte wird seit 2003 wie auch die benachbarte Albert-Link-Hütte von Ute Werner und Uwe Gruber geführt. Gastronomisch wurde die Hütte damit aus ihrem Dornröschenschlaf geweckt. Heute beteiligt sich die Hütte an der DAV-Kampagne »So schmecken die Berge«. Besonders beliebt ist das auf der Albert-Link-Hütte selbst gebackene Brot. Aber auch der karamellisierte Kaiserschmarrn ist ein Highlight auf der Speisekarte.

HÜTTENINFO

HÖHE 1410 m TALORT Spitzingsee (1084 m)
ZUSTIEG Vom Spitzingsattel folgt man dem steilen Steig über die Wiese zum Wald. Diesen durchquert man und erreicht schließlich über freie Almwiesen die Hütte.
HÖHENMETER 280 GEHZEIT 1 Std.
BUCHUNG www.schoenfeldhuette.de

15 TAUBENSTEINHAUS Ganz oben am Gipfel

Das Taubensteinhaus steht »oben«, in der Nähe der Bergstation der Taubensteinbahn. Ideal also für eine Nacht am Berg mit toller Aussicht. Zudem ist die Hütte ein großartiger Stützpunkt für die Tourengipfel in der Region. Schnell ist man auf der Aiplspitz, oder, wem der Grat zu schwer ist, am benachbarten Jägerkamp. Auch für die Rotwandreibn vorbei am Taubenstein zur Rotwand und zurück über den Miesingsattel ist das Taubensteinhaus ein sehr guter Ausgangspunkt. Wobei die Rotwandreibn auch ein wenig lawinengefährdeter Skitourenklassiker ist, bei dem man so richtig auf den Geschmack kommt!

HÜTTENINFO

HÖHE 1567 m TALORT Spitzingsee (1084 m)
ZUSTIEG Nach der Auffahrt mit der Taubensteinbahn auf einfachem Wanderweg zur Hütte.
HÖHENMETER 15 GEHZEIT 15 Min.
BUCHUNG www.taubensteinhaus.de

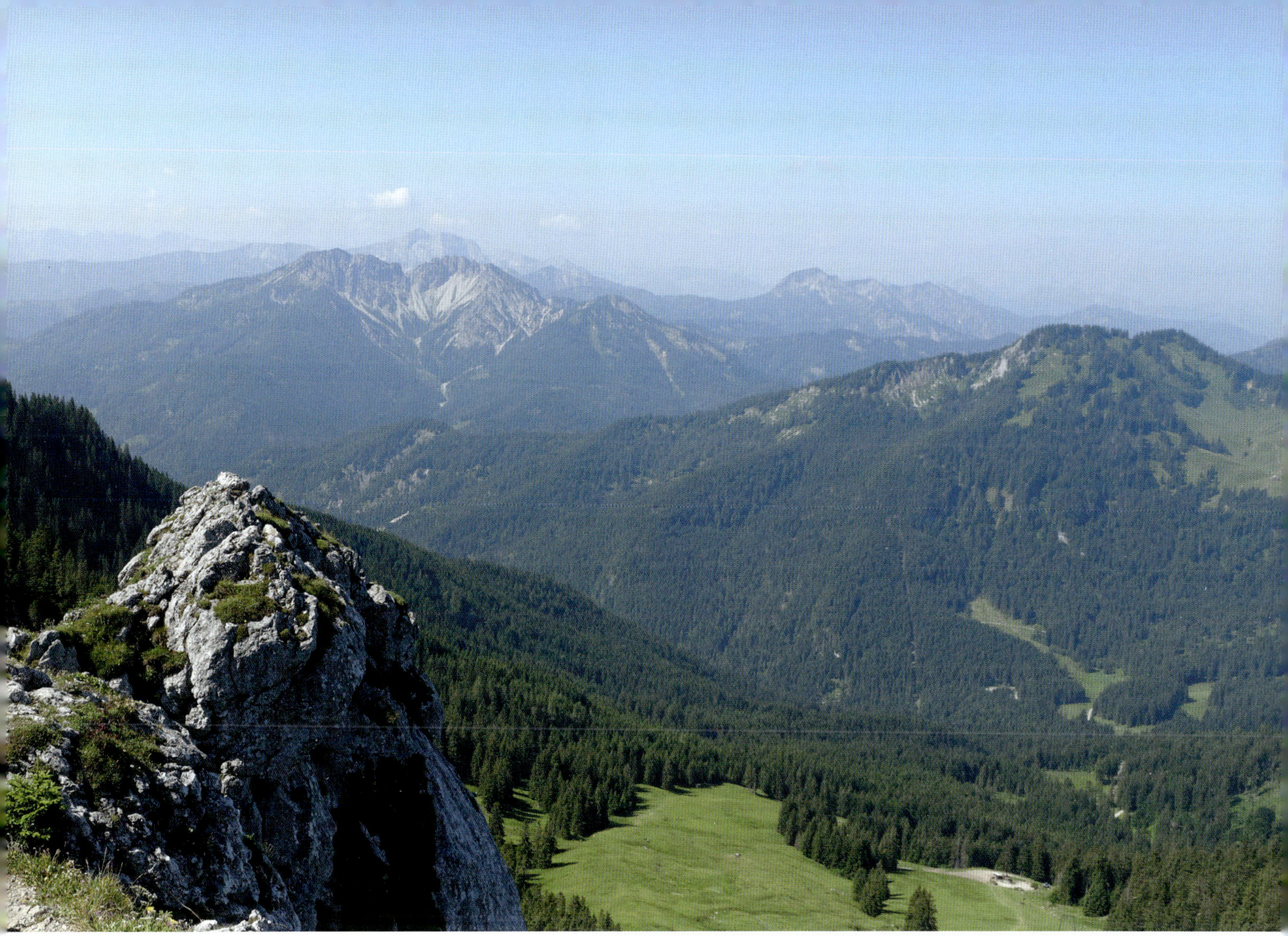

16 BRÜNNSTEINHAUS Bekannter Berg

Der Brünnstein ist einer der bekanntesten bayerischen Berge. Gute Wanderwege, herrliches Gipfelpanorama und eben eine bewirtschaftete Hütte sorgen für seine Anziehung. Für den Aufstieg zum kleinen Felsgipfel gibt es zwei Möglichkeiten: den spannenden, aber nicht besonders schweren Dr.-Julius-Mayr-Weg als Klettersteig und den direkten, ebenfalls seilversicherten Steig. Beide Wege lassen sich zu einer netten Rundtour verbinden, und danach hat man sich eine Einkehr in der gemütlichen Hütte verdient. Im Winter freuen sich die Rodler auf die schöne Naturrodelbahn (5 km).

HÜTTENINFO

HÖHE 1342 m TALORT Oberaudorf (479 m)
ZUSTIEG Vom Parkplatz Mühlau oberhalb von Oberaudorf folgt man dem Forstweg durch den Wald bis zur Hütte.
HÖHENMETER 730 GEHZEIT 2,5 Std.
BUCHUNG www.bruennsteinhaus.de

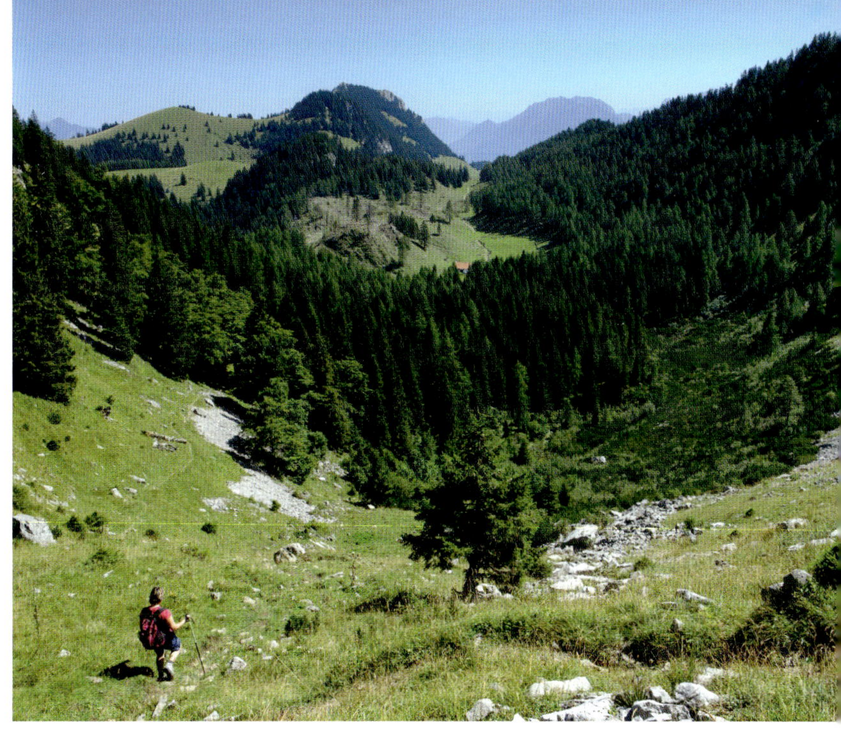

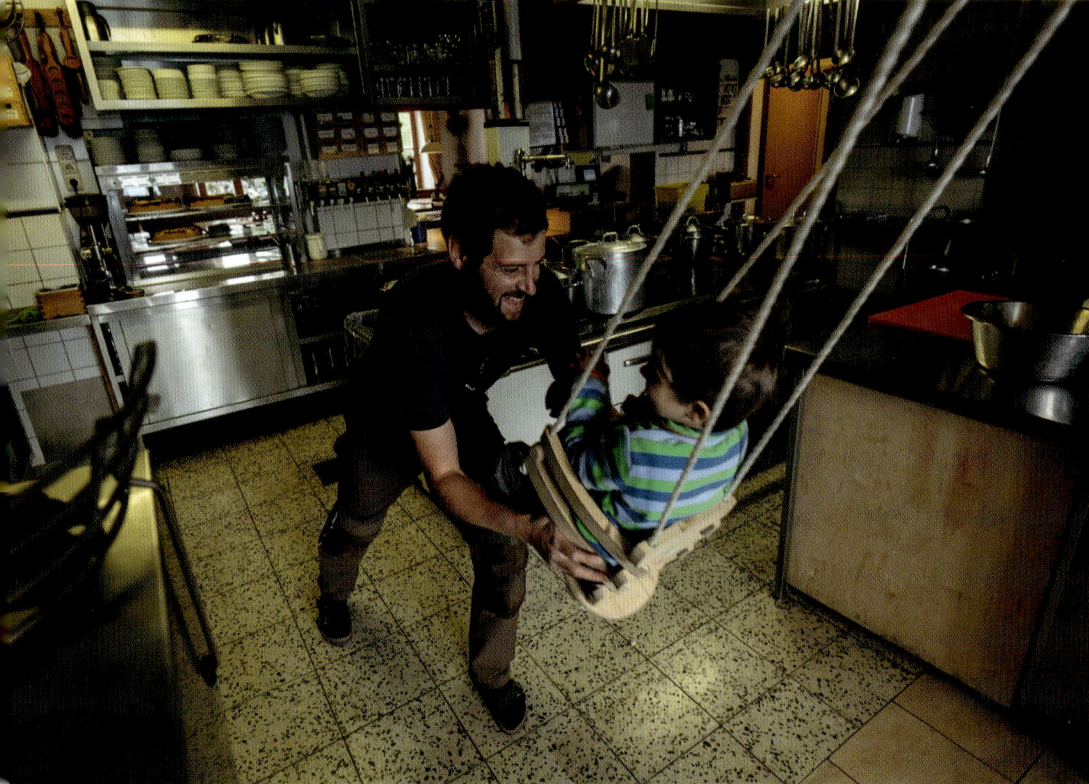

In der Küche der Blaueishütte wird nicht nur gekocht.

17 BLAUEISHÜTTE Am nördlichsten Gletscher der Alpen

Im einzigen Alpen-Nationalpark Deutschlands und dazu noch am nördlichsten Gletscher des Gebirges gelegen – die Blaueishütte punktet mit Superlativen. Der Aufstieg startet beim idyllischen Hintersee und führt durch märchenhaften Bergwald nach oben. Er lohnt sich für jeden: Kletterer finden dort steile Kalkwände, Boulderer ihre Blöcke und Bergsteiger wilde Gipfel. Doch auch, wer einfach nur zur Hütte möchte, taucht tief in die Gebirgslandschaft ein. Mit dem Umweltsiegel des Alpenvereins ausgezeichnet, gibt es in der Hütte herzliche Gastlichkeit bei der Wirtsfamilie Hang zu erleben. Ein Tipp: die großen Kuchenstücke probieren! Ihnen kann man beim besten Willen nicht widerstehen.

HÜTTENINFO

HÖHE 1680 m TALORT Ramsau (670 m)
ZUSTIEG Auf breitem Schotterweg über die Schärtenalm zur Materialseilbahn. Danach auf schmalerem Pfad weiter zur Blaueishütte.
HÖHENMETER 900 GEHZEIT 2,5 Std.
BUCHUNG www.blaueishuette.de

18 STÖHRHAUS Gipfelhütte

Das Stöhrhaus steht auf dem Untersberg, dem nördlichsten Gebirgsstock der Berchtesgadener Alpen. Es handelt sich dabei um eine richtige Gipfelhütte. Nur wenige Höhenmeter verbleiben bis zum Gipfelkreuz auf dem Berchtesgadener Hochthron. Da der Hüttenanstieg von jeder Richtung weit ist, empfiehlt es sich, gleich oben zu bleiben in der 2019 renovierten Hütte. Dann kann man auch noch einen wunderbaren Sonnenuntergang genießen. Der Untersberg ist nämlich ein Berg mit großartigem Rundumblick.

HÜTTENINFO

HÖHE 1894 m TALORT Maria Gern (740 m)
ZUSTIEG Vom Parkplatz bei Hintergern wandert man auf der Straße nach Untersberglehen und taucht auf dem Wanderweg in den Wald ein. Durch diesen steigt man steil aufwärts und weiter zur Talstation der Materialseilbahn. Weiter geht es bergauf zu einer Wegverzweigung. Zum Schluss schlängelt man sich über Serpentinen hinauf zur Hütte.
HÖHENMETER 1000 GEHZEIT 4 Std.
BUCHUNG www.stoehrhaus.de

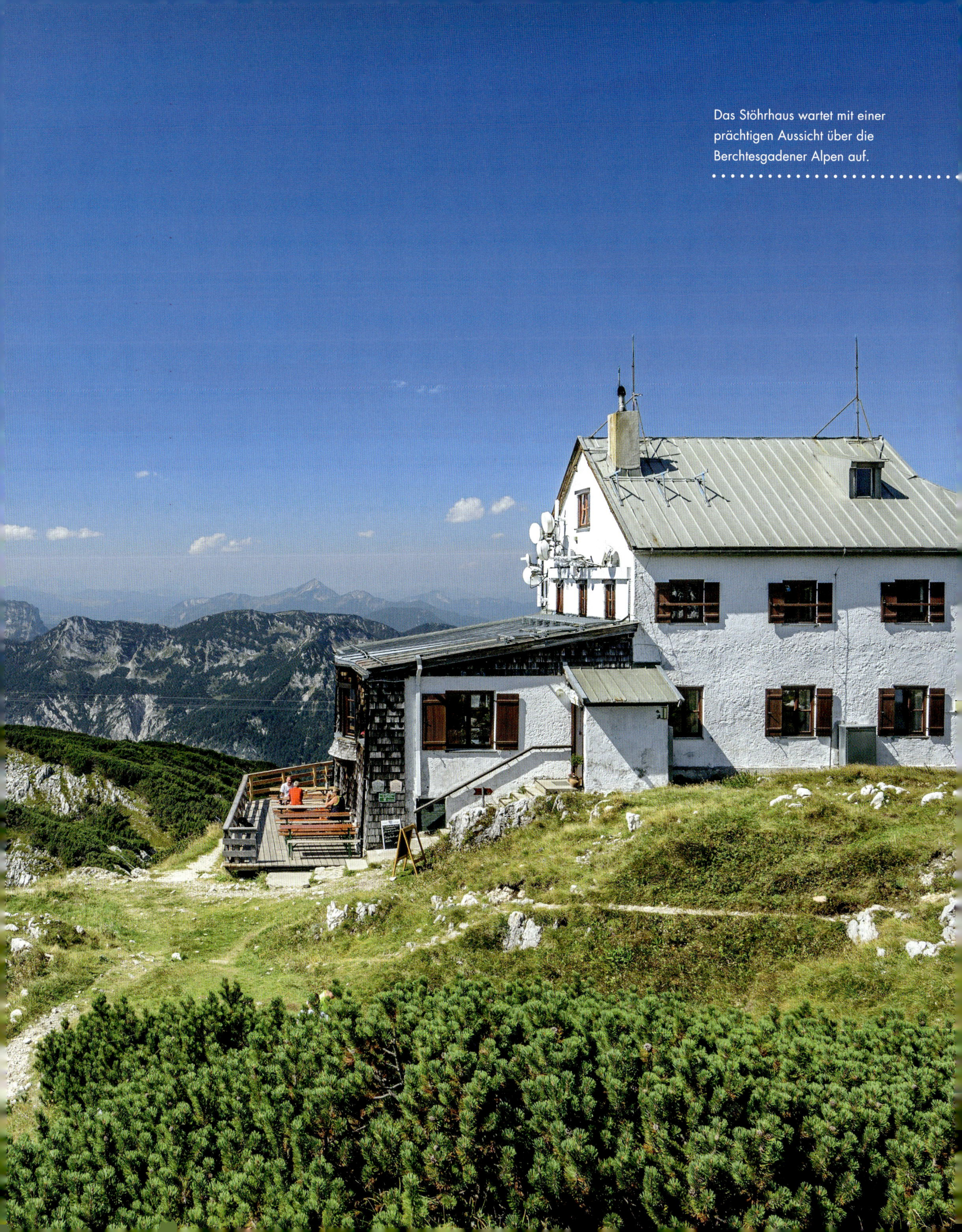

Das Stöhrhaus wartet mit einer prächtigen Aussicht über die Berchtesgadener Alpen auf.

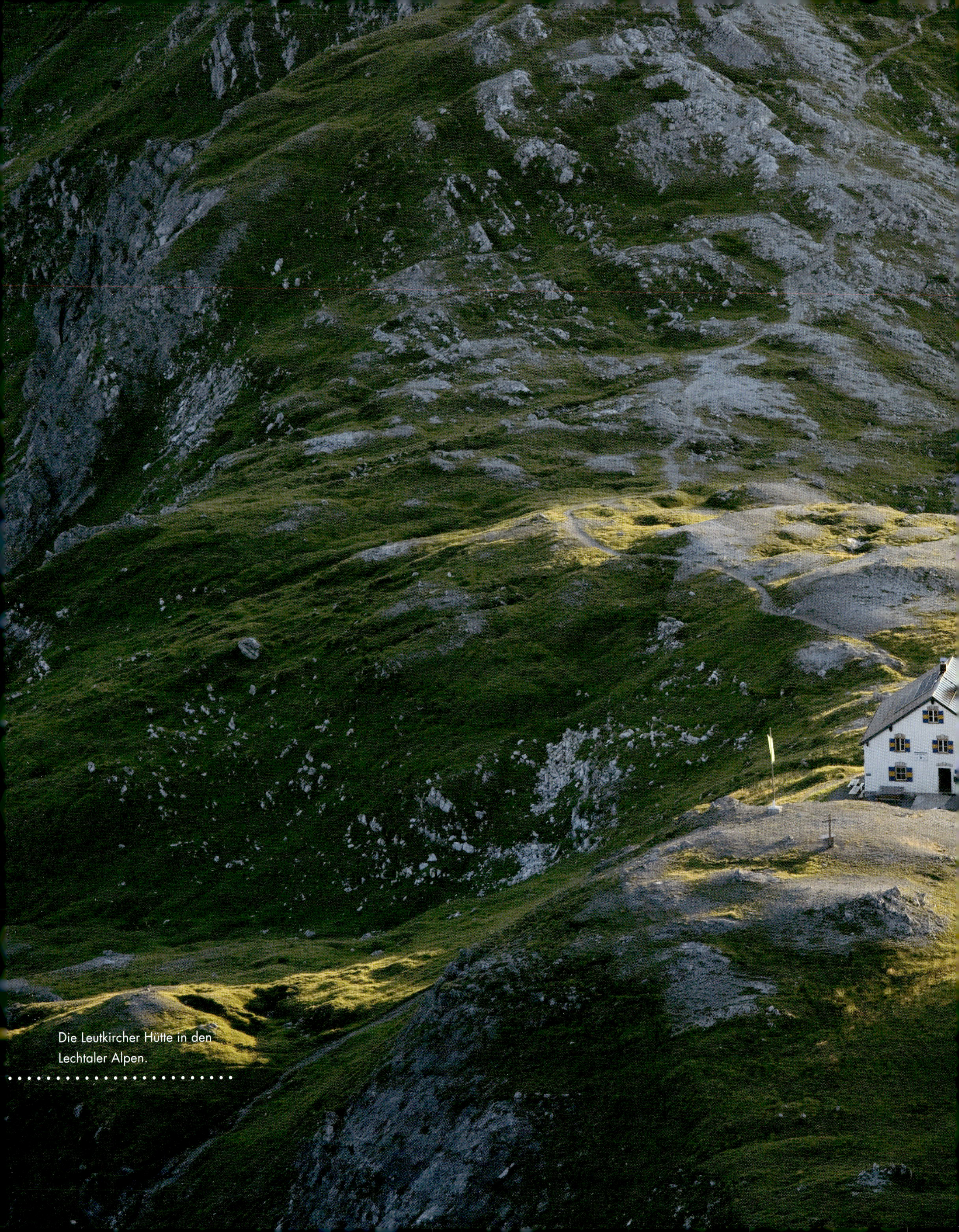

Die Leutkircher Hütte in den Lechtaler Alpen.

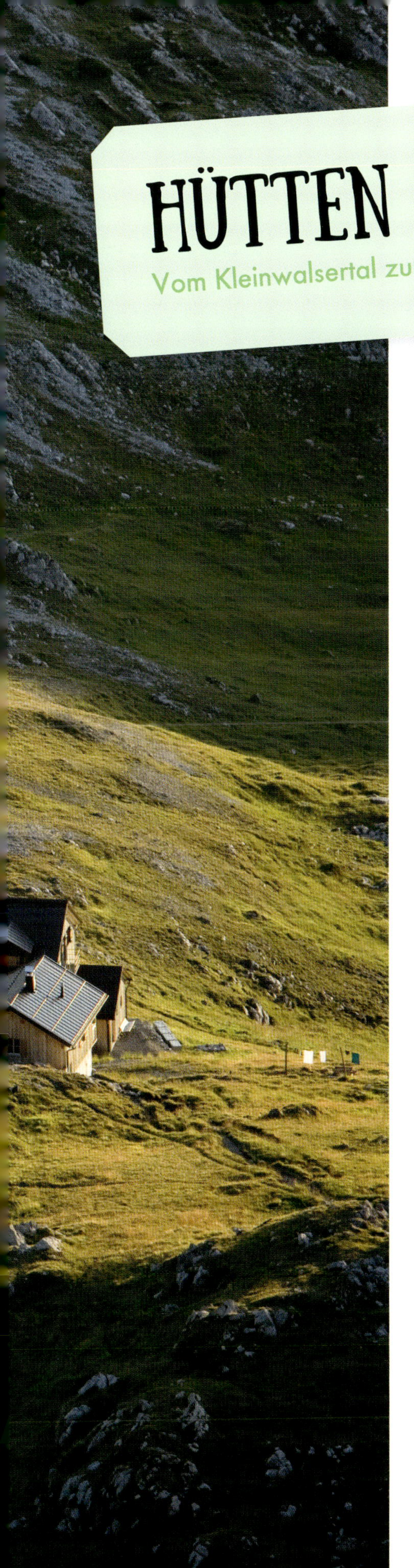

HÜTTEN IN ÖSTERREICH

Vom Kleinwalsertal zur Glocknergruppe

Österreichs Berge weisen völlig unterschiedliche Charaktere auf. Im Norden gibt es die Nördlichen Kalkalpen mit ihrem Kalkgestein, weiter südlich die Zentralalpen mit Gneisen und Granit. Genauso ist es bei den Hütten. Von der Familienhütte bis zum Hochtourenstützpunkt ist alles geboten.

Wir beginnen mit dem Kleinwalsertal in den Allgäuer Alpen. In den Nördlichen Kalkalpen stellen wir noch Hütten in den Lechtaler Alpen, dem Karwendelgebirge und dem Kaisergebirge vor. Darunter sind Familienhütten und Hütten für Weitwanderer sowie für spannende Gipfeltouren. In den Zentralalpen sind die großen Gebirgsgruppen Ötztaler Alpen, Stubaier Alpen, Zillertaler Alpen und Hohe Tauern vertreten. Auch hier gibt es natürlich die bereits genannten Hüttenkategorien. Durch die Nähe zu den Gletschern sind die Hüttenstandorte oft noch eine Spur eindrucksvoller. Sie dienen dann eben auch als Stützpunkte für Hochtouren über die Gletscherflächen. Meistens ist aber schon der Anstieg zur Hütte ein besonderes Erlebnis.
Auch die lieblichen Kitzbüheler Alpen und das eher unbekannte Verwallgebirge sind mit dabei.

DIE TOP 5 HÜTTEN DER REGION

- **Brandenburger Haus**, 3277 m – Gigantische Eismassen umgeben die höchstgelegene Hütte des Deutschen Alpenvereins.
- **Blaserhütte**, 2176 m – Blumenpracht mit Edelweiß und Orchideen satt statt Stau am Brenner heißt es bei diesem Geheimtipp.
- **Darmstädter Hütte**, 2138 m – Im Herzen des wilden Verwall, mit hausgemachten Knödeln zur Stärkung nach einer tollen Tour.
- **Berliner Hütte**, 2042 m – Das Alpenschloss beeindruckt durch den Prunk, der hier vor über 100 Jahren am Berg geschaffen wurde.
- **Bettelwurfhütte**, 2077 m – An den steilen Hängen über dem Inntal mit grandioser Aussicht und eindrucksvollem Hüttengipfel.

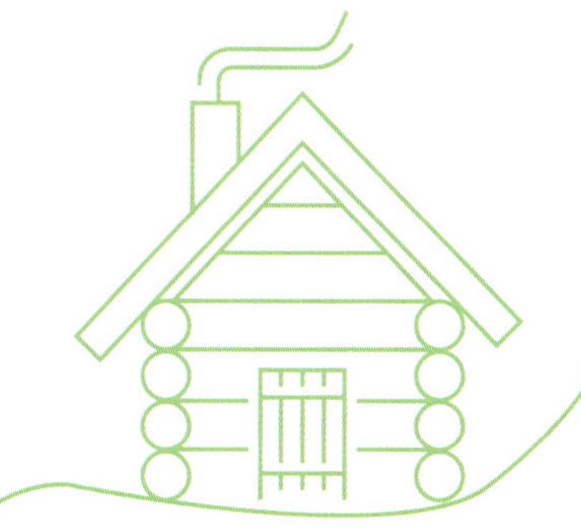

Die Ochsenhofer Köpfe über der Schwarzwasserhütte vom Grünhorn aus gesehen.

Auch Skitouren- und Schneeschuhgeher kommen hier auf ihre Kosten.

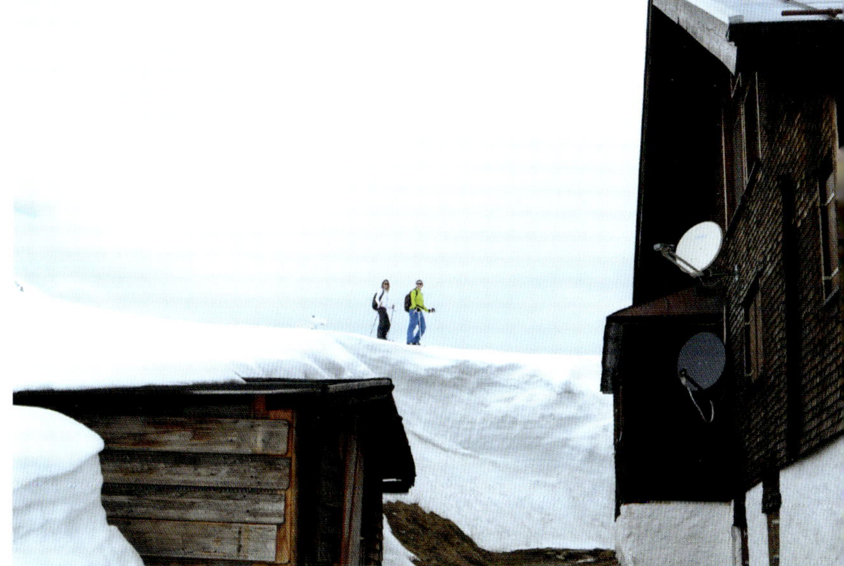

19 SCHWARZWASSERHÜTTE

Am Hohen Ifen

Wunderschön eingerahmt von den umliegenden Gipfeln wartet die gemütliche Schwarzwasserhütte im hintersten Schwarzwassertal auf einen Besuch. Sie zählt zu den beliebtesten Hütten im Kleinwalsertal. Bestens bewirtet werden die Gäste von Nicole und Martin Kinzel, die 2010 die Hütte übernommen haben. Nicole war zuvor schon einige Jahre bei ihrem Vater Peter und dessen Frau Petra auf der Hütte. Der bequemste Zugang erfolgt von der Auenhütte. Relativ flach wandern wir durch das Schwarzwassertal bis zur Melköde. An dieser Alm können wir eine erste Pause einlegen. Ab hier gewinnen wir endlich an Höhe und steigen die letzten 275 Höhenmeter hinauf zur Schwarzwasserhütte.

Besonders aussichtsreich ist der Zustieg vom Walmendinger Horn. Man benötigt für den Weg über die Ochsenhofer Köpfe allerdings etwas Trittsicherheit. Mit der großen Gondelbahn schaukeln wir gemütlich von Mittelberg zur Bergstation hinauf und erreichen in zehn Minuten den Aussichtsgipfel des Walmendinger Horns mit seinem großartigen Rundblick auf Widderstein und Hohen Ifen. Zurück an der Bergstation müssen wir zuerst ein wenig absteigen, bevor wir nach einem steileren Anstieg an der Scharte westlich des Walmendinger Horns ankommen. Von der Scharte steigt der Weg zum Muttelbergkopf leicht an. Über ein paar Steinplatten erklimmen wir den Gipfel, auf dem wir erst einmal ausgiebig das Panorama bewundern. Weiter geht es am Grat, zuletzt über einen kleinen Graskopf, zu einer kurzen, leichten Felspartie an den Ochsenhofer Köpfen. Sie gewähren uns einen eindrucksvollen Rückblick zum Walmendinger Horn. Bei klarem Wetter können wir sogar bis zum Allgäuer Hauptkamm mit den höchsten Allgäuer Gipfeln blicken. Nach einer ausgiebigen Rast nehmen wir den bequemen Abstieg zur Ochsenhofer Scharte hinab. Der Weiterweg zur Schwarzwasserhütte sieht recht kurz aus, trotzdem benötigen wir noch 45 Minuten, bis wir uns auf der Terrasse zu einer gemütlichen Brotzeit niederlassen können. Der markanteste Gipfel in der Umgebung ist der Hohe Ifen. Hüttengipfel ist aber das Steinmannl. Die Besteigung ist nicht besonders schwer und deshalb sehr zu empfehlen. Von der Schwarzwasserhütte zieht der Weg in östlicher Richtung hinauf zum Grat und in einem Linksbogen zum aussichtsreichen Gipfel. Großartig ist das Panorama auf Widderstein und Hohen Ifen von hier oben.

DIE SCHWARZWASSERHÜTTE WIRD EINGERAHMT VON EINER RUNDE HERRLICHER GIPFEL.

HÜTTENINFO

HÖHE 1620 m **TALORT** Riezlern (1086 m)

ZUSTIEG Von der Auenhütte wandert man in das Schwarzwassertal und folgt dem breiten Wanderweg in die Melköde. Von hier geht es nun auf einem steileren Steig hinauf zur Hütte.

HÖHENMETER 370 **GEHZEIT** 2 Std.

BUCHUNG www.alpenverein-schwaben.de/huetten/schwarzwasserhuette/

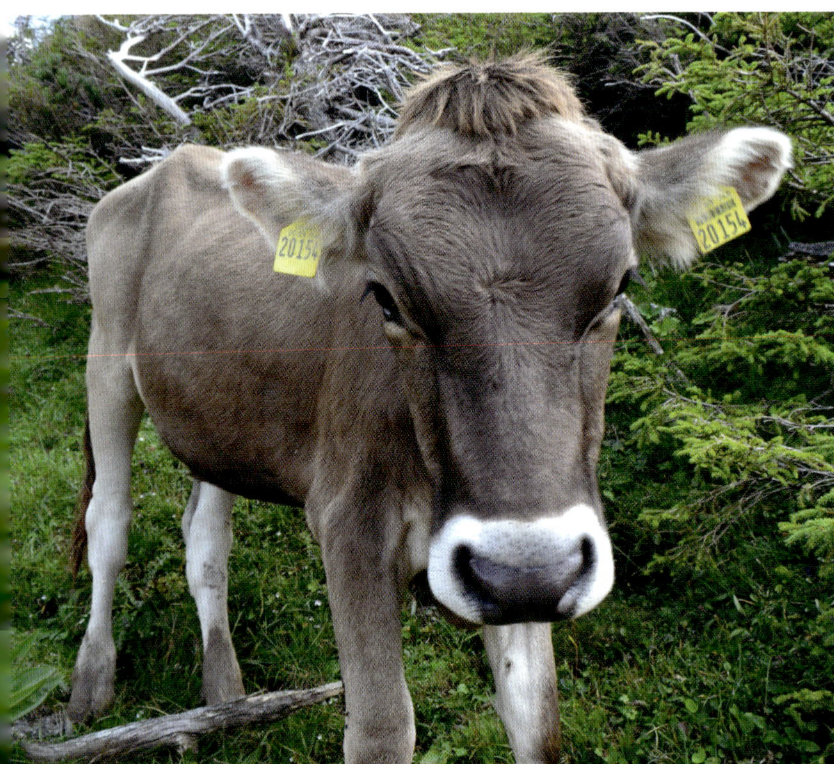

Junges Almvieh über der Landsberger Hütte.

21 GEHRENALPE Unter wilden Felswänden

Ein bisschen was von einem Geheimtipp hat die Gehrenalpe. Sie liegt an der weniger erschlossenen und ruhigeren Ostseite der Tannheimer Berge, unterhalb der mächtigen Gehrenspitze (2163 m). Zugänglich ist das von Georg Haßlauer und Franziska Fichtl freundlich geführte Haus sowohl von Reutte am Lech als auch von Nesselwängle im Tannheimer Tal. Neben dem anspruchsvollen Hausberg bietet sich eine Tour auf die etwas leichter erreichbare Schneidspitze (2009 m) an. Wer Ruhe in beeindruckender grüner Berglandschaft sucht, ist hier richtig.

HÜTTENINFO

HÖHE 1610 m TALORT Reutte (853 m)
ZUSTIEG Von Höfen bei Reutte nach Holz und Winkl und dann steil bergauf, immer wieder einen Forstweg kreuzend, zur Gehrenalpe.
HÖHENMETER 750 GEHZEIT 2 Std.
BUCHUNG www.gehrenalpe.com

20 LANDSBERGER HÜTTE

Hütte mit drei Seen

Bei einer Tour aus dem Tannheimer Tal zur Landsberger Hütte gelangen Wanderer gleich an drei traumhafte Bergseen: den Vilsalpsee im Tal, den in einem imposanten grünen Bergkessel gelegenen Traualpsee sowie die Lache, an der die Hütte liegt. Ebenso lohnen sich die längeren Anstiege vom Haldensee, Neunerköpfle oder durch das Birkental. Das Haus eignet sich bestens für eine Einkehr bei einer Rundtour, dient aber auch als Stützpunkt zum Klettern, Weiterwandern zu anderen Hütten oder für den Klettersteig in der Lachenspitze-Nordwand.

HÜTTENINFO

HÖHE 1810 m TALORT Tannheim (1097 m)
ZUSTIEG Von Tannheim zum Vilsalpsee (Zufahrt dorthin nur bis 10 Uhr möglich) und von der Südostseite des Sees via Traualpsee zur Hütte.
HÖHENMETER 750 GEHZEIT 2,5 Std.
BUCHUNG www.dav-landsberg.de

22 KAISERJOCHHAUS

Im anspruchsvollen Wanderrevier

Hoch oben in den wilden Lechtaler Alpen liegt das Kaiserjochhaus an einer Kreuzung mehrerer Fernwanderwege und Mehrtagestouren. Die Zustiege aus dem Tal hinauf zur Wirtsfamilie Genewein mit ihrer mehrfach ausgezeichneten Hütte gestalten sich dabei noch am leichtesten. Alle anderen Wege um die Hütte herum sind zwar auch für Wanderer ohne spezielle Ausrüstung machbar, aber mit Respekt zu begehen. Im Hüttengelände pfeifen die Murmeltiere eifrig. Sie lassen sich oft auf dem Weg zu den Hausbergen Gries- (2581 m) und Malatschkopf (2368 m) beobachten.

HÜTTENINFO

HÖHE 2310 m TALORT Kaisers (1518 m)
ZUSTIEG Von Kaisers auf breitem Weg zur Kaiseralm. Dort rechts abbiegen und im Rechts-links-Bogen zum Kaiserjoch aufsteigen.
HÖHENMETER 850 GEHZEIT 2,5 Std.
BUCHUNG www.kaiserjochhaus.at

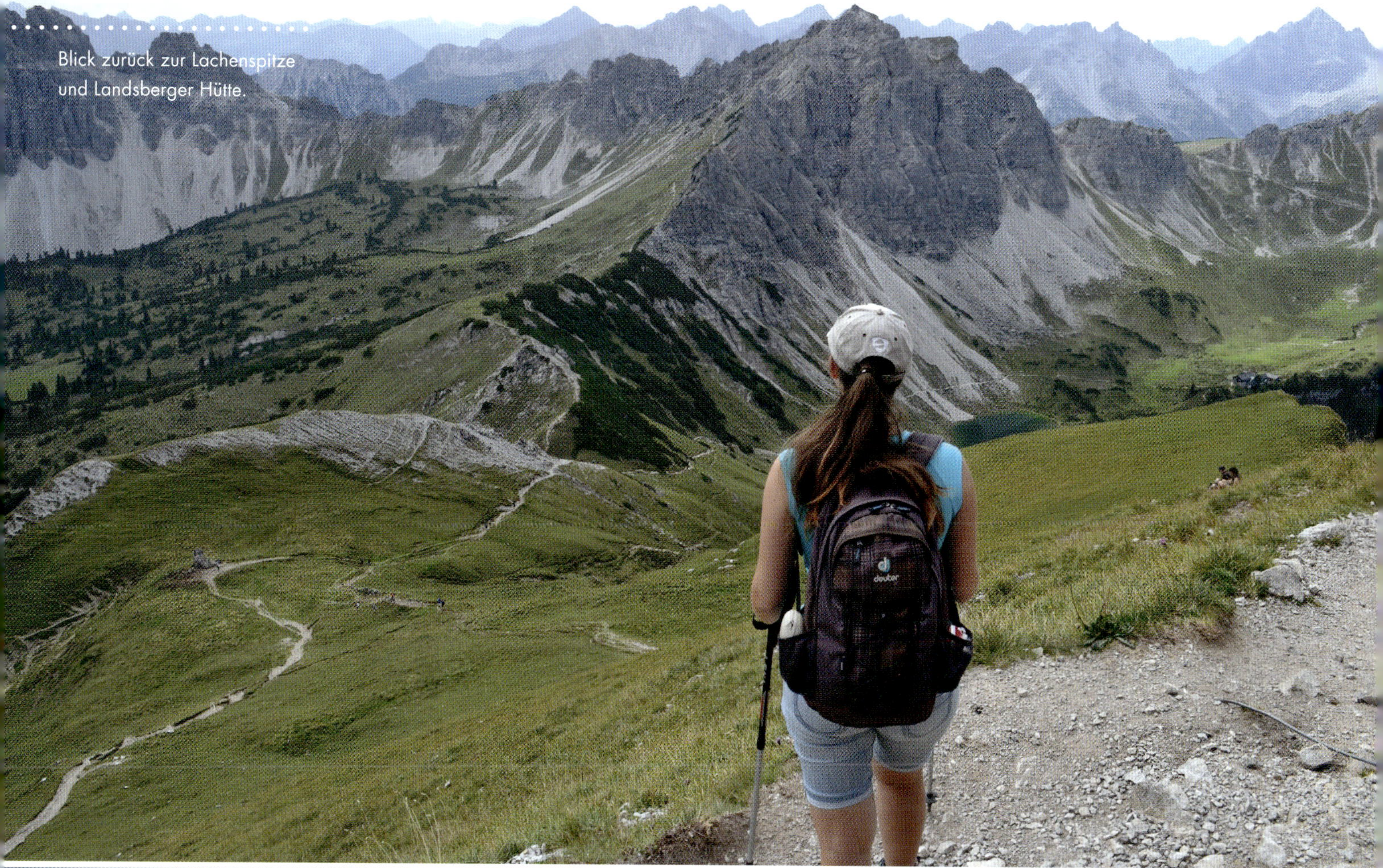

Blick zurück zur Lachenspitze und Landsberger Hütte.

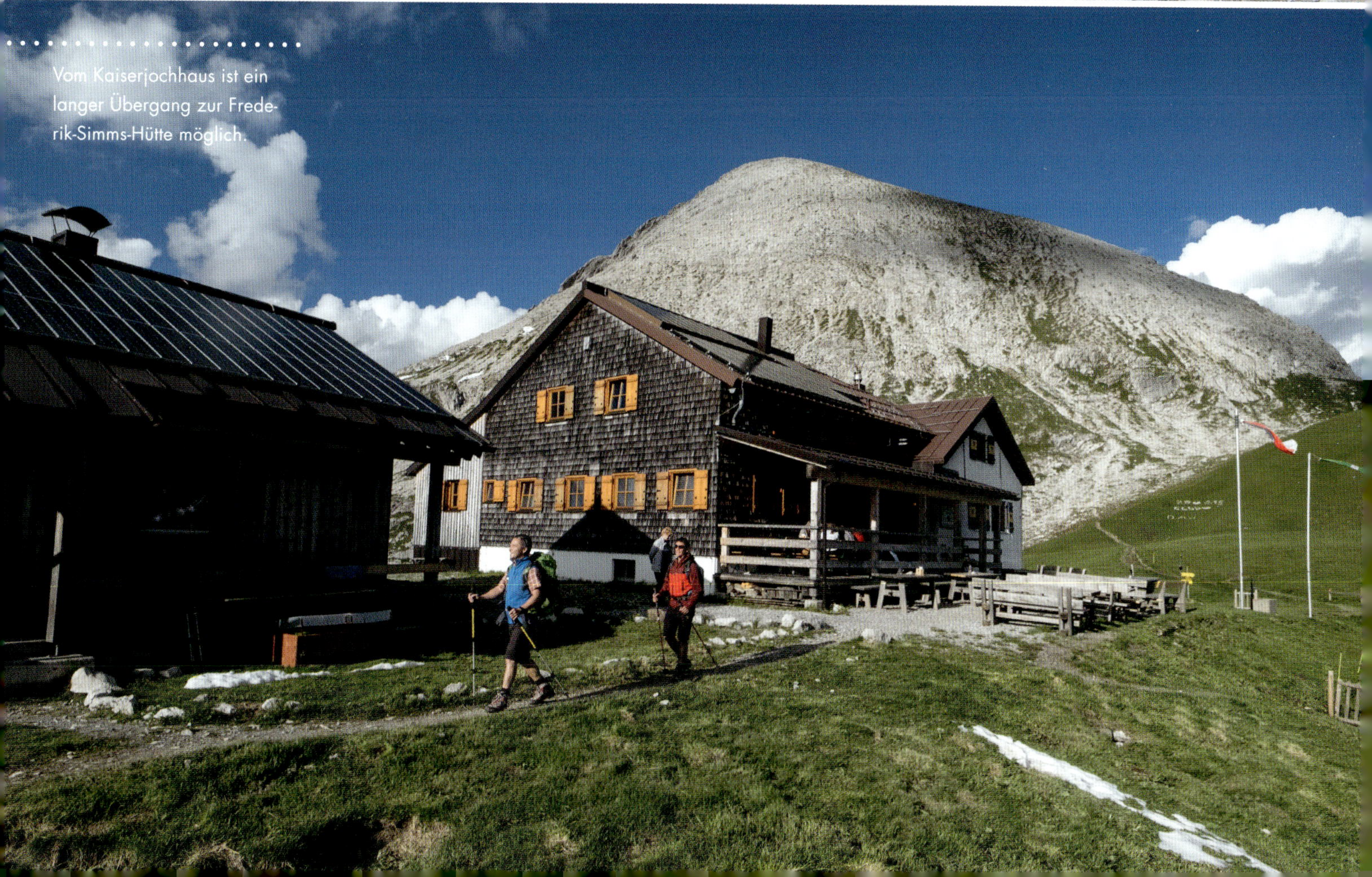

Vom Kaiserjochhaus ist ein langer Übergang zur Frederik-Simms-Hütte möglich.

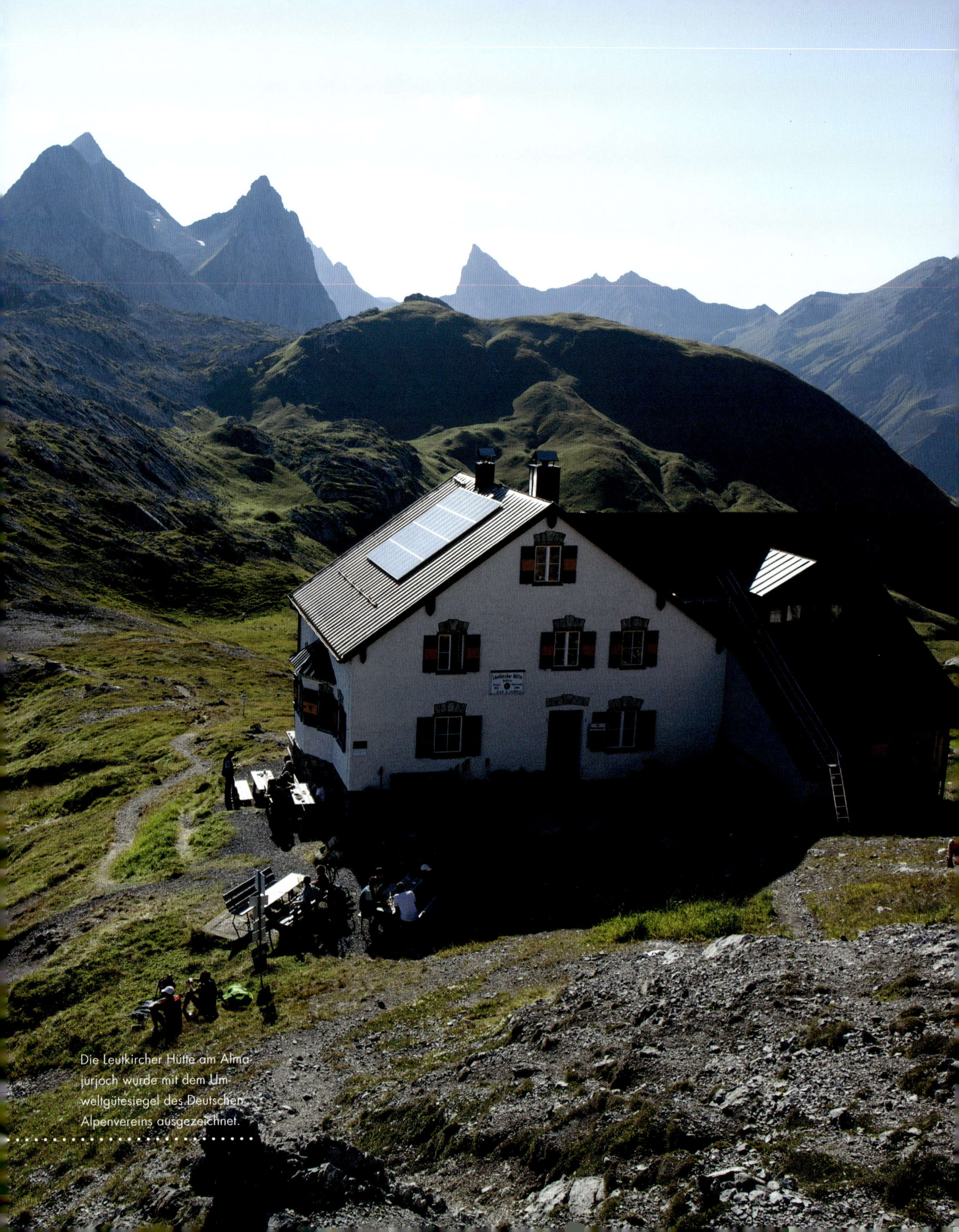

Die Leutkircher Hütte am Almajurjoch wurde mit dem Umweltgütesiegel des Deutschen Alpenvereins ausgezeichnet.

Wanderer am Hirschpleißkopf, im Hintergrund die Vorderseespitze.

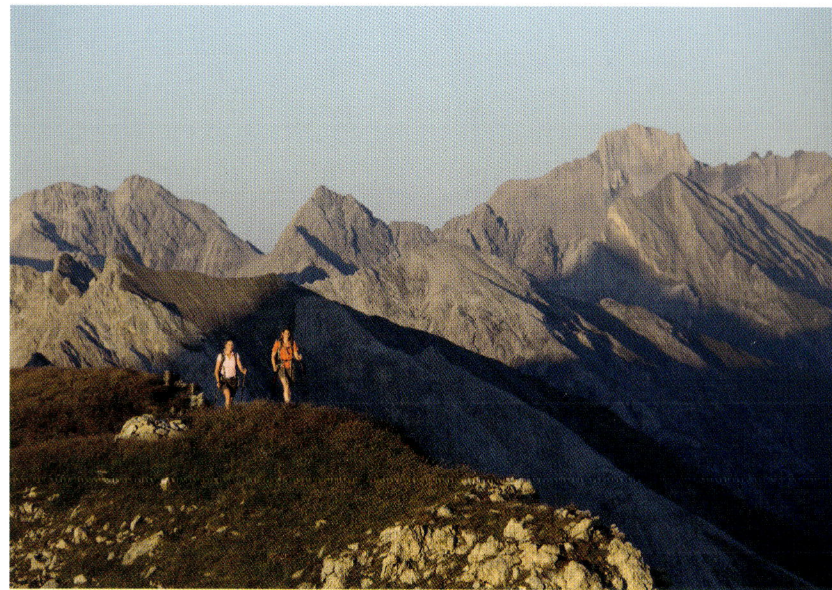

23 LEUTKIRCHER HÜTTE

Am Lechtaler Höhenweg

Seit 1912 steht die Leutkircher Hütte auf dem Almajurjoch am Lechtaler Hauptkamm. Es ist heute kaum vorstellbar, welche Mühen die Erbauer auf sich nahmen. Das Material wurde mit Eseln und Pferden herauftransportiert und die Hütte selbst vorwiegend von Hand erbaut. Seit ihrer Erbauung ist hier oben viel passiert. Besonders markant ist der Anbau aus dem Jahre 2004. Seit diesem Jahr führen auch Claudia und Meinhard Egger die Hütte, nachdem sie vorher 30 Jahre von der Familie Holzknecht bewirtschaftet wurde. Das Paar serviert seinen Gästen leckere Gerichte, deren Zutaten es aus der Region bezieht. Mit der Sanierung in jenem Jahr wurde die Hütte umwelttechnisch auf den neuesten Stand gebracht, weshalb sie auch 2009 mit dem Umweltgütesiegel des Deutschen Alpenvereins ausgezeichnet wurde.

Der bekannte, beliebte, aber auch anspruchsvolle Lechtaler Höhenweg führt direkt an der Hütte vorbei, wie auch der berühmte Adlerweg. Genauer gesagt die 24. und letzte Etappe vom Kaiserjochhaus nach St. Christoph am Arlberg – ein würdiger Abschluss dieses grandiosen Höhenweges. Die Lage hoch über dem Stanzer Tal ist nicht nur wichtig für dessen Begehung, sie ist zudem auch sehr aussichtsreich. Grandios ist der Blick über das Tal hinweg auf das gegenüber aufragende Verwallgebirge. Es gibt kurze oder lange Zustiege zur Hütte. Kurz ist der Weg von der Bergstation Kapall hoch über St. Anton. In 1,5 Stunden gelangt man auf einem leicht alpinen Steig zur Hütte. Länger sind dagegen die Anstiege von St. Anton und Pettneu im Süden oder Kaisers im Lechtal. Dafür benötigt man 3,5 bis 4 Stunden zur wirklich schön gelegenen Hütte. Auch wenn der kurze Weg verlockend ist, so sollte man sich Zeit gönnen und aus dem Lechtal aufsteigen, um in Ruhe in die Gebirgswelt einzutauchen.

Wer noch eine luftigere Variante einlegen möchte, der kann den Arlberger Klettersteig wählen. Das ist dann ein richtiges Abenteuer hoch über dem Tal mit Kletterpassagen im Schwierigkeitsgrad A bis D. Eine komplette Begehung dauert etwa vier bis sechs Stunden. Hüttengipfel der Leutkircher Hütte ist der Stanskogel, immerhin schon über 2700 Meter hoch. Zwei Stunden benötigt man zu seinem Gipfel. Zuerst geht man ein Stück in Richtung Hirschpleißkopf. Der letzte Abschnitt führt über felsiges Gelände und ist an den schwierigen Stellen gesichert. Die Aussicht von seinem Gipfel ist natürlich großartig. Die Rundumsicht reicht bis zu den Gletscherbergen der Zentralalpen, wobei auch die nahen Felsgipfel der Lechtaler Alpen ihre Faszination haben.

DIE LEUTKIRCHER HÜTTE IST EIN TOLLER STÜTZPUNKT AM LECHTALER HÖHENWEG.

HÜTTENINFO

HÖHE 2251 m TALORT St. Anton am Arlberg (1304 m)
ZUSTIEG Von der Bergstation Kapall hoch über St. Anton, teilweise seilversichert unter der Weißschrofenspitze hindurch zum Almajurjoch und weiter auf gutem Weg zur Hütte.
HÖHENMETER 120 GEHZEIT 1,5 Std.
BUCHUNG www.leutkircher-huette.at

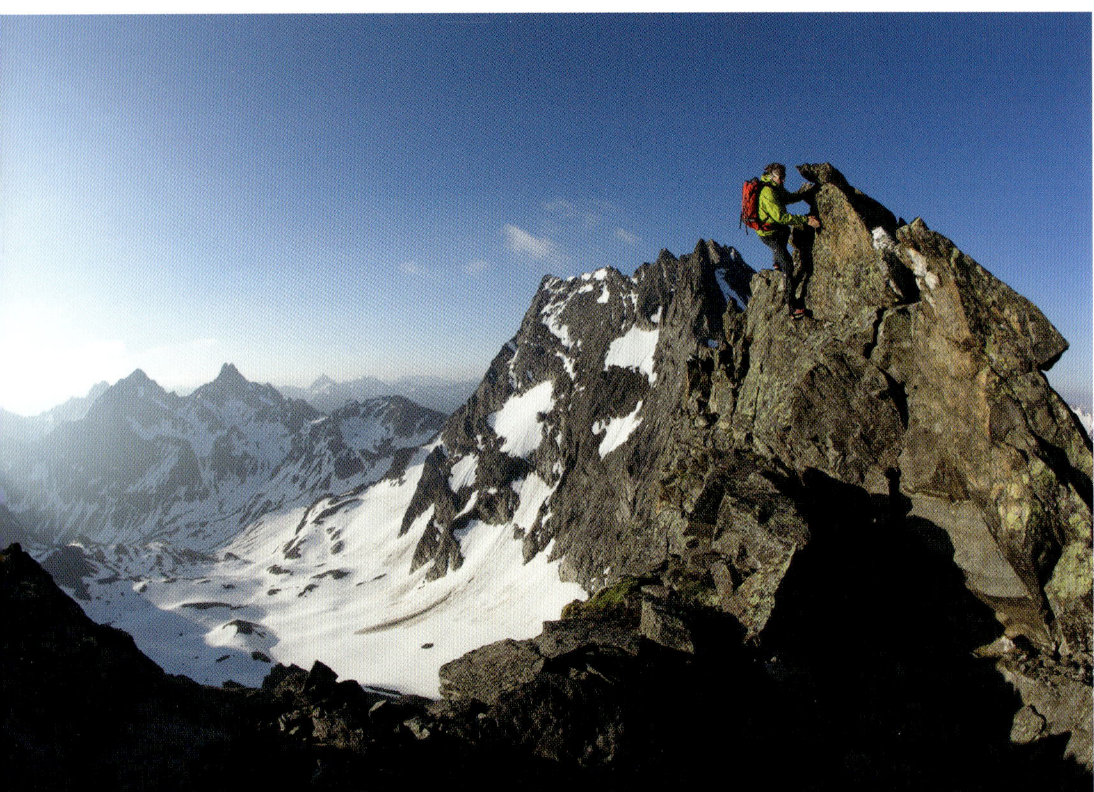

Von der Darmstädter Hütte ist der Scheibler ein schönes Gipfelziel.

24 DARMSTÄDTER HÜTTE

Knödeltraum

Die Darmstädter Hütte liegt im Herzen des wilden Verwallgebirges. Durch den E-Bike-Trend ist die Hütte aber inzwischen auch für Tagestouristen von St. Anton interessant geworden. Egal, ob Hüttenwanderer oder Tagestourist – jeder sollte einen der verschiedenen Knödel probieren, die hier oben vom Hüttenwirt Andreas Weißkopf serviert werden. Hüttengipfel ist der Scheibler, fast 3000 Meter hoch. Der Gipfel kann auch im Verlauf der Verwallrunde prima besucht werden.

HÜTTENINFO

HÖHE 2384 m TALORT St. Anton am Arlberg (1304 m)
ZUSTIEG Von St. Anton auf breitem Weg in das Moostal bis zum Stausee Kartell. Nach dem See nach rechts auf einen schönen Steig abbiegen und entlang des Baches direkt hinauf zur Hütte.
HÖHENMETER 1150 GEHZEIT 4,5 Std.
BUCHUNG www.alpenverein-darmstadt.de/huetten/darmstaedterhuette/uebernachten/

25 FRIEDRICHSHAFENER HÜTTE

Sonnig

Die Friedrichshafener Hütte steht auf der Südseite des Verwallgebirges, praktisch auf der Sonnenseite – hoch über dem Paznauntal. Sie ist ein beliebter Stützpunkt an der Verwallrunde. Diese herrliche Hüttenrunde führt in acht Tagen durch das Verwall. Obwohl das Gebirge sehr wild ist, kann man es gut bewandern, da in viele Scharten bestens markierte Wanderwege hineinführen. Diese Scharten sind die Übergänge zwischen den Hütten. Die klassische Runde erreicht am vierten Tag die Friedrichshafener Hütte.

HÜTTENINFO

HÖHE 2138 m TALORT Mathon (1454 m)
ZUSTIEG Vom Hüttenparkplatz oberhalb von Mathon folgt man kurz der Fahrstraße und wechselt auf einen Steig, der den Fahrweg mehrmals quert.
HÖHENMETER 590 GEHZEIT 2 Std.
BUCHUNG www.dav-fn.de/verein-12/fnhuette

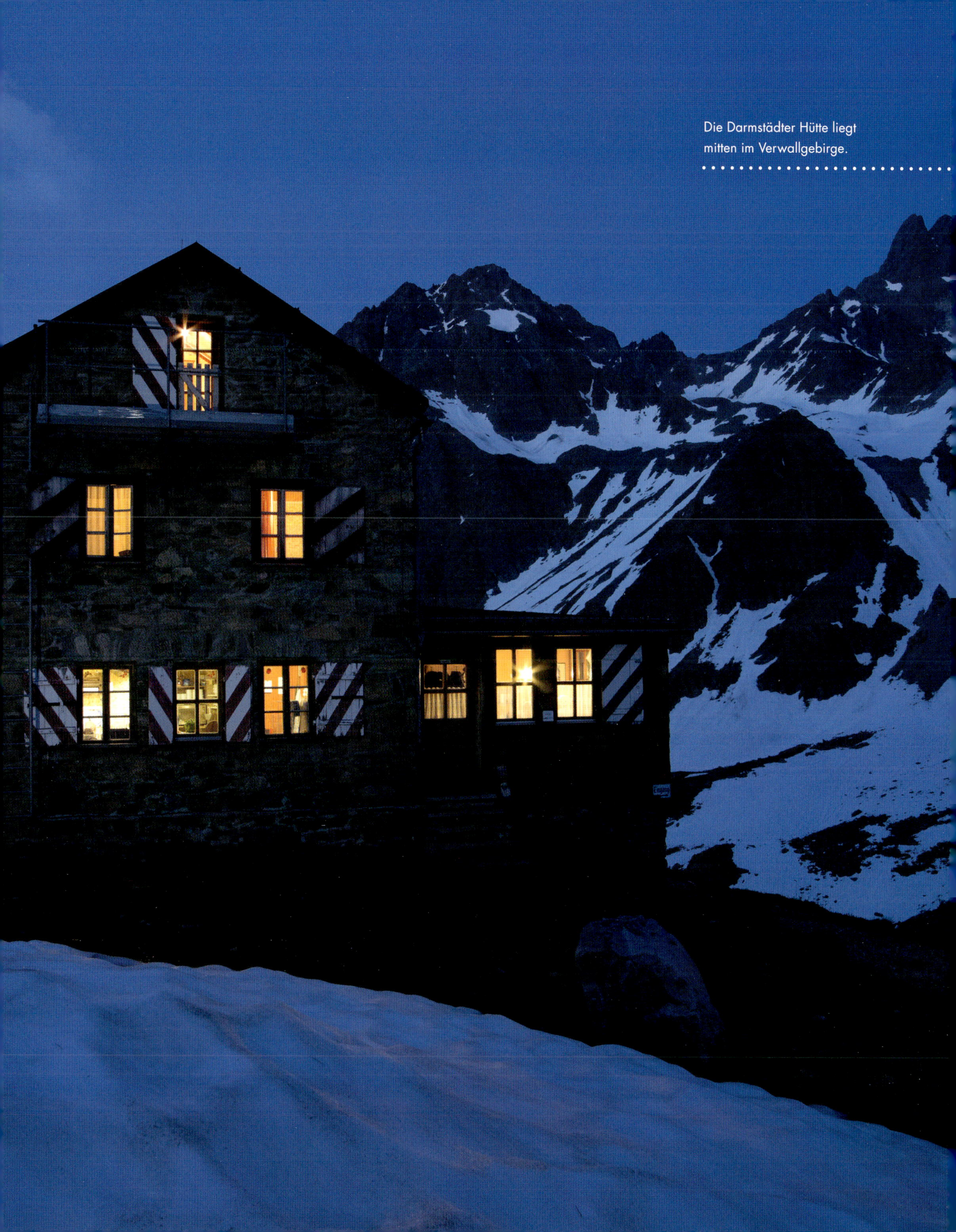

Die Darmstädter Hütte liegt
mitten im Verwallgebirge.

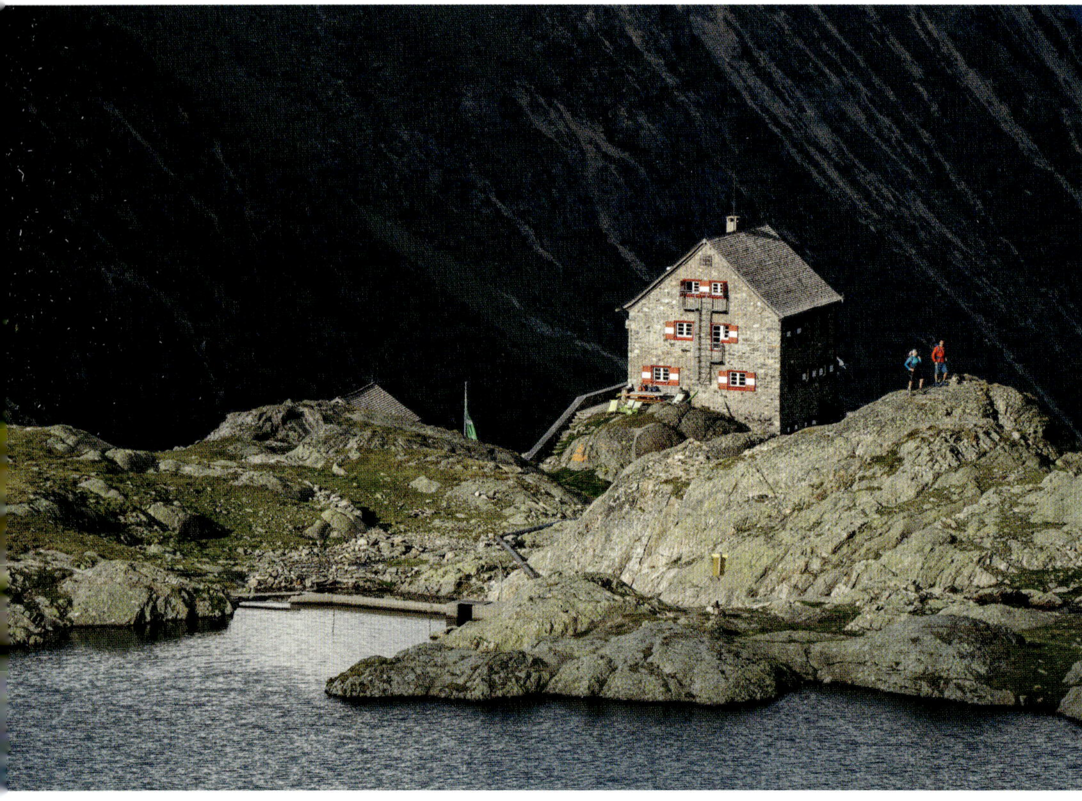

Die Erlanger Hütte am Wettersee ist ein Geheimtipp.

26 ERLANGER HÜTTE Weitab vom Schuss

Eigentlich müsste an der Erlanger Hütte stets viel Betrieb herrschen: Die Berge rundherum sind hoch, hinter ihr spiegelt sich die Sonne im Wettersee und ganze acht Zustiege führen zur Hütte von Christian Rimml und Anita Vogelbauer. Trotzdem bleibt sie ein Geheimtipp. Denn alle Wege zum Haus im nördlichen Geigenkamm zwischen Ötz- und Pitztal sind lang. Dafür gibt es dort oben ursprüngliche und einsame alpine Natur zu erleben. Besteigen lassen sich der nahe Wildgrat (2971 m) sowie der Funduspfeiler (3079 m) auf dem Weiterweg zur Frischmannhütte. Auch das Kreuzjoch (2767 m) ist ein lohnenswertes Ziel.

HÜTTENINFO

HÖHE 2550 m TALORT Umhausen (1036 m)
ZUSTIEG Schnellster Zustieg von Umhausen über die Vordere Leitersalm zur Erlanger Hütte.
HÖHENMETER 1570 GEHZEIT 4,5 Std.
BUCHUNG www.alpenverein-erlangen.de/Unsere-Huetten/Erlanger-Huette/Info.html

27 FRISCHMANNHÜTTE

Gasthaus-Charme hoch oben

Abgelegen im nördlichen Geigenkamm liegt die Frischmannhütte unterhalb von Fundusfeiler (3079 m) und Blockkogel (3098 m). Wer den langen, auch per Mountainbike fahrbaren Weg dorthin auf sich nimmt, ist eine Weile unterwegs, gelangt jedoch in ein besonderes Eck der Ötztaler Alpen. Von der Hütte, der Wirtin Martina Grießer einen heimeligen Gasthaus-Charme verleiht, lassen sich nicht nur die mächtigen Dreitausender besteigen. Lange Höhenwege führen in strengen Tagesmärschen durch karge Landschaft zu den Nachbarhütten.

HÜTTENINFO

HÖHE 2192 m TALORT Umhausen (1036 m)
ZUSTIEG Von Umhausen zuerst über viele Serpentinen, dann durch das lang gestreckte Fundustal zur Hütte.
HÖHENMETER 1200 GEHZEIT 4 Std.
BUCHUNG www.frischmannhuette.at

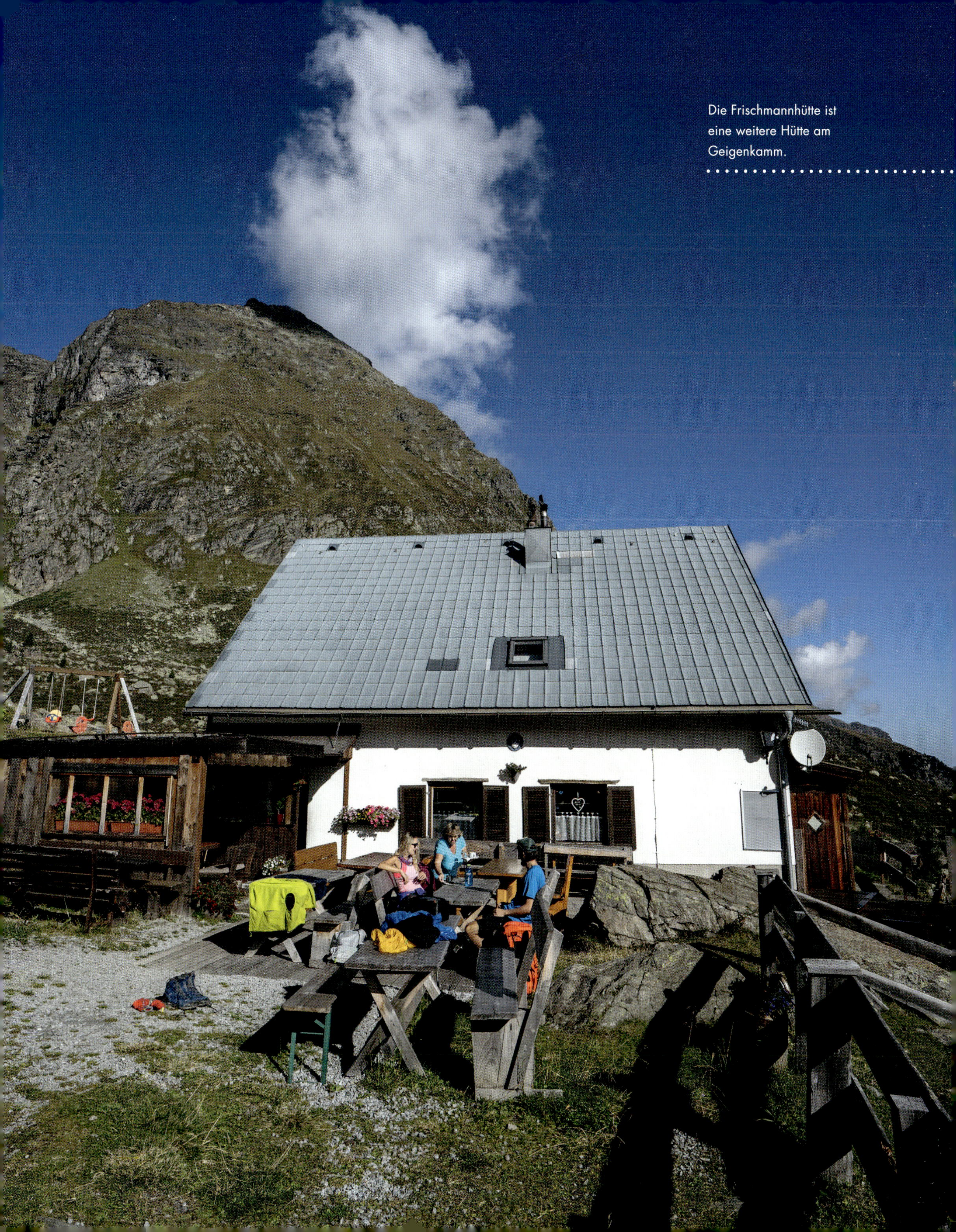

Die Frischmannhütte ist eine weitere Hütte am Geigenkamm.

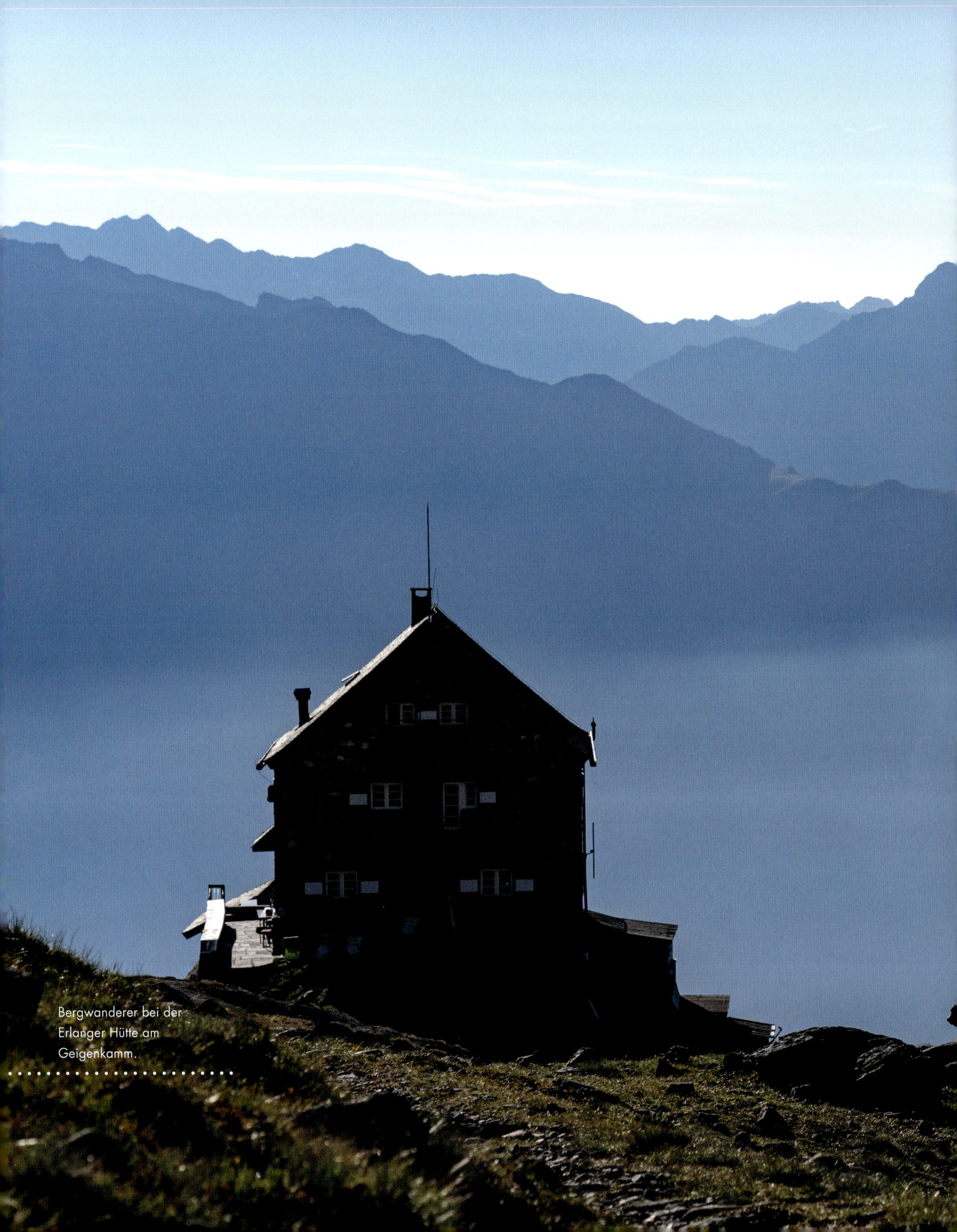

Bergwanderer bei der Erlanger Hütte am Geigenkamm.

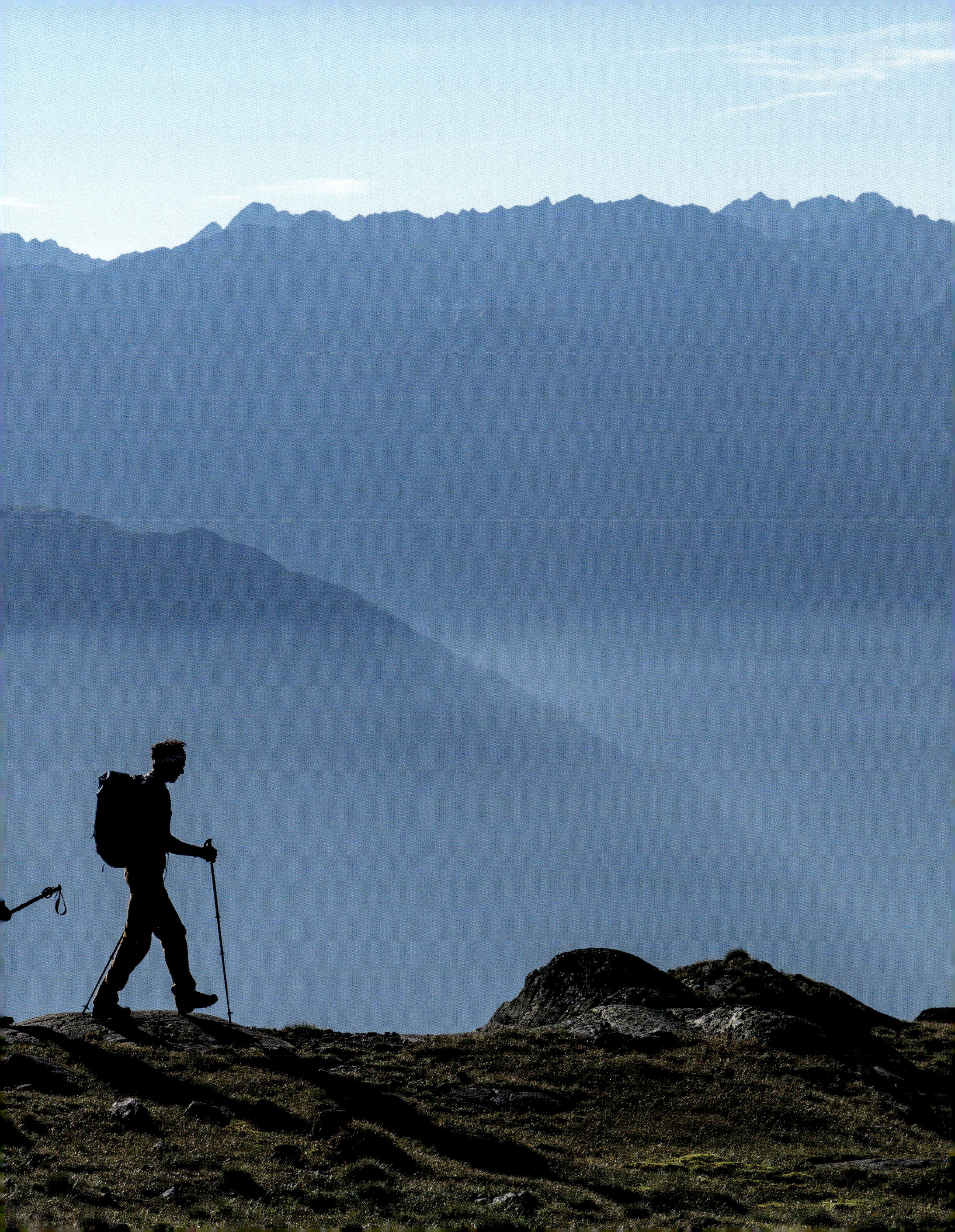

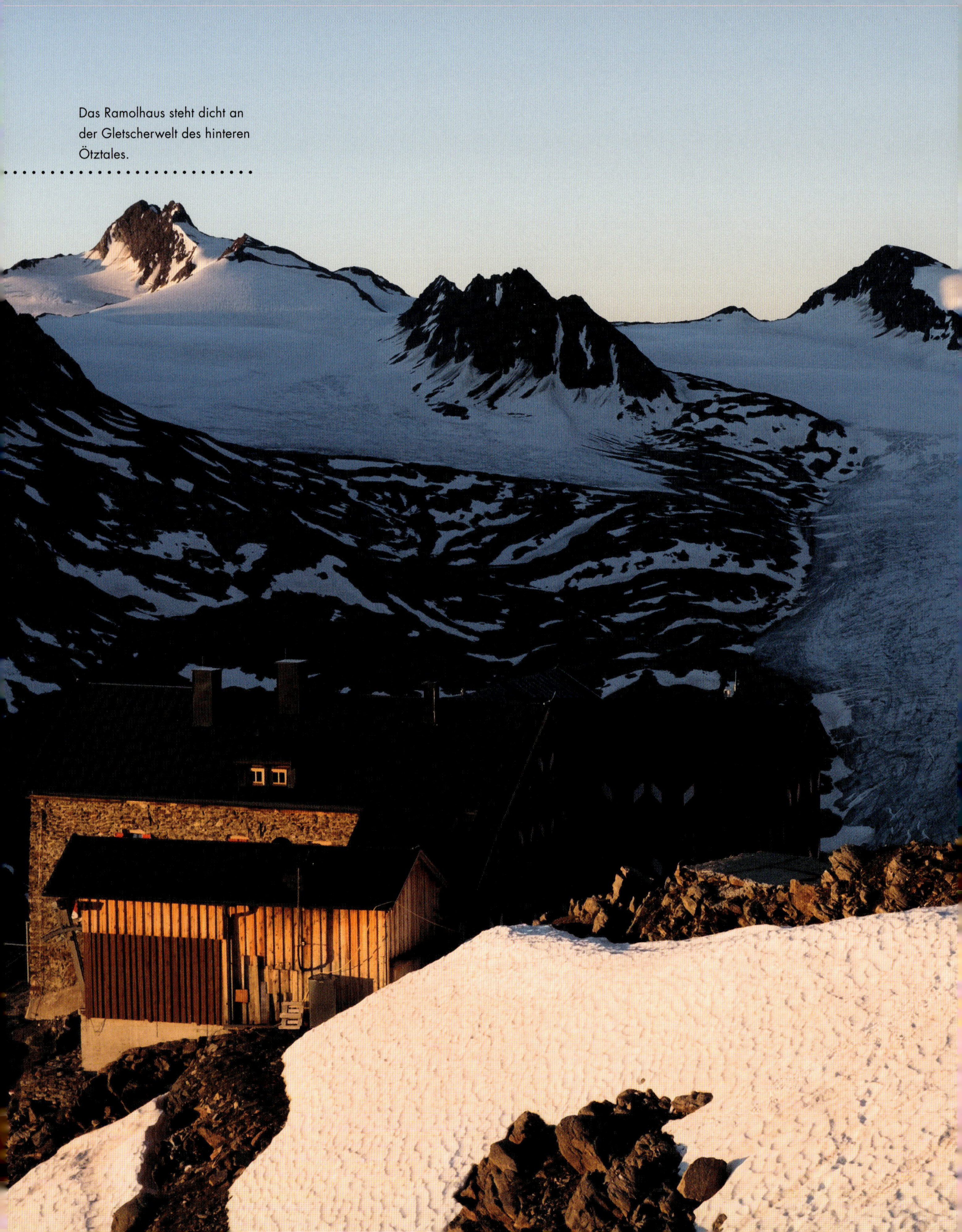

Das Ramolhaus steht dicht an der Gletscherwelt des hinteren Ötztales.

Das Ramolhaus gehört der DAV-Sektion Hamburg und Niederelbe und ist damit Hamburgs höchstes Haus!

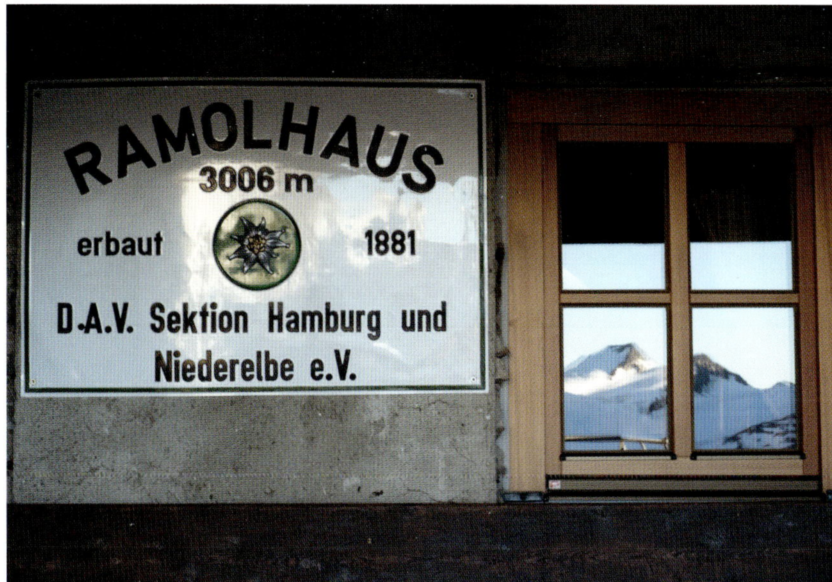

28 RAMOLHAUS Hoch über Obergurgl

Das Ramolhaus wurde auch schon als Hamburgs höchstes Haus bezeichnet. Auf einer Höhe von 3006 Metern liegt das Ramolhaus hoch über Obergurgl am Fuße des Ostgrates des Hinteren Spiegelkogels. Durch diese prächtige Lage ist die Aussicht von der Hütte auf die Gletscherwelt im hinteren Ötztal grandios. Wir bewundern so eindrucksvolle Gipfel wie Hochfirst, Liebener Spitze, Seelenkögel, Hochwilde und Schalfkogel. Bevor man in den Genuss dieser Aussicht kommt, muss man erst einmal ordentlich schwitzen. Weit ist es von den Häusern Obergurgls bis zur Hütte. Durch die Osthanglage ist der Anstieg auch bereits am Morgen ziemlich warm. So lässt man sich ausreichend Zeit mit dem Hüttenanstieg. Nach ungefähr vier Stunden Aufstieg hat man es dann geschafft und kann sich in der Hütte einquartieren. Die lange Aufstiegszeit hat aber auch einen Vorteil. Die Höhe der Hütte hat schon manchen Wanderer in der Nacht unruhig schlafen lassen. So hat man wenigstens etwas mehr Zeit, sich daran zu gewöhnen.

Die Hüttengipfel rund um das Ramolhaus sind alle anspruchsvoll und sollten keineswegs unterschätzt werden. Der leichteste Anstieg führt auf den Hinteren Spiegelkogel. Dieser Anstieg berührt kein Eis und ist im Fels nicht besonders schwierig. Trittsicherheit und Schwindelfreiheit benötigt man allerdings schon für diesen hohen Dreitausender. Gerade eine kurze Felsstufe in Gipfelnähe ist doch etwas ausgesetzt. Ein ebenfalls beliebtes Ziel von der Hütte ist der Nördliche Ramolkogel. Der Gipfel wird auch Anichspitze genannt, Namenspate war hier der Tiroler Kartograf Peter Anich. Eine Weltkugel befindet sich deshalb im Gipfelkreuz. Obwohl der Anstieg relativ einfach ist, führt er doch über einen kleinen Gletscher und erfordert deshalb entsprechende Erfahrung und Ausrüstung. Wagt man sich erstmals in diese Regionen vor, so kann man auch über den Hüttenwirt eine Führung für die Touren buchen. Von beiden Gipfeln ist die Aussicht noch einmal umfassender als von der Hütte. Gerade vom Nördlichen Ramolkogel kann man wunderbar den Aufstieg zum Großen Ramolkogel einsehen. Es ist schon eindrucksvoll, wie sich die geübten Bergsteiger über den steilen Felsgrat zum Mittleren Ramolkogel hocharbeiten und dann die Überschreitung auf schmalem Grat zum Hauptgipfel unternehmen. Aber auch ohne Gipfel lohnt sich der Anstieg zur Hütte.

ALLEIN DER HÜTTENANSTIEG ZUM RAMOLHAUS VON OBERGURGL IST LANDSCHAFTLICH GROßARTIG.

HÜTTENINFO

HÖHE 3006 m **TALORT** Obergurgl (1907 m)

ZUSTIEG Von Obergurgl in südwestlicher Richtung aus dem Ort bis zur Küppele-Schäferhütte. Man quert lange ansteigend die steilen Hänge mit großartigen Ausblicken auf die Berge ringsum. Der Weg biegt nach rechts ab und führt steil hinauf zur Hütte.

HÖHENMETER 1140 **GEHZEIT** 4 Std.

BUCHUNG www.dav-hamburg.de/huette/ramolhaus

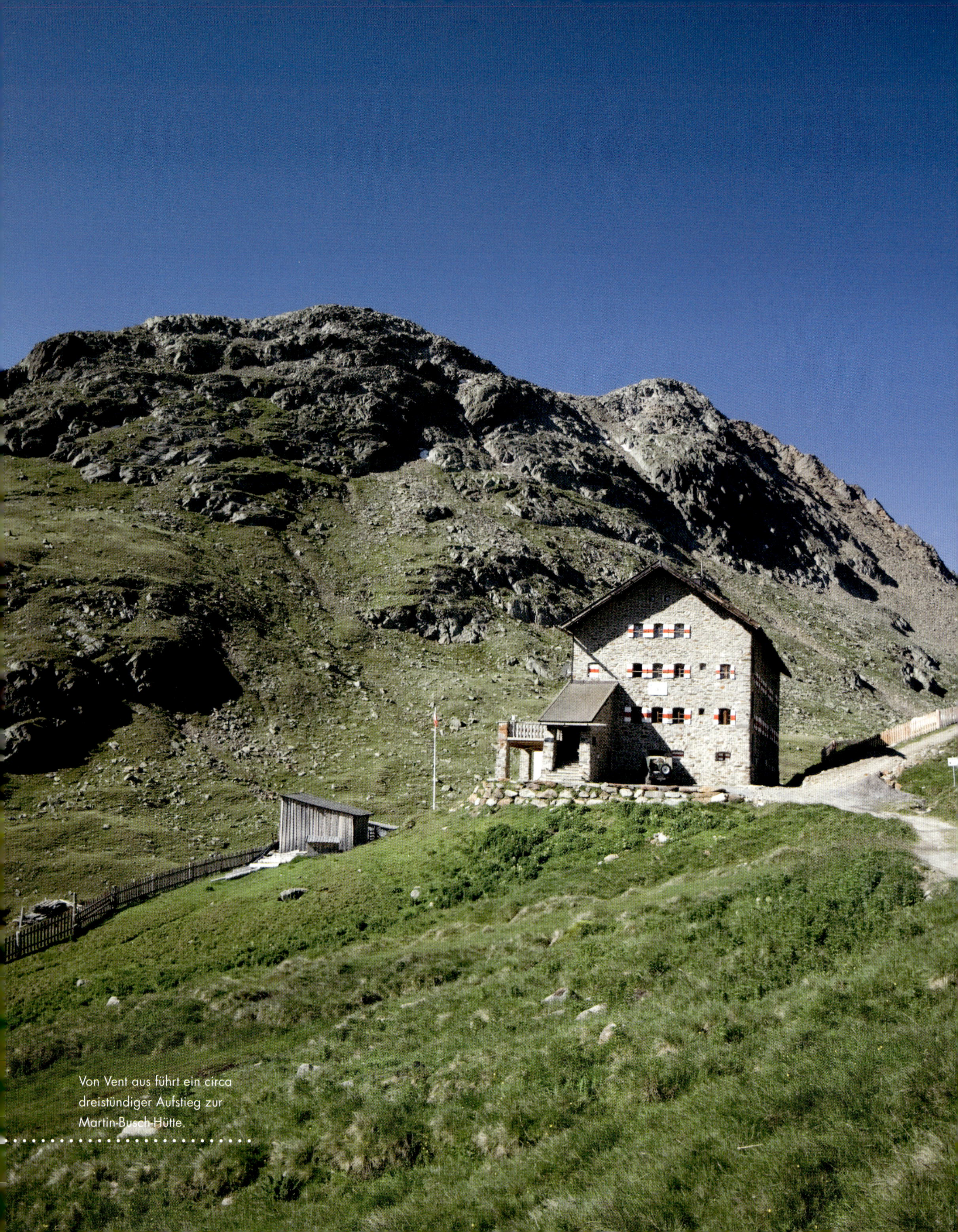

Von Vent aus führt ein circa dreistündiger Aufstieg zur Martin-Busch-Hütte.

Eines der Gipfelziele von der Martin-Busch-Hütte aus ist der Saykogel.

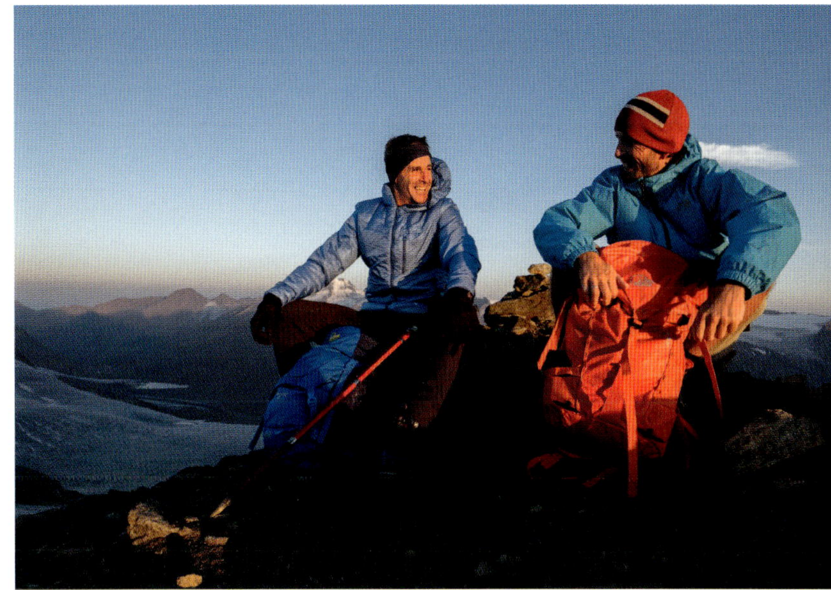

29 MARTIN-BUSCH-HÜTTE

Viel mehr als nur die Alpenüberquerung E5

Es kommt auf den Wochentag an, wie das Publikum auf der Martin-Busch-Hütte aussieht. Während die Murmeltiere vor dem Haus ihrem Revier treu bleiben, gibt es zwei Hauptfaktoren, die die Menschen anziehen: Das 110-Betten-Haus liegt sowohl an der extrem beliebten Alpenüberquerung E5 als auch zu Füßen großer, teils mächtig vergletscherter Berge.
»Da die meisten Fernwanderer am Wochenende in Oberstdorf starten, sind sie bis Donnerstag durch«, berichtet Wirt Peter Scheiber. Das heißt: Das Wochenende gehört größtenteils den Alpinisten. Deren Ziele liegen rund um die Hütte verteilt und bieten sich in verschiedenen Schwierigkeitsgraden an: Viele Bergsteiger sammeln ihre ersten Erfahrungen in Eis und Höhe am formschönen und einfach erreichbaren Similaun (3599 m). Neben ihm ragt die nicht minder elegante, dafür weniger vergletscherte, aber luftigere Fineilspitze (3514 m) auf. Dazwischen macht ein Denkmal am Tisenjoch auf über 3200 Meter Höhe auf einen historischen Fund aufmerksam: Hier fanden deutsche Bergsteiger 1991 den mumifizierten, über 5000 Jahre alten »Mann vom Similaun«, auch bekannt als Ötzi. Seit März 1998 wird die Gletschermumie im Original im Südtiroler Archäologiemuseum in Bozen ausgestellt. Die Fundstelle ist, wie auch die Gipfel von Saykogel (3355 m) und Kreuzspitze (3455 m) ohne Gletscherberührung für geübte Wanderer erreichbar. Doch Schnee und Eis können auf diesen Höhen trotzdem jederzeit vorkommen. Wer es dagegen würzig und eisig mag, wagt sich auf die anspruchsvolle Hochtour zur Hinteren Schwärze (3624 m).
Solange Besucher sich also darauf einstellen, in der Hütte nicht allein zu sein, werden sie inmitten der alpinen Ödnis am Alpenhauptkamm eine eindrucksvolle Zeit erleben. Denn ein Geheimtipp ist die Martin-Busch-Hütte nicht mehr. Dabei bietet sie trotzdem stets genügend Platz für Ausrüstung, Hygiene und einen schönen Hüttenabend. Wirt Peter Scheiber übernahm sie im Sommer 2016 nach 29 Jahren als Hotelier im Tal von seinem Bruder Michael. Seitdem ist er, was er immer sein wollte – »Wirt und nichts anderes«, weit weg vom Alltagstrubel der Welt. Ein Kuriosum lässt sich allabendlich vor der Hütte beobachten: In der kühlen Abendluft zieht eine Prozession von Hüttenbesuchern ein Stück den Aufstiegsweg hinab. Sie pilgert zu einem Schild, das Peter aufgestellt hat. Es verheißt: »Hier letztmalig Handyempfang«.

VOR ALLEM DER FERNWANDERWEG E5 VON OBERSTDORF NACH MERAN BESCHERT DER HÜTTE VIELE BESUCHER. DOCH ES GIBT AUCH ZEITEN, DA GEHÖRT SIE DEN BERGSTEIGERN.

HÜTTENINFO

HÖHE 2501 m TALORT Vent (1895 m)
ZUSTIEG Von Vent über Fahrweg zur Hütte. Wegen Bergsturzgefahr weicht der Weg mittlerweile kurz auf die Ostseite des Niederbachs aus.
HÖHENMETER 600 GEHZEIT 3 Std.
BUCHUNG https://dav-berlin.de/huetten-ueberblick-anfahrt/oetztal/martin-busch-huette/

30 BRANDENBURGER HAUS

Von Eismassen umgeben

Bereits beim Blick auf die Karte sieht es unwirklich aus, wie viel Eis das Brandenburger Haus über den größten Gletschern der Ötztaler Alpen umgibt. In Realität kommen arktische Gefühle auf, ist man dort oben unterwegs. Was für ein Erlebnis allein die Zustiege bieten, egal ob von Vent oder vom Gepatschhaus! Wer nicht topfit und routiniert auf Gletschern unterwegs ist, wird möglicherweise die Hilfe eines Bergführers benötigen und unterwegs auf Hochjochhospiz oder Rauhekopfhütte nächtigen. Bei dieser Umgebung gerät es schon fast zur Nebensache, dass das Brandenburger Haus die höchste Hütte des Deutschen Alpenvereins ist und als Stützpunkt für Hochtouren wie Weißseespitze (3532 m) und Fluchtkogel (3497 m) dient. Ein Besuch in diesem Haus zwischen Gepatsch- und Kesselwandferner bildet schon für sich eine vollwertige Hochtour.

HÜTTENINFO

HÖHE 3277 m TALORT Vent (1895 m)

ZUSTIEG Von Vent über die Rofenhöfe zum Hochjochhospiz. Ab dort über den Deloretteweg an den Guslarspitzen vorbei und über den Kesselwandferner zur Hütte.

HÖHENMETER 1600 GEHZEIT 5,5 Std.

BUCHUNG www.brandenburgerhaus.com

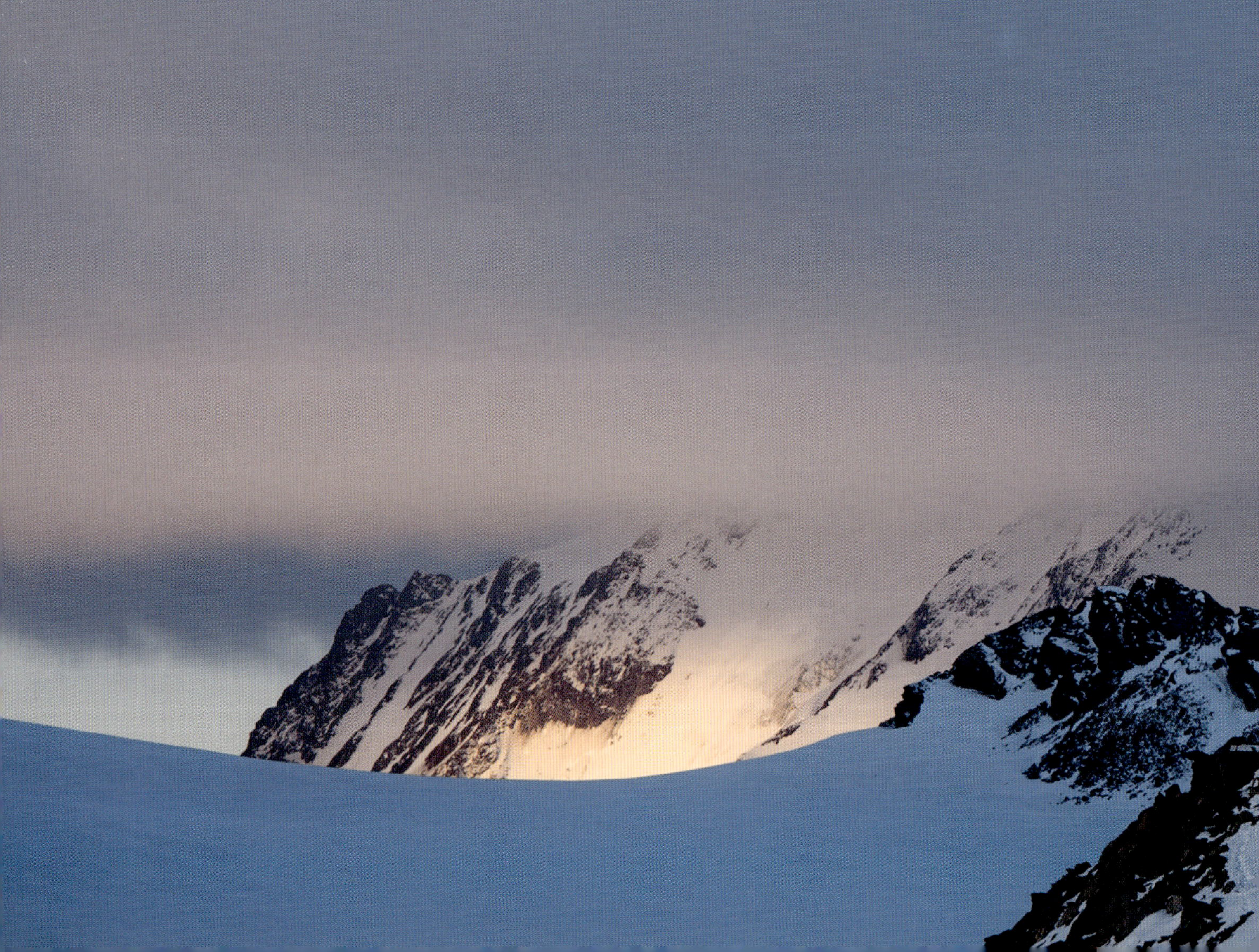

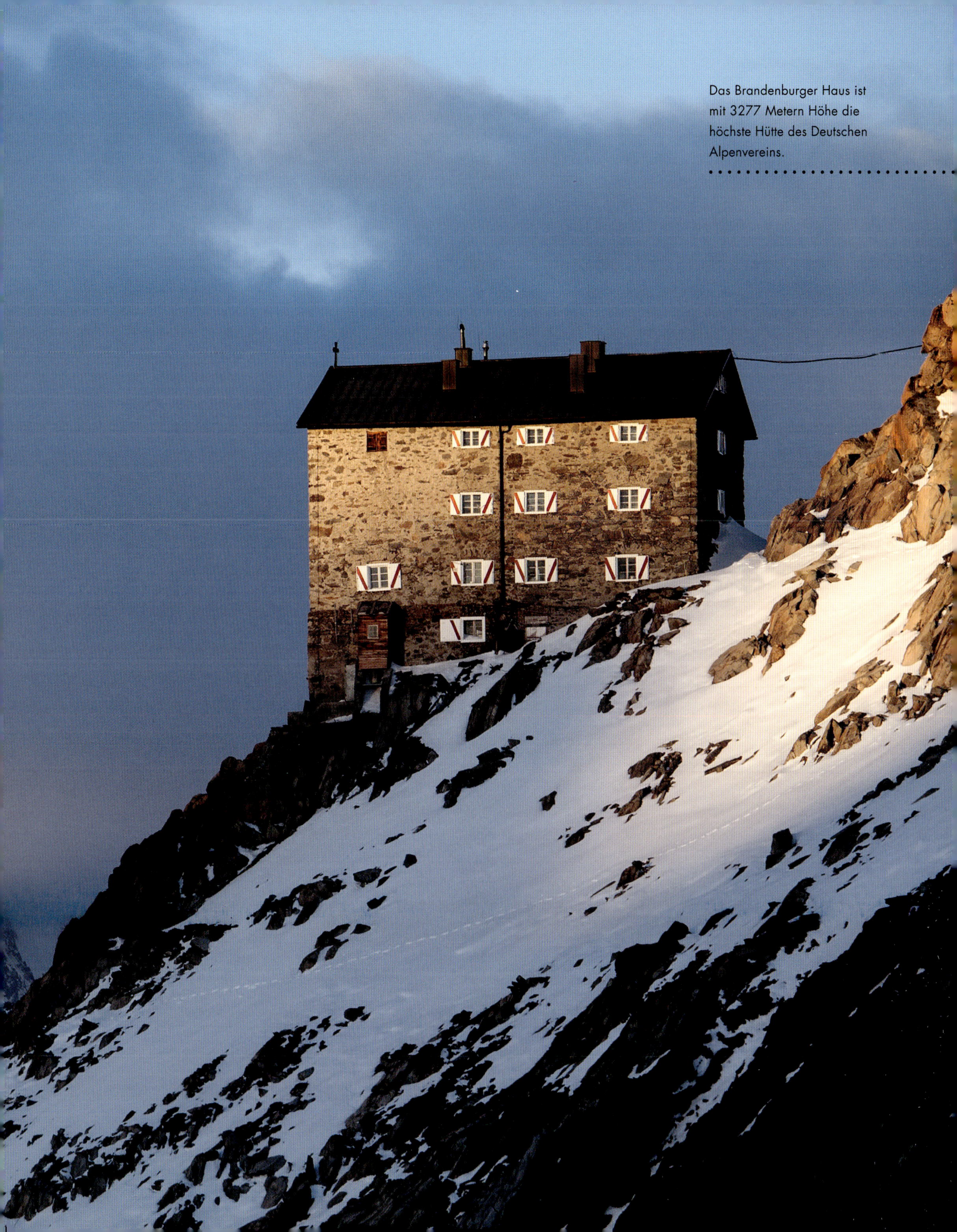

Das Brandenburger Haus ist mit 3277 Metern Höhe die höchste Hütte des Deutschen Alpenvereins.

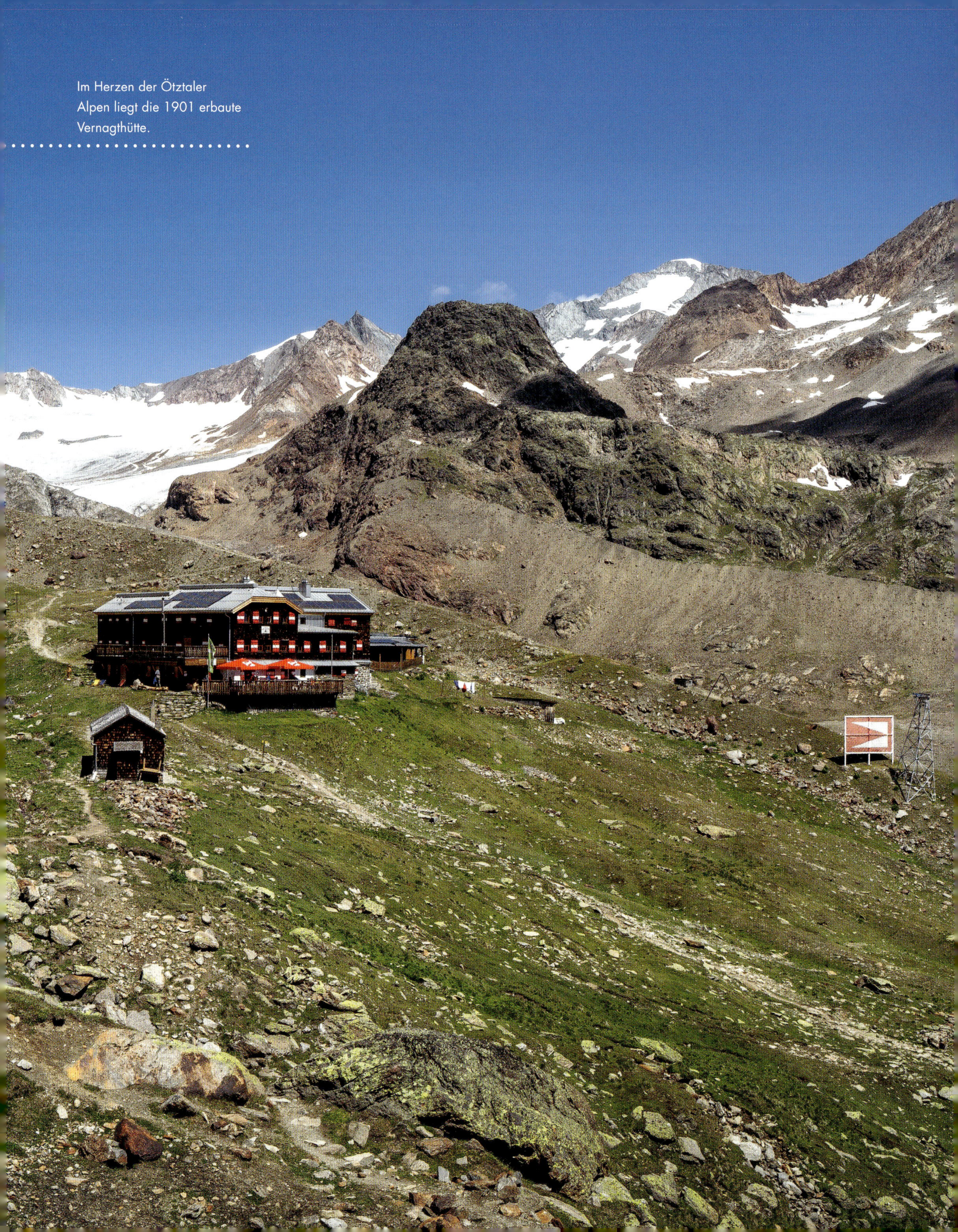

Im Herzen der Ötztaler Alpen liegt die 1901 erbaute Vernagthütte.

Wanderer streicheln die Pferde im Rofental.

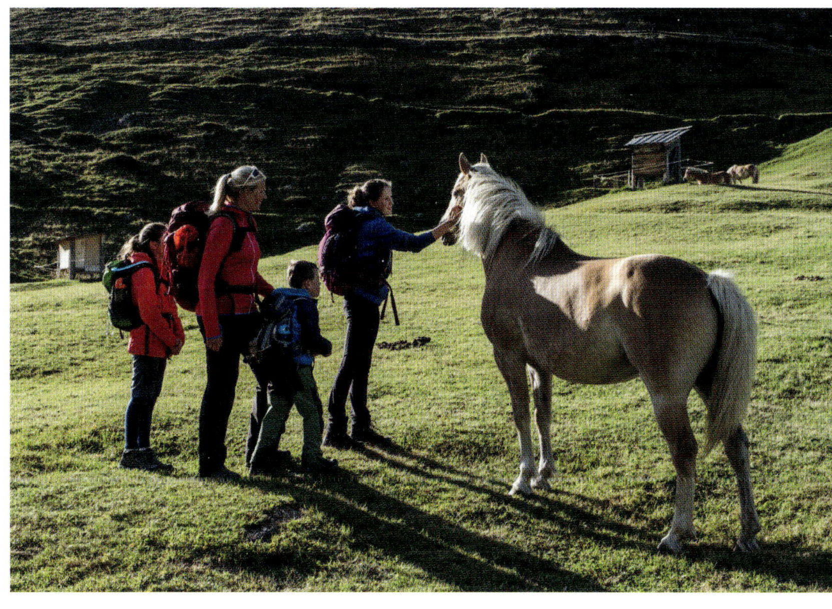

31 VERNAGTHÜTTE

Gute Infrastruktur im Hochgebirge

Ausgerechnet im inneren Ötztal, im Reich von Gneis und Schiefer, von Eis und Schnee, findet sich ein für fast jeden erreichbares Wanderrevier am Alpenhauptkamm. Auch Familien können hier mehrere Hüttenbesuche an ein oder zwei Tagen miteinander verbinden. Für Bergsteiger gibt es ringsum hohe Gletscherberge. Und mittendrin: die 2755 Meter hoch gelegene Vernagthütte im Kessel eines riesigen steinernen Amphitheaters. Familie Scheiber bewirtet das große Haus seit über 50 Jahren.

Die ersten Schritte in diese andere Welt führen aber noch durch liebliche Landschaft. Zwar kann es schon in Vent, auf 1895 Meter Höhe, auch im Sommer empfindlich kühl werden. Doch handelt es sich bei dem kleinen Ort um eine der schönsten Sackgassen der Alpen. Sie liegt in riesig dimensionierter Landschaft: Schmelzwasser donnert durch das Dorf, das sich noch im Grünen ausbreitet. An diesen tosenden Wassermassen der Rofenache geht es dann auch entlang, der Hütte entgegen.

Wer mehrere Tage wandern möchte, kann dem Wasser noch länger in immer kargere Landschaft folgen und am Hochjochhospiz (2412 m) nächtigen. Schon 1869 stand in der Nähe eine erste Hütte, denn seit jeher nutzen die Menschen diese Strecke als Übergang zwischen Nord- und Südtirol. Nun, wo Alpenüberquerungen als Freizeiterlebnis in Mode sind wie nie zuvor, führt der Fernwanderweg E 5 ein Tal weiter via Martin-Busch- und Similaunhütte nach Südtirol.

Egal ob Vernagthütte oder Hochjochhospiz – hier kommen Wanderer dem Eis nahe. Von beiden Stützpunkten aus lassen sich Gletscherzungen mit ihren Spalten und Eishöhlen erreichen. Dazu gehören die des Guslarferners, des Vernagtferners oder des gewaltigen Hintereisferners, der vom zweithöchsten Ötztaler Berg, der Weißkugel (3739 m), hinabfließt. Die beiden Hütten liegen gerade mal zwei Stunden voneinander entfernt.

Wer über Ausrüstung und Können für die Gletscher verfügt und noch höher hinauswill, den locken bei der Vernagthütte große Berge. Zu den klassischen Hochtouren gehören Fluchtkogel (3497 m) und Hochvernagtspitze (3535 m) oder die Wildspitze, mit 3774 Metern höchster Berg Nordtirols und zweithöchster Österreichs. Parallel zur langen Hochtour dorthin verläuft der Seuffertweg. Er verbindet Vernagt- und Breslauer Hütte ohne Gletscherkontakt, dafür mit viel Aussicht. Von der Breslauer Hütte aus führt der einzige Sessellift von Vent ins Dorf hinab.

WER WILL, KANN IN ZWEI BIS DREI TAGEN EINE BEEINDRUCKENDE UND TROTZDEM WENIG SCHWIERIGE RUNDE ÜBER DEM BERGSTEIGERDORF VENT DREHEN: VIA HOCHJOCHHOSPIZ, VERNAGTHÜTTE UND BRESLAUER HÜTTE.

HÜTTENINFO

HÖHE 2755 m TALORT Vent (1895 m)

ZUSTIEG Von Vent über die Rofenhöfe und über der Rofenache größtenteils flach zur Materialseilbahn. Dort bergauf und über Vernagtegg zur Hütte.

HÖHENMETER 900 GEHZEIT 3,5 Std.

BUCHUNG www.vernagthuette.de/

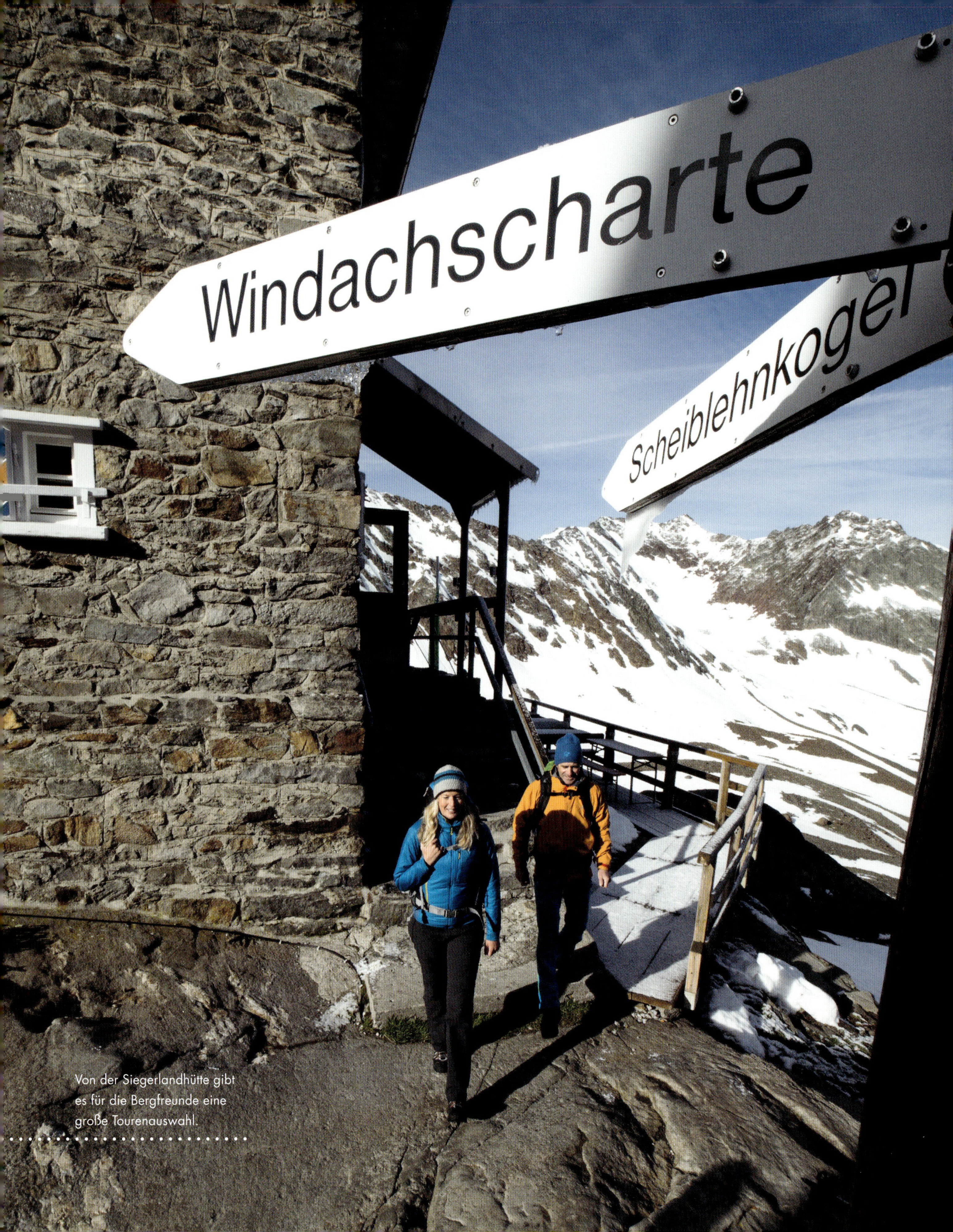

Von der Siegerlandhütte gibt es für die Bergfreunde eine große Tourenauswahl.

Die Siegerlandhütte in den zentralen Stubaier Alpen.

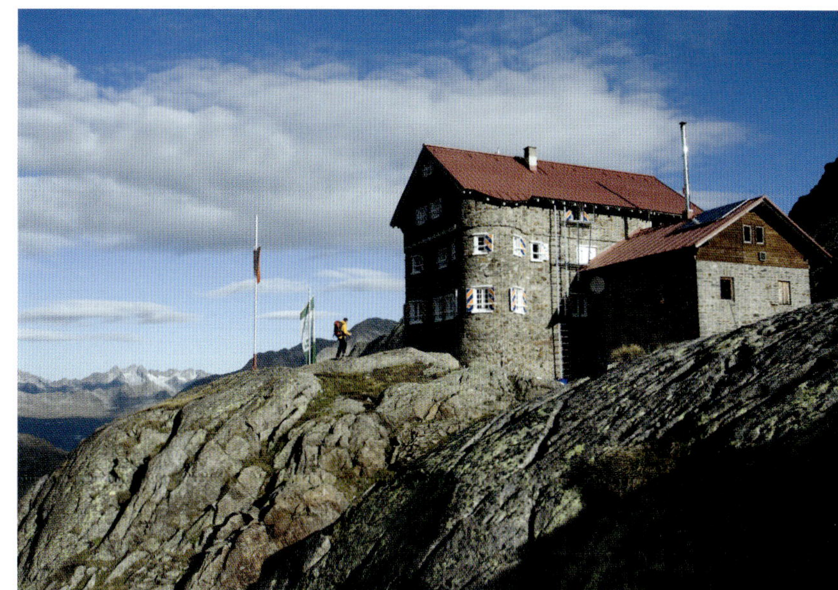

32 SIEGERLANDHÜTTE Versteckt

Die Siegerlandhütte steht etwas versteckt in den zentralen Stubaier Alpen. Sie wurde von der Sektion Siegerland als Ersatz für die nach dem Ersten Weltkrieg verloren gegangene Marburg-Siegener Hütte in den Sarntaler Alpen erbaut. Obwohl der Hüttengipfel, die Sonklarspitze, zu den höchsten Stubaier Gipfeln gehört, ist die Hütte relativ unbekannt. Das hat einerseits mit den prominenten Nachbarn Zuckerhütl, Wilder Freiger und Wilder Pfaff zu tun, die deutlich mehr Zugkraft haben als die Sonklarspitze. Aber auch mit dem langen, wenn auch großartigen Hüttenzustieg. Über fünf Stunden dauert der Anstieg von Sölden durch das einsame Windachtal. Verkürzt werden kann der Weg durch die Auffahrt mit Kleinbussen bis zum Gasthof Fiegl. Dann sind es aber immer noch gut drei Stunden. Lange Zeit führt der Weg ohne viel Höhengewinn in Richtung Hütte. Der Abzweig zur Hildesheimer Hütte wird ignoriert, und man erreicht nach fast zwei Stunden die Materialseilbahn der Hütte. Nun beginnt der schweißtreibende Anstieg, der sich in vielen Kehren bis zum schon lange sichtbaren Gebäude hinaufwindet. Oben angekommen, ist der Blick durch das Windachtal in Richtung Westen wunderbar. Sehr schön sitzt es sich auch auf einer Bank an der Südseite der Hütte. Hier kann man den leckeren Kuchen der Hüttenwirte in der warmen Gebirgssonne genießen. Wie bereits erwähnt, ist der Hüttengipfel die Sonklarspitze. Ein schmaler Felsgrat und ein Gletscher mit einigen Spalten machen den Gipfel aber nur für erfahrene Hochtourengeher interessant. Ein spannender Wandergipfel ist dagegen der Scheiblehnkogel. Auch er ist über 3000 Meter hoch und auf einem markierten Wanderweg zu erreichen. Hierfür müssen wir von der Hütte zuerst ein Stück absteigen. Dann geht es in ein schönes Kar und weiter zum Südwestgrat, über den wir den Gipfel erreichen. Die Siegerlandhütte gehört zu einer einwöchigen Hüttenrunde über Söldens stille Seite, die sogar einen Abstecher nach Südtirol unternimmt. In der Mitte der Rundtour macht man auf der Siegerlandhütte Halt. Es besteht aber auch die Möglichkeit, die Tour abzukürzen und nach dem Aufenthalt auf der Siegerlandhütte zurück nach Sölden zu wandern. Egal, wofür man sich entscheidet, die Umgebung der Hütte bietet viel Potenzial für eindrucksvolle Bergerlebnisse.

UNBEKANNT UND TROTZDEM LOHNEND – DIE SIEGERLANDHÜTTE IN DEN STUBAIER ALPEN.

HÜTTENINFO

HÖHE 2710 m TALORT Sölden (1368 m)

ZUSTIEG Vom Gasthof Fiegl (Bus) wandert man durch das Windachtal bis zur Materialseilbahn. Anschließend schlängelt sich der Steig in vielen Kehren den Hang hinauf zur Hütte.

HÖHENMETER 800 GEHZEIT 3,25 Std.

BUCHUNG www.siegerlandhuette.com

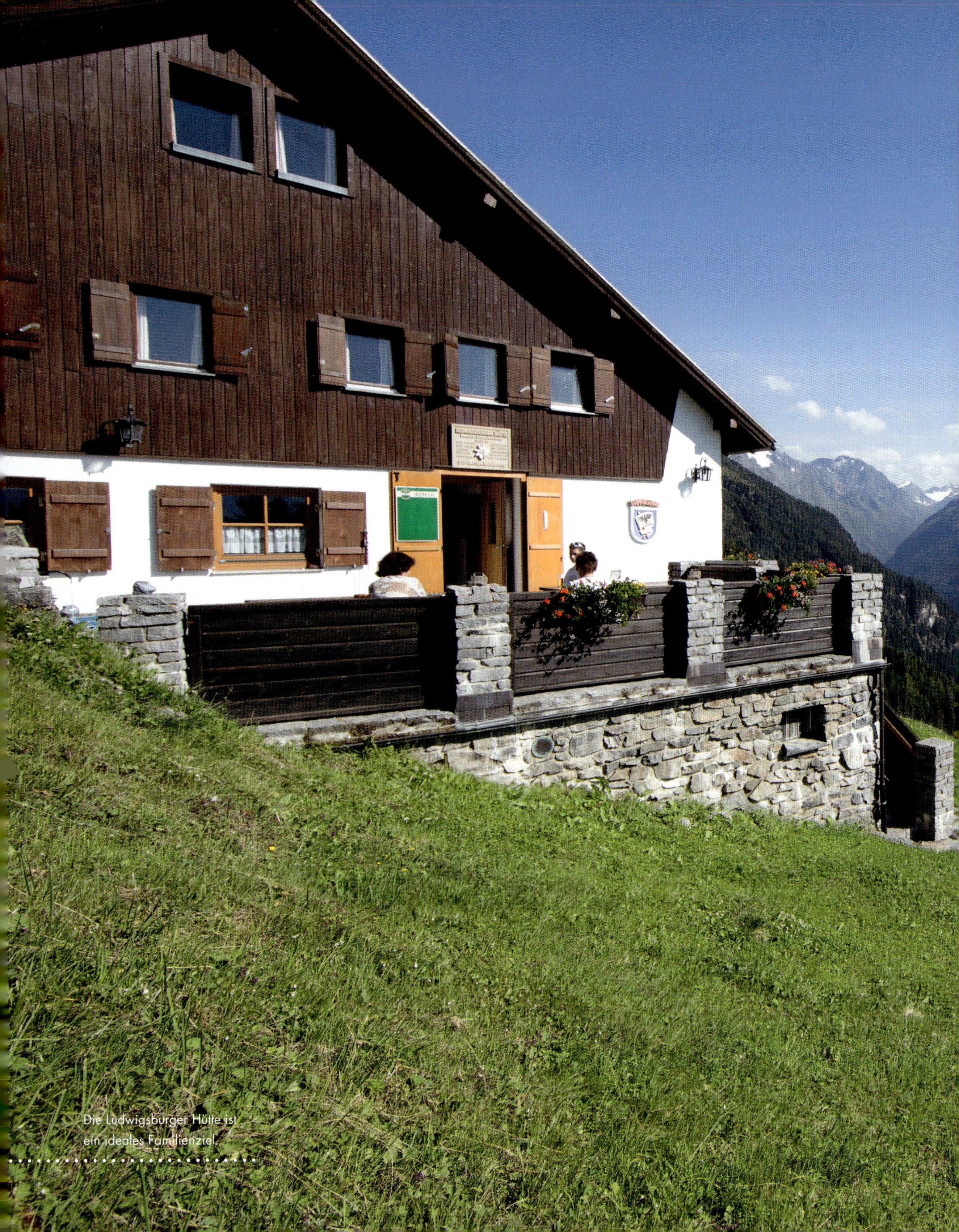

Die Ludwigsburger Hütte ist ein ideales Familienziel.

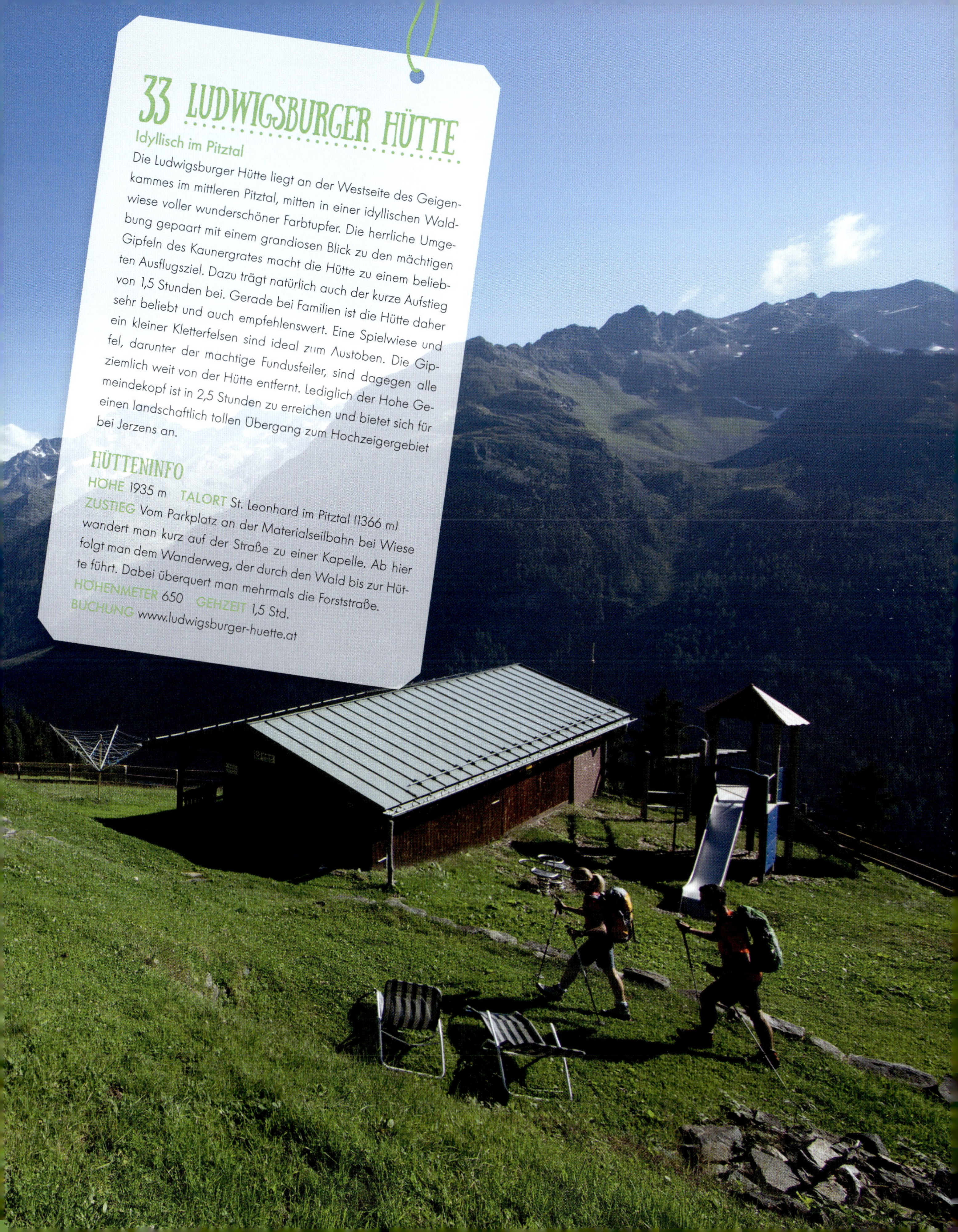

33 LUDWIGSBURGER HÜTTE

Idyllisch im Pitztal

Die Ludwigsburger Hütte liegt an der Westseite des Geigenkammes im mittleren Pitztal, mitten in einer idyllischen Waldwiese voller wunderschöner Farbtupfer. Die herrliche Umgebung gepaart mit einem grandiosen Blick zu den mächtigen Gipfeln des Kaunergrates macht die Hütte zu einem beliebten Ausflugsziel. Dazu trägt natürlich auch der kurze Aufstieg von 1,5 Stunden bei. Gerade bei Familien ist die Hütte daher sehr beliebt und auch empfehlenswert. Eine Spielwiese und ein kleiner Kletterfelsen sind ideal zum Austoben. Die Gipfel, darunter der machtige Fundusfeiler, sind dagegen alle ziemlich weit von der Hütte entfernt. Lediglich der Hohe Gemeindekopf ist in 2,5 Stunden zu erreichen und bietet sich für einen landschaftlich tollen Übergang zum Hochzeigergebiet bei Jerzens an.

HÜTTENINFO

HÖHE 1935 m **TALORT** St. Leonhard im Pitztal (1366 m)
ZUSTIEG Vom Parkplatz an der Materialseilbahn bei Wiese wandert man kurz auf der Straße zu einer Kapelle. Ab hier folgt man dem Wanderweg, der durch den Wald bis zur Hütte führt. Dabei überquert man mehrmals die Forststraße.
HÖHENMETER 650 **GEHZEIT** 1,5 Std.
BUCHUNG www.ludwigsburger-huette.at

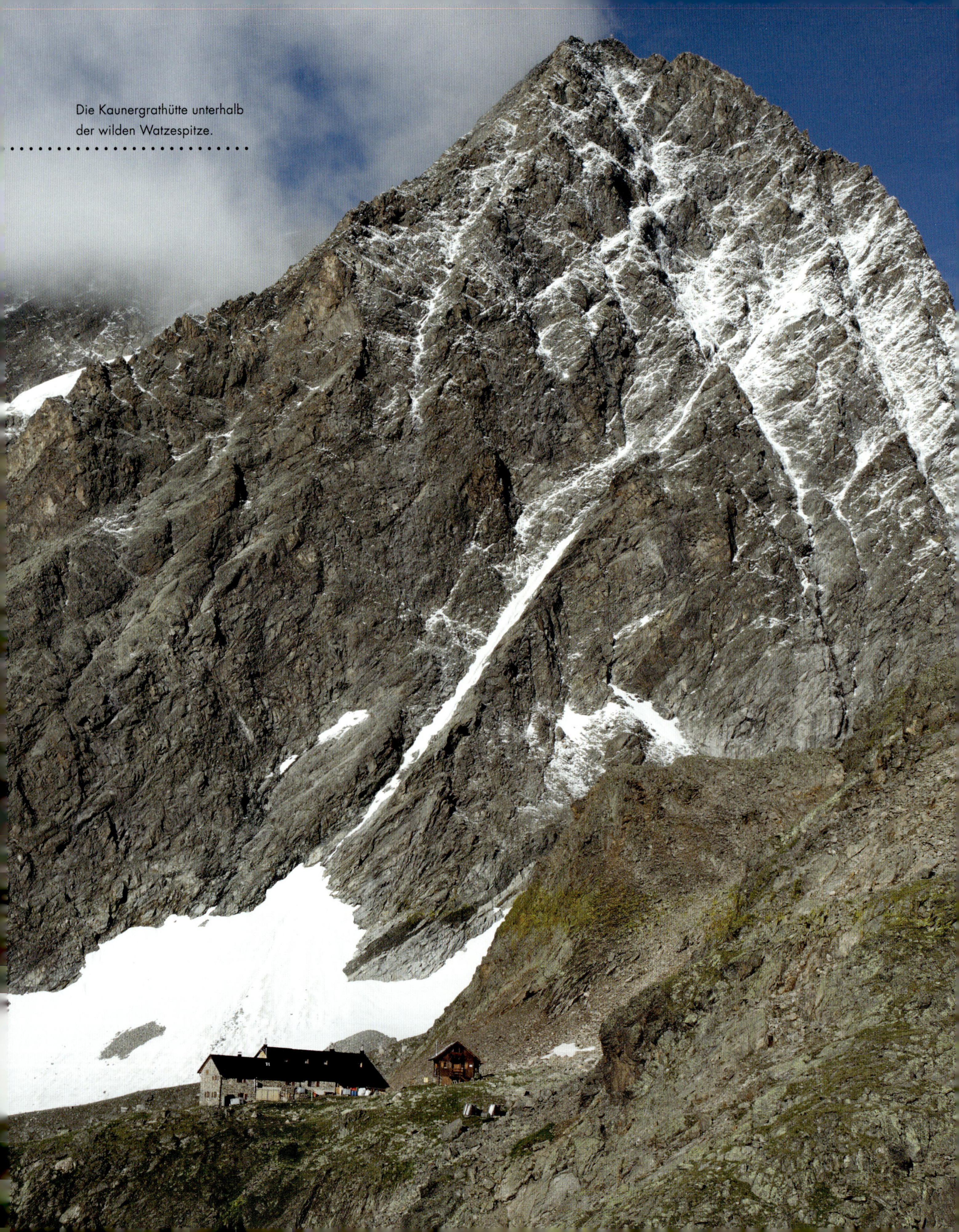

Die Kaunergrathütte unterhalb der wilden Watzespitze.

Auf der Kaunergrathütte kommen auch die kulinarischen Genüsse nicht zu kurz.

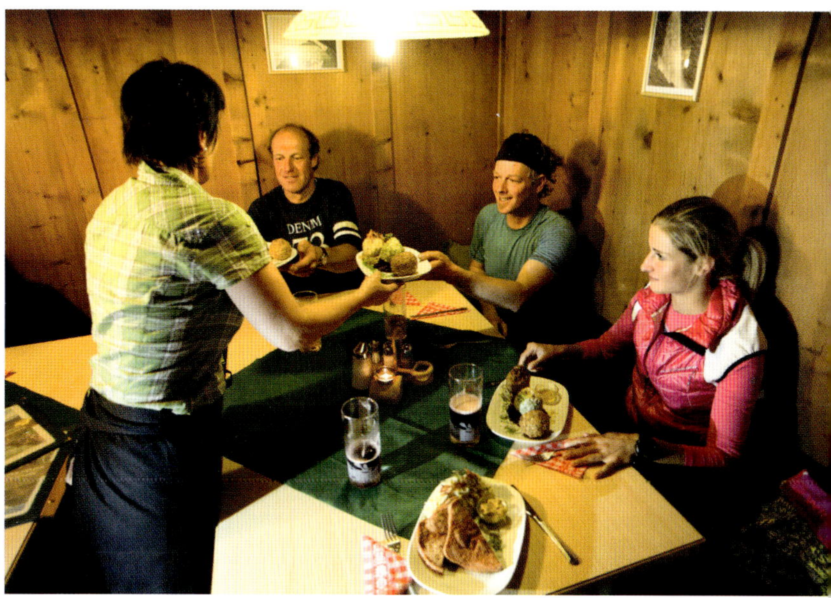

34 KAUNERGRATHÜTTE

Familienbetrieb inmitter wilder Berge

Sie liegt abgelegen zwischen meist schwierig zu besteigenden Gipfeln und doch herrscht auf der Kaunergrathütte reges Familienleben. Bis zu drei Generationen der Familie Dobler packen hier oben mit an und kümmern sich um meist ambitionierte Hüttenwanderer und Bergsteiger. Denn das Revier am Kaunergrat ist wild; nur wenige Berge lassen sich ohne Schwierigkeiten besteigen und auch die Hüttenübergänge haben es allesamt in sich. Dazu sind alle Wege zur Hütte ganz schön lang und überwinden viele Höhenmeter.

Dabei geht es unten so lieblich los: Der Weg von Plangeross im Pitztal führt durch Wald, am Lussbach-Wasserfall vorbei und durch farbenfrohe Wiesen voller Alpenrosen. Oben dagegen tauchen bunte Farben seltener auf. Dunkler Gneis, Schnee und graues Eis formen die hochalpine Landschaft. Deren Star heißt Watzespitze (3533 m) mit ihrem scharfen Ostgrat und dem spektakulären Hängegletscher. Sie zieht vor allem versierte Bergsteiger auf die Hütte, denn die Tour im IV. Schwierigkeitsgrad ist ein Ostalpen-Klassiker. »50 bis 100 Leute versuchen den Grat jeden Sommer«, erzählt Michael Dobler, Bruder der Hüttenwirtin Julia Dobler. Er und die Eltern helfen häufig auf der Hütte aus, schließlich kümmert sich Julia auch um ihren kleinen Sohn.

Auf Fachfragen ihrer Gäste ist die Familie vorbereitet. Michael holt einen Ordner voller Topos von Kletterrouten hervor. Diese gibt es nicht nur an der berühmten »Watze«, sondern etwa auch an der Verpeilspitze (3425 m) mit ihren düsteren Felsflanken. Ohne größere Kraxeleien besteigen lassen sich lediglich der Hausberg Plangerosskopf (3053 m) und die Parstleswand (3096 m).

Diese Gipfel bieten großartige Blicke auf eine raue, aber empfindliche und glücklicherweise gut geschützte Natur. Darauf legen die Alpenvereinssektion Mainz, der die Hütte gehört, und Wirtsfamilie Dobler viel Wert. Sie gruben den rund um die Hütten vergrabenen Abfall aus und ließen ihn ins Tal fliegen. Das Gleiche passiert auch heute mit dem Unrat. Bei einem Hüttenumbau 2015 montierten sie zusätzliche Sonnenkollektoren auf das Dach. Außerdem sorgt ein Blockheizkraftwerk im Keller für Wärme.

AUF DER UMWELTFREUNDLICH GEFÜHRTEN HÜTTE FINDET EIN REGES FAMILIENLEBEN STATT. DAS VERWUNDERT ZUERST AN EINEM ORT, DEN MÄCHTIGE VEREISTE GIPFEL UND STEILE PASSÜBERGÄNGE UMGEBEN.

Moderne Technik und urige Stimmung beißen sich nicht. In der Stube sitzt es sich gemütlich wie eh und je. Wer die Augen offen hält, entdeckt zudem Wandbilder von Schneegans, Almstier und Kaminspinne. Ob sich da so mancher Gast wiedererkennt?

HÜTTENINFO

HÖHE 2817 m TALORT Plangeross (1612 m)

ZUSTIEG Am Lussbach-Wasserfall vorbei zur Wegekreuzung am Karlesegg. Dann immer geradeaus zur Hütte.

HÖHENMETER 1200 GEHZEIT 3,5 Std.

BUCHUNG https://kaunergrathuette.at/

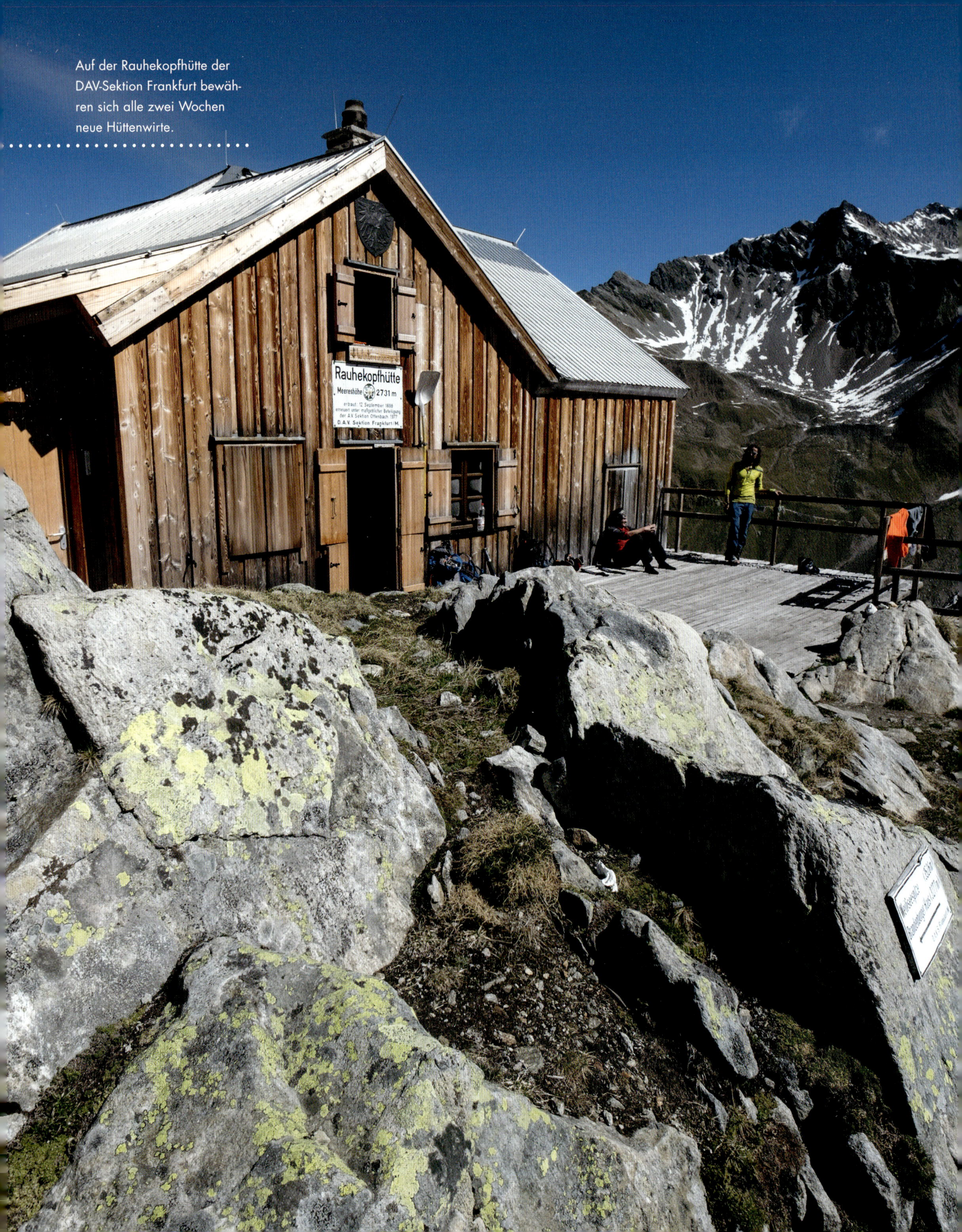

Auf der Rauhekopfhütte der DAV-Sektion Frankfurt bewähren sich alle zwei Wochen neue Hüttenwirte.

Auf dem Gepatschferner zur Rauhekopfhütte unterwegs.

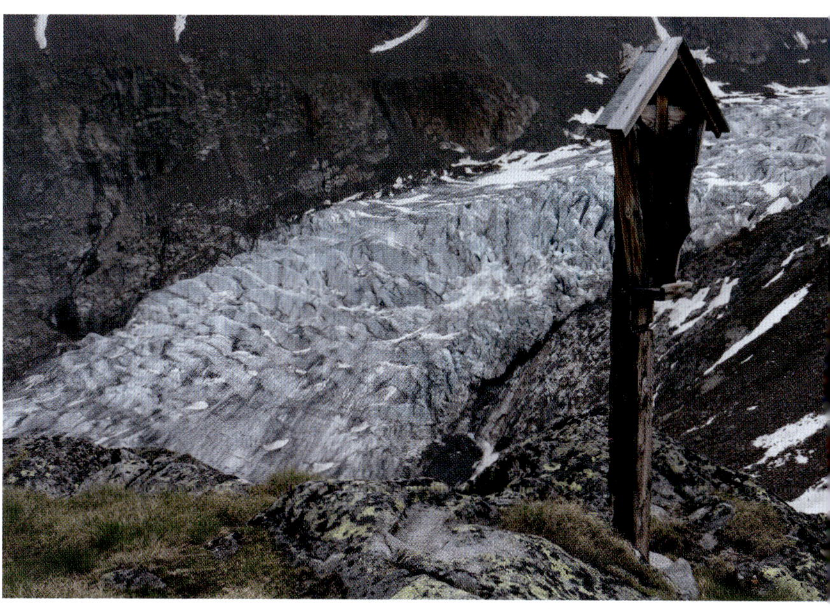

35 RAUHEKOPFHÜTTE

Wie in Alaska gelegen

»Fast wie in Alaska«, sieht es für Martin Strunz rund um die Rauhekopfhütte (2731 m) aus. Er gehört zu den Freiwilligen des Frankfurter Alpenvereins, die das abgelegene Haus inmitten der Ötztaler Alpen im Zwei-Wochen-Rhythmus bewirtschaften – diesmal gemeinsam mit Armin Hager. Die Hessen haben sich auf die Zeit hier oben gefreut und das spüren ihre Gäste. Abends kochen sie für die Runde von Bergsteigern überraschend Schmackhaftes aus Konserven. Denn: »Es gibt nur einen Versorgungsflug zu Beginn der Saison«, berichten die beiden. Angetreten haben sie ihre Schicht bei Regen und Nebel.

Ihr Weg führte sie, wie auch ihre Gäste, durch eine abenteuerliche, eisige Welt über die flache Zunge des Gepatschferners. Wer über das Eis zur Hütte gelangen will, braucht Pickel, Steigeisen sowie ein Seil und sollte damit umgehen können – auch auf dem kürzesten Weg von der mautpflichtigen Kaunertaler Gletscherstraße aus. Der Pfad führt zuerst durch dichte Vegetation bergauf. Doch Schritt für Schritt wird die Landschaft karger. Als es nach längerem Aufstieg plötzlich wieder bergab geht, liegt sie vor einem: die trotz Gletscherschmelze noch immer beeindruckende Eiszunge. Darüber sitzt die flache Hütte. Sie wirkt, als wolle sie sich vor den Widrigkeiten des Hochgebirges wegducken.

Knirschend bohren sich beim Aufstieg über das Eis die Zacken der Steigeisen in den Untergrund. Rechts und links rumpelt es immer wieder, wenn sich Steinschlag aus den höher gelegenen Steilhängen löst. Der Steinschlag und die Spalten an den Rändern dirigieren einen in die Mitte des Eises und damit an einen für die meisten Menschen ungewohnten Ort. Es fühlt sich tatsächlich an, wie es in Alaska sein muss: Vorne bricht der Gletscher spektakulär über eine Geländestufe und formt ein Labyrinth aus Rissen, Spalten und Zacken. Einige Eisformationen leuchten in mattem Blau, andere ragen grauweiß auf.

In der Hütte geht es anders zu als auf den meisten anderen Alpenvereinshäusern: Bei Nässe hängt der Eingangsbereich voll trocknender Kleidung und Ausrüstung. Dahinter befindet sich die Gaststube, rechts die Küche und oben das Lager. Die Waschgelegenheiten liegen unter freiem Himmel und das WC in einem Nebengebäude. Die Gäste schreckt das nicht ab, ganz im Gegenteil: »Der Gletscher zieht die Leute an«, sagt Martin Strunz. Die Rauhekopfhütte bleibt ein Ziel für Abenteurer in einer eisigen Welt.

DIE RAUHEKOPFHÜTTE ZU ERREICHEN, IST NICHT GANZ LEICHT: ALLE WEGE ZU IHR FÜHREN ÜBER GLETSCHER, SODASS SIE EINER HOCHTOUR GLEICHKOMMEN UND ENTSPRECHENDE AUSRÜSTUNG SOWIE KENNTNISSE ERFORDERN.

HÜTTENINFO

HÖHE 2731 m TALORT Kaunertal (1287 m)

ZUSTIEG Vom Parkplatz an der Gletscherstraße zum Gepatschferner. Diesen queren, ihn vor den Eisbrüchen nach Süden verlassen und zur Hütte aufsteigen.

HÖHENMETER 800 GEHZEIT 3 Std.

BUCHUNG www.rauhekopfhuette.at

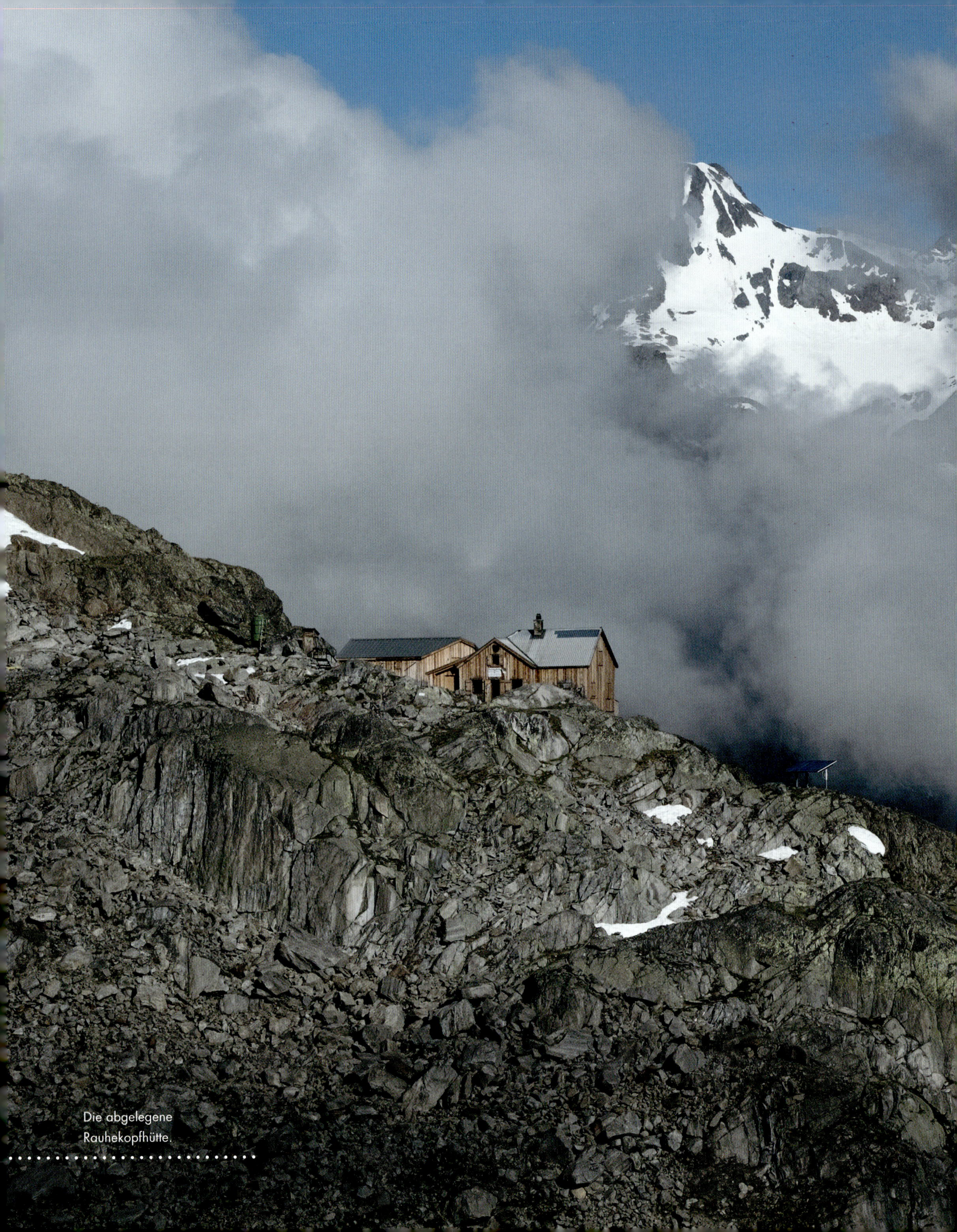

Die abgelegene Rauhekopfhütte.

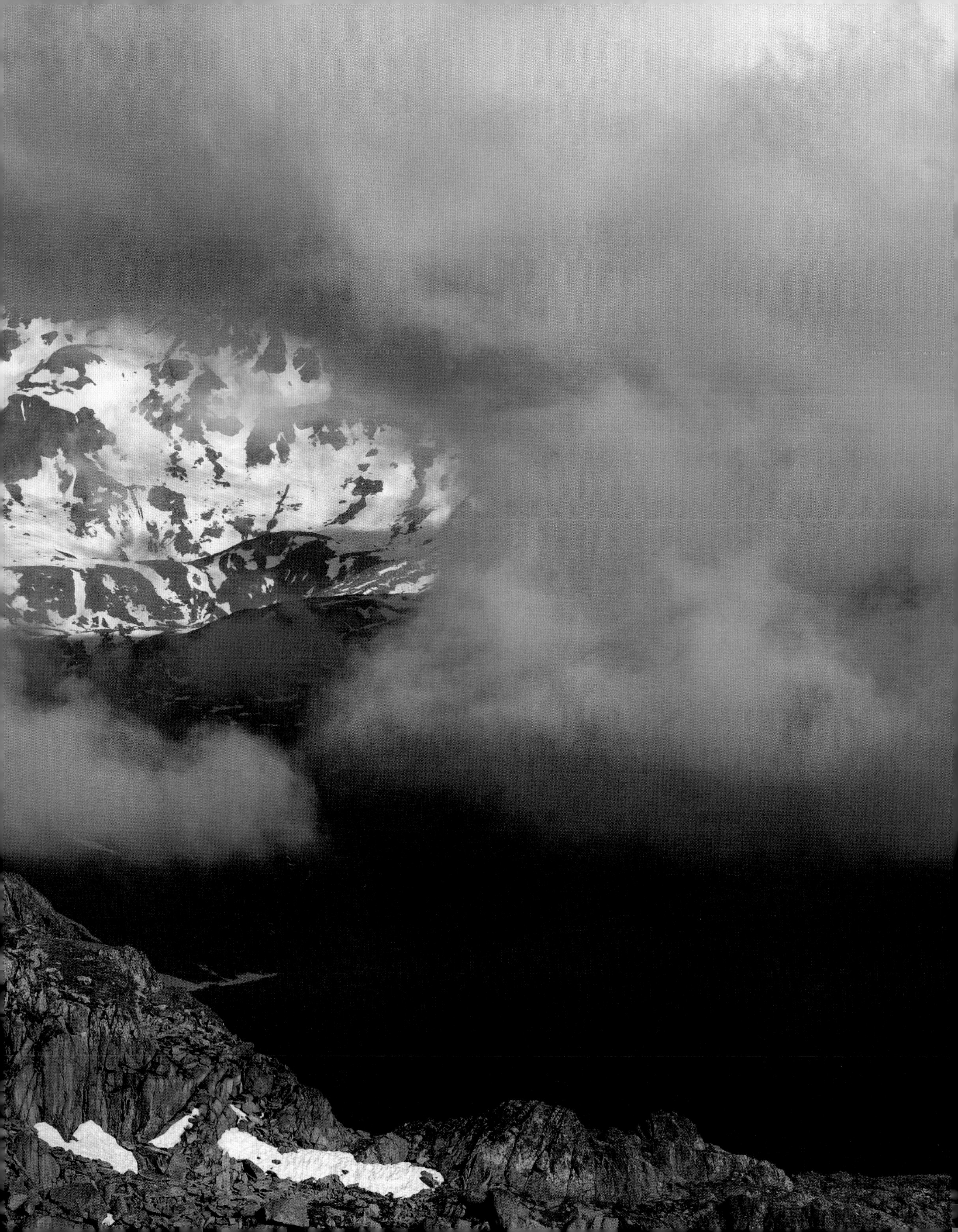

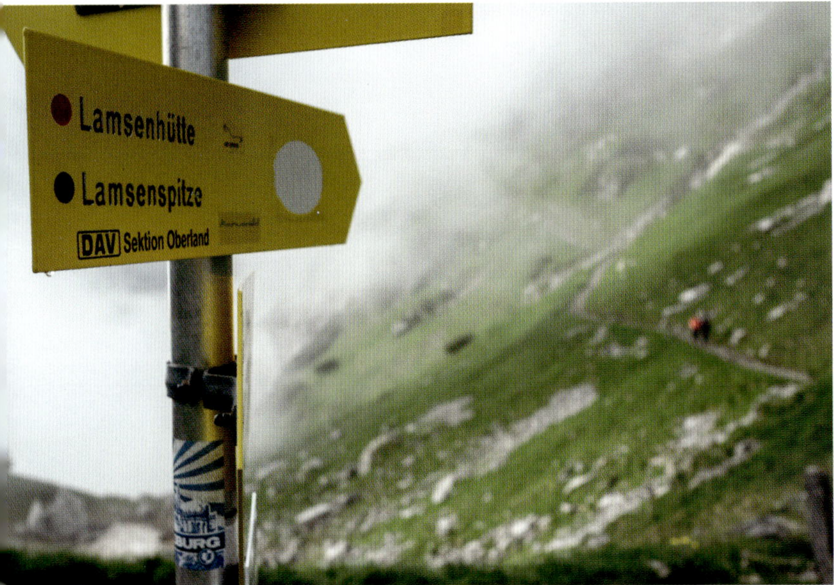

Wegweiser zu Lamsenhütte und Lamsenspitze.

36 LAMSENJOCHHÜTTE

Über der Eng

Die Lamsenjochhütte ist eine der ältesten Hütten im Karwendelgebirge. Erbaut wurde sie bereits 1906, also vor über 100 Jahren. Beeindruckend ist die Umgebung der Hütte mit der mächtigen Lamsenspitze und der ebenso eindrucksvollen Hochnisslspitze. Natürlich ist die Hütte für dieses stolze Gipfelziel auch der ideale Ausgangspunkt. Entweder man wählt den direkten Normalanstieg oder die etwas weitere, aber sehr spektakuläre Route über den Brudertunnel. Beide Wege zusammen ergeben eine wunderschöne Rundtour. Während der Normalweg als versicherter Weg gilt, ist der Brudertunnel schon ein leichter Klettersteig. Entsprechende Erfahrung benötigt man für die Gipfelbesteigung allemal. Oben genießt man dann eine wunderbare Rundumsicht auf die Gipfel des Karwendelgebirges, eines wirklich sehr wilden Gebirges. Wer sich die Lamsenspitze nicht zutraut, dem empfehlen wir mit dem Hahnkampl einen deutlich leichteren Gipfel. Der Gipfelanstieg ist zwar ebenfalls kurz gesichert, aber wirklich schwer ist die Besteigung nicht. Und auch von hier oben ist die Aussicht großartig. Man sitzt praktisch in einer Aussichtsloge vor eindrucksvollen Felsgipfeln. Nicht nur die Lamsenspitze zieht die Blicke auf sich, auch die Gipfel über der Eng mit ihren senkrechten Felswänden stehen sehr eindrucksvoll Spalier.

Die wichtigsten Hüttenzustiege zur Lamsenjochhütte sind über Mautstraßen erreichbar. Da ist einerseits der Zustieg aus der Eng, vom Naturdenkmal Ahornboden. Trotz der grandiosen Kulisse und der wunderbaren Natur mit den alten Ahornbäumen wird man die Eng gerne schnell verlassen. Im Sommer ist hier nämlich ganz schön viel los. Aber spätestens an der Binsalm weiter oben wird es ruhiger. Der Weg lässt uns dabei immer mehr eintauchen in die Gebirgswelt und wir können deren Ruhe in uns aufnehmen. Von Pertisau am Achensee führt die zweite Mautstraße ins Karwendel. Sie endet an der Gramaialm. Hier beginnt der direkteste Hüttenzustieg, der den Wanderer ohne Schwierigkeiten in zwei Stunden zur Hütte bringt. Damit ist der Weg immerhin eine Stunde kürzer als der Anstieg von der Eng aus. Und dann gibt es da noch den eindrucksvollen Weg durch das Stallental und die Wolfsklamm. Von Stans geht man durch die Klamm zum Kloster St. Georgenberg und weiter über das Tal zur Hütte. Ganze fünf Stunden muss man für den zehn Kilometer langen Anstieg zur Lamsenjochhütte rechnen, damit hat man aber auch einen wirklich sehr eindrucksvollen Weg zurückgelegt.

HÜTTENINFO

HÖHE 1953 m TALORT Pertisau (952 m)
ZUSTIEG Vom Parkplatz am Ende der Mautstraße zur Gramaialm wandert man in den Talgrund und steigt in vielen Serpentinen hinauf zur Hütte.
HÖHENMETER 300 GEHZEIT 1,75 Std.
BUCHUNG www.lamsenjochhuette.at

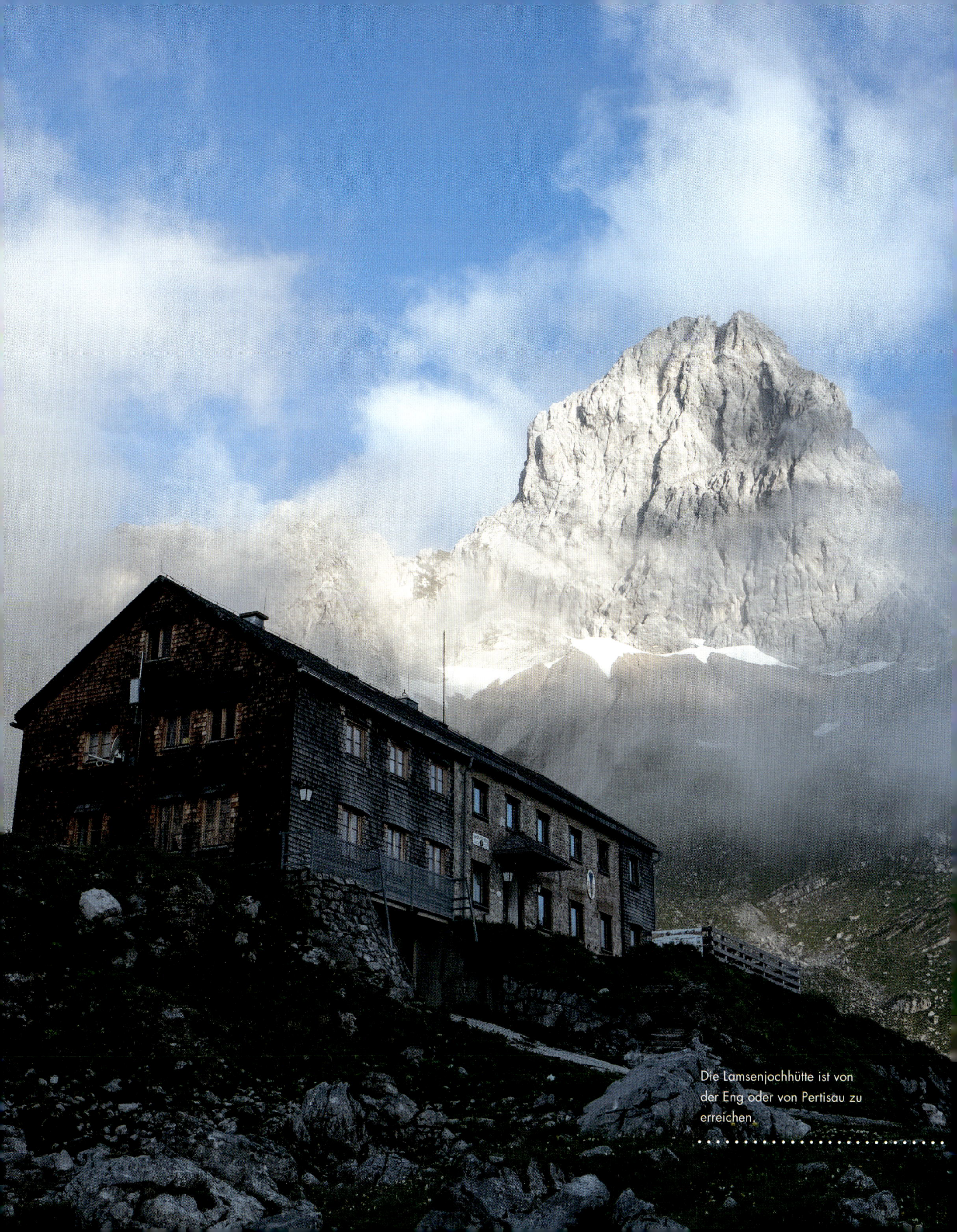

Die Lamsenjochhütte ist von der Eng oder von Pertisau zu erreichen.

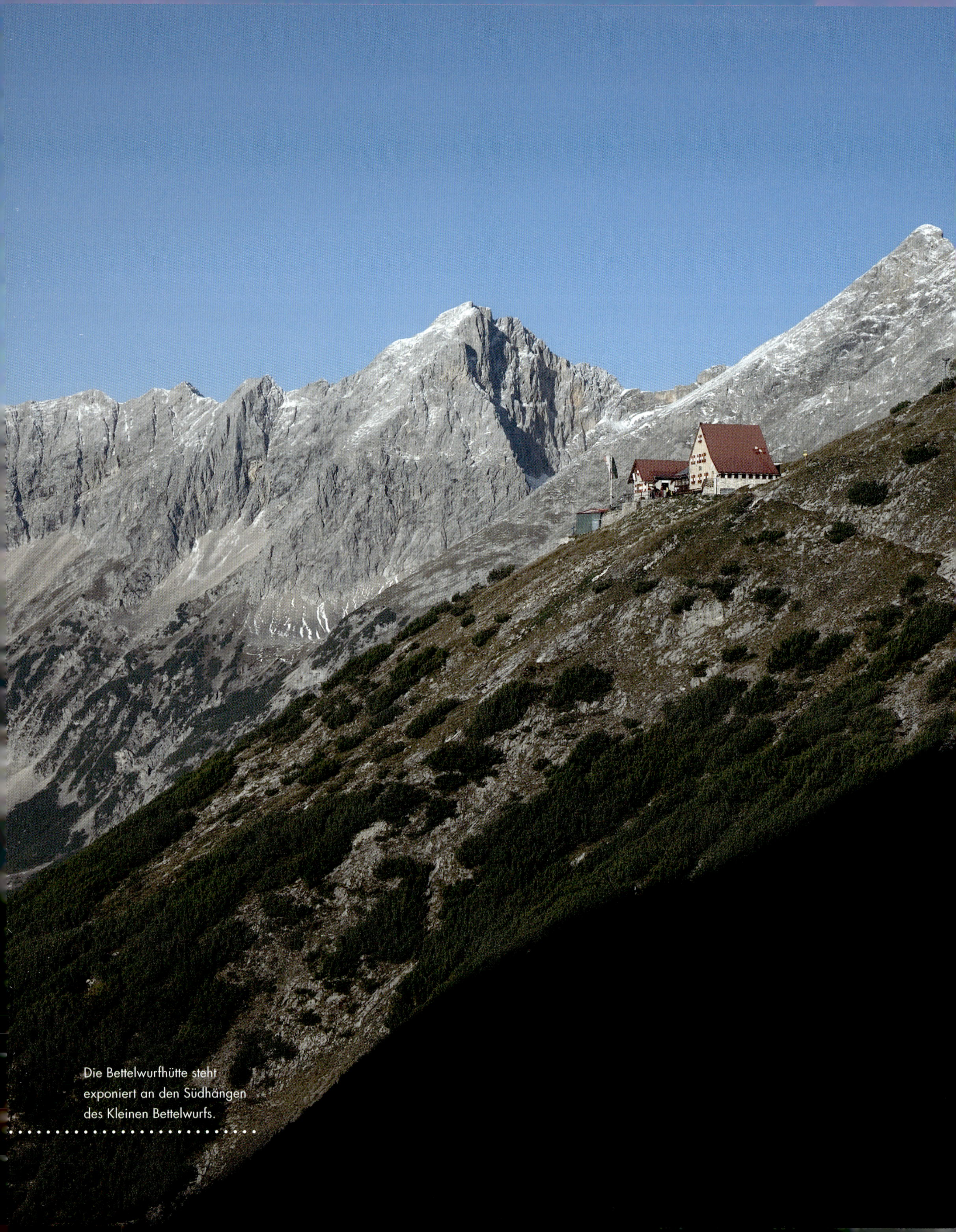

Die Bettelwurfhütte steht exponiert an den Südhängen des Kleinen Bettelwurfs.

Der blühende Enzian zeigt seine ganze Pracht.

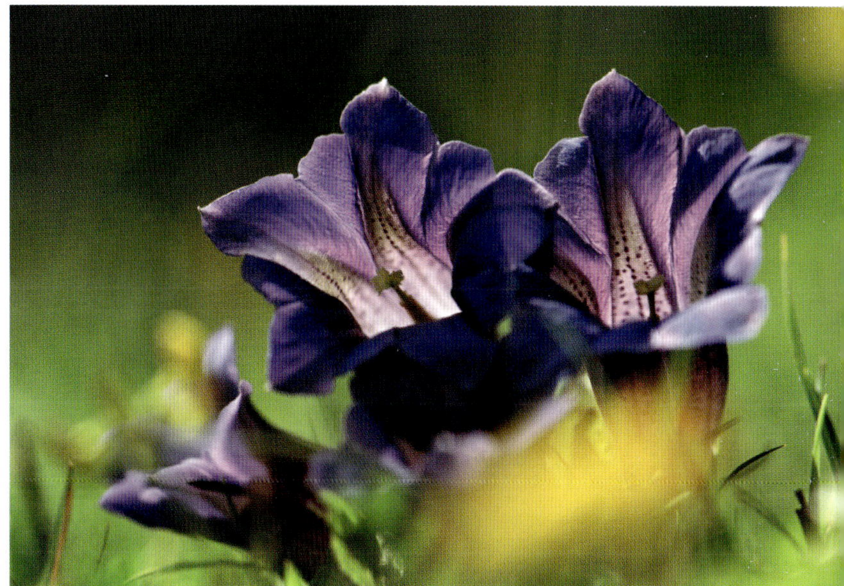

37 BETTELWURFHÜTTE

Am Steilhang

Die Bettelwurfhütte befindet sich oberhalb von Hall in Tirol an den Südhängen des Kleinen Bettelwurfes auf einer Bergschulter. Beeindruckend ist der Tiefblick hinunter ins Inntal. Die Hütte hat sich in den letzten Jahren zu einem beliebten Ziel für Klettersteiggeher entwickelt, da seit 2011 der Absamer Klettersteig zur Hütte führt. Bis zur Schwierigkeit C turnt man entlang der Drahtseile bis unterhalb der Bettelwurfhütte. Am nächsten Tag bieten sich dann noch die beiden Bettelwürfe für eine Überschreitung an. Zuerst geht es auf einem Klettersteig auf den Kleinen Bettelwurf. Über einen anspruchsvollen Verbindungsgrat besteigen wir dann den Großen Bettelwurf, einen wirklich beeindruckenden Gipfel am Südrand des Karwendelgebirges, und genießen einen prächtigen Ausblick in das einsame, wilde Gebirge. Aber auch nach Süden bietet sich über das Inntal hinweg zu den Gletscherbergen der Stubaier und Zillertaler Alpen eine grandiose Aussicht. Wem die Klettersteig-Schwierigkeit D für die Überschreitung zu viel ist, dem kann auch der Große Bettelwurf als alleiniges Gipfelziel ans Herz gelegt werden. Der Anstieg ist zwar auch nicht zu unterschätzen, aber deutlich einfacher als die Überschreitung. Natürlich kann man auch als Wanderer einen Ausflug zur Hütte unternehmen. Aus dem Halltal steigt man auf dem Hüttenweg steil hinauf zur Hütte. Anschließend folgt der großartige Übergang zum Lafatscher Joch. Der Weg ist zwar an ein paar Stellen ebenfalls versichert, aber nicht wirklich schwer. Vom Lafatscher Joch wandert man über das Isstal zurück ins Halltal und beendet somit eine wunderschöne, nicht zu schwere Runde. Wer etwas mehr vom Karwendel erleben möchte, dem sei der Anstieg von Scharnitz empfohlen. Durch das lange Hinterautal wandert man zum Isarursprung und weiter zum Jagdhaus Kasten. Ab hier wird der Forstweg steiler und führt hinauf zum wunderschön gelegenen Hallerangerhaus, einem der schönsten Plätze im Karwendel, der sich auch für eine Übernachtung anbietet. An der Hütte beginnt ein Steig, der sich in vielen Kehren zum Lafatscher Joch hinaufschlängelt. Nun spaziert man auf dem Höhenweg hinüber zur Bettelwurfhütte. Wer nicht wieder den langen Weg nach Scharnitz zurückgehen möchte, der kann ins Halltal absteigen und mit öffentlichen Verkehrsmitteln über Innsbruck nach Scharnitz zurückfahren.

DIE BETTELWURFHÜTTE IST FÜR WANDERER, BERGSTEIGER UND KLETTERSTEIGGEHER GLEICHERMASSEN INTERESSANT.

HÜTTENINFO

HÖHE 2077 m TALORT Absam (632 m)
ZUSTIEG Vom Parkplatz Absam-Eichat auf gemütlichem Weg ins Halltal. Weiter auf dem steilen Steig durch die südseitigen Hänge zur bereits länger sichtbaren Hütte. Die erste Etappe ins Halltal kann mit dem Shuttlebus verkürzt werden.
HÖHENMETER 1300 GEHZEIT 4 Std.
BUCHUNG www.bettelwurfhuette.at

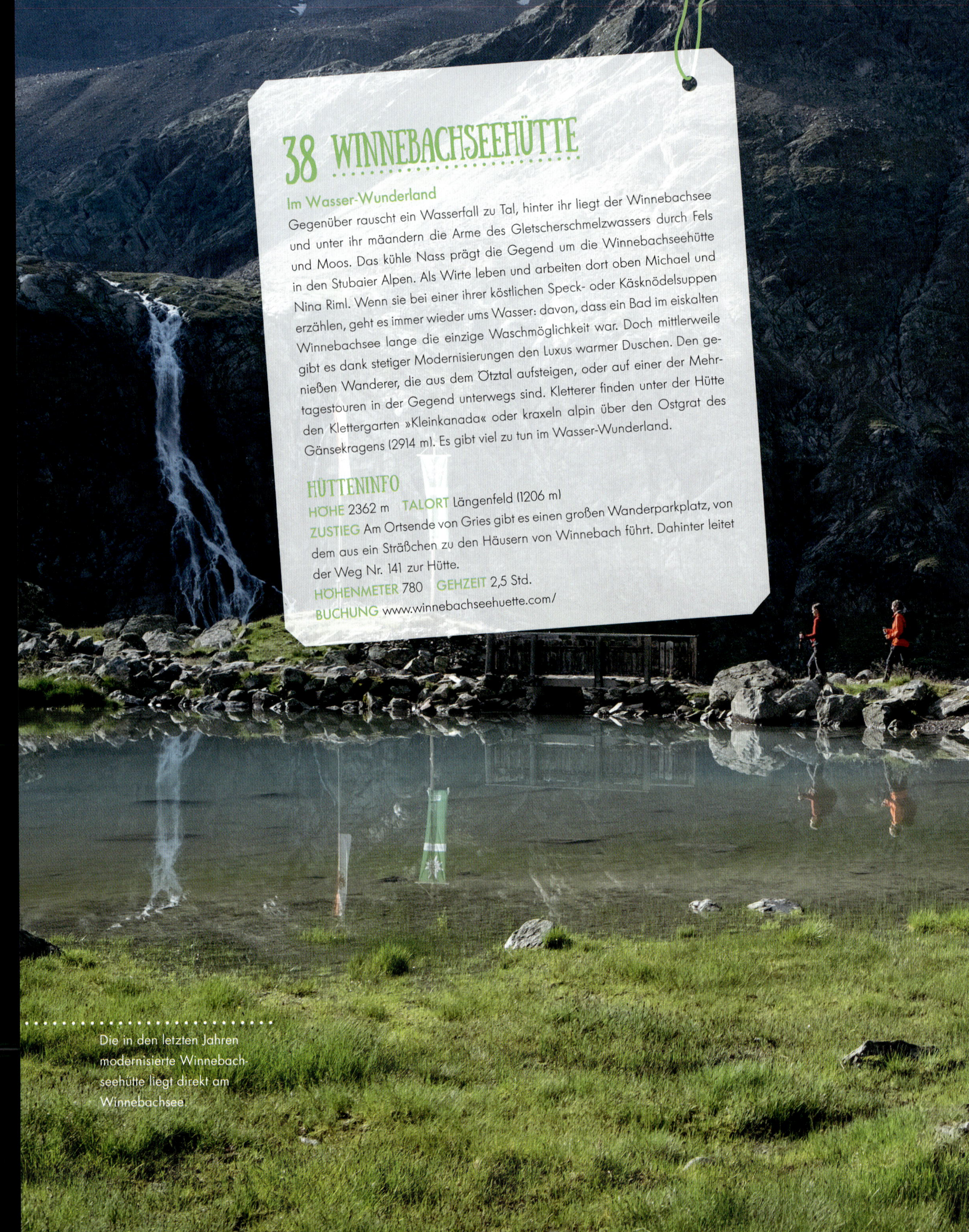

38 WINNEBACHSEEHÜTTE

Im Wasser-Wunderland

Gegenüber rauscht ein Wasserfall zu Tal, hinter ihr liegt der Winnebachsee und unter ihr mäandern die Arme des Gletscherschmelzwassers durch Fels und Moos. Das kühle Nass prägt die Gegend um die Winnebachseehütte in den Stubaier Alpen. Als Wirte leben und arbeiten dort oben Michael und Nina Riml. Wenn sie bei einer ihrer köstlichen Speck- oder Käsknödelsuppen erzählen, geht es immer wieder ums Wasser: davon, dass ein Bad im eiskalten Winnebachsee lange die einzige Waschmöglichkeit war. Doch mittlerweile gibt es dank stetiger Modernisierungen den Luxus warmer Duschen. Den genießen Wanderer, die aus dem Ötztal aufsteigen, oder auf einer der Mehrtagestouren in der Gegend unterwegs sind. Kletterer finden unter der Hütte den Klettergarten »Kleinkanada« oder kraxeln alpin über den Ostgrat des Gänsekragens (2914 m). Es gibt viel zu tun im Wasser-Wunderland.

HÜTTENINFO

HÖHE 2362 m **TALORT** Längenfeld (1206 m)
ZUSTIEG Am Ortsende von Gries gibt es einen großen Wanderparkplatz, von dem aus ein Sträßchen zu den Häusern von Winnebach führt. Dahinter leitet der Weg Nr. 141 zur Hütte.
HÖHENMETER 780 **GEHZEIT** 2,5 Std.
BUCHUNG www.winnebachseehuette.com/

Die in den letzten Jahren modernisierte Winnebachseehütte liegt direkt am Winnebachsee.

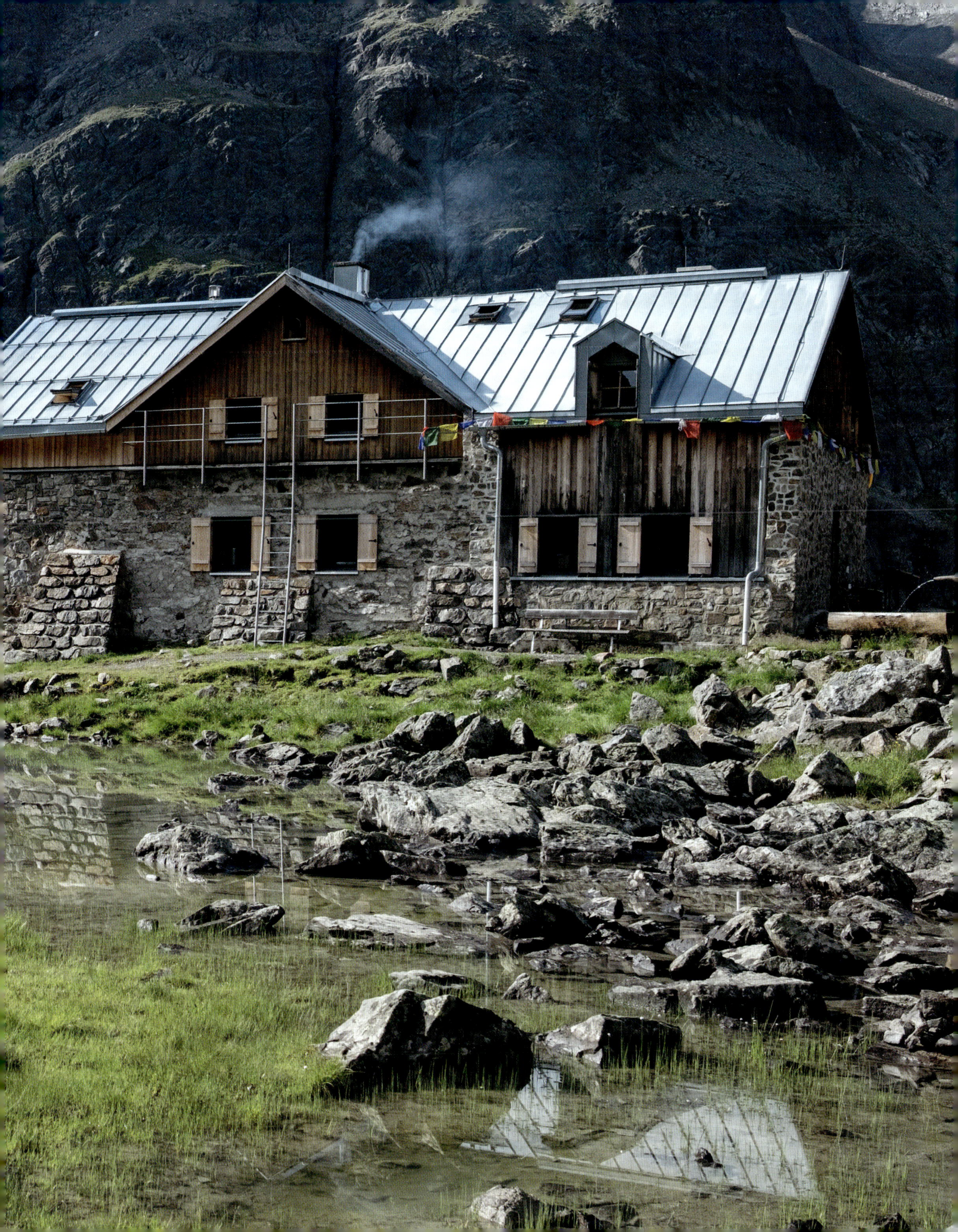

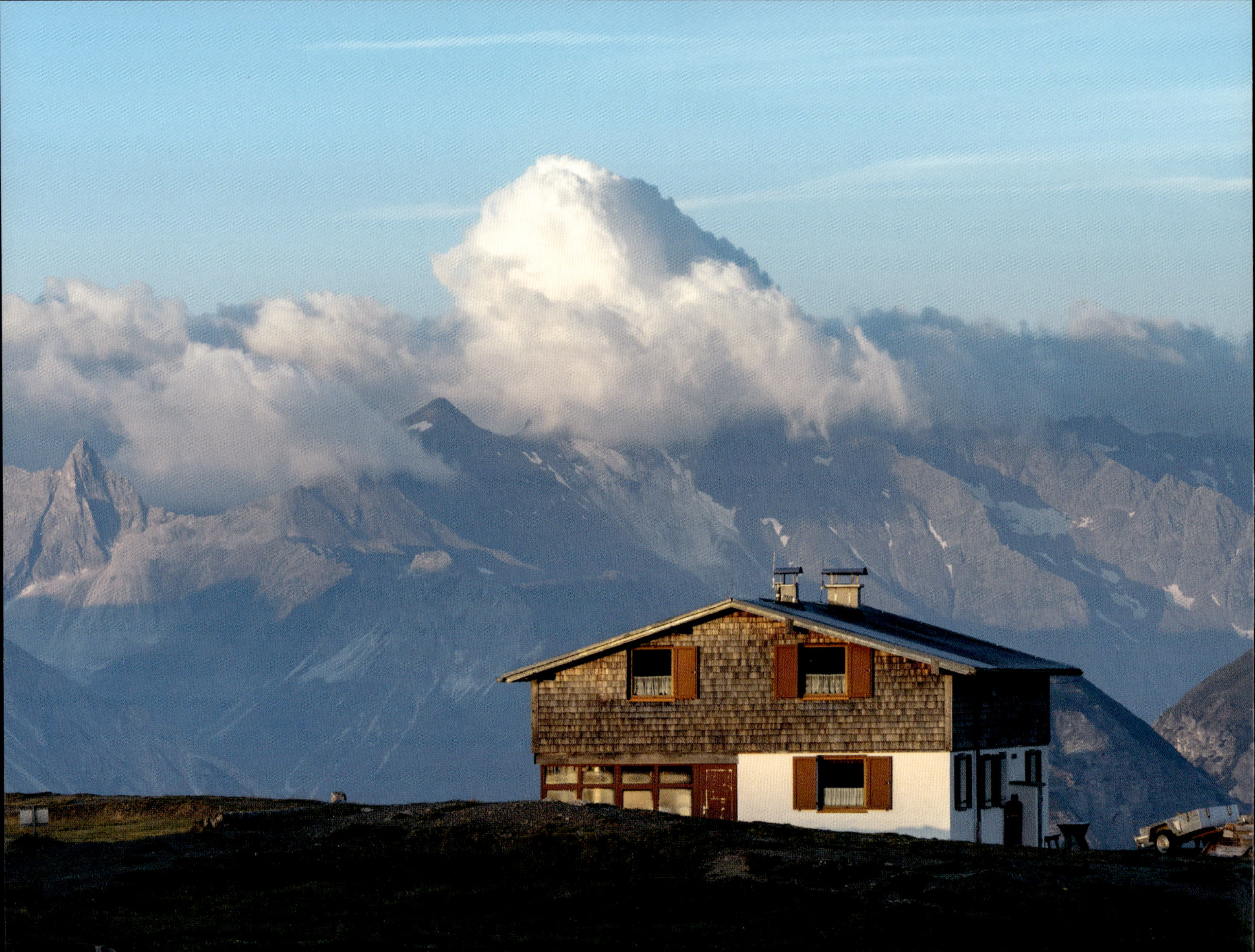

Die Edelweiß wollen bewundert und fotografiert, nicht aber gepflückt werden!

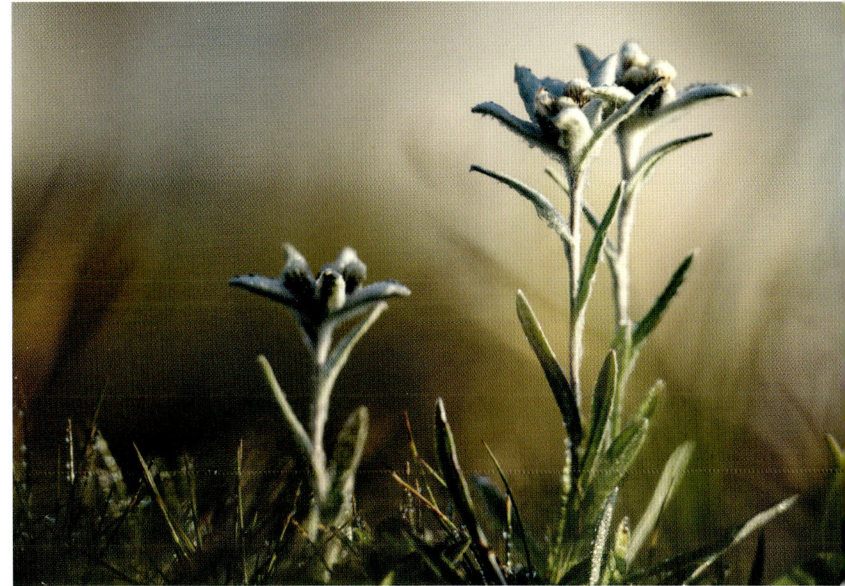

39 BLASERHÜTTE Blumenparadies am Brenner

Am Gipfel des Blaser (2241 m) macht sich ein Gefühl der Zufriedenheit breit: Wir sitzen inmitten Hunderter Edelweiß, die hier gleich büschelweise wachsen. Wir sehen auf die Brennerautobahn herab, statt dort im Stau zu stehen, und blicken auf unzählige Gipfel der Stubaier, Zillertaler und Sarntaler Alpen sowie auf Gletscher, wie beispielsweise am Olperer. Größer könnte der Unterschied kaum sein. Vor wenigen Minuten hieß es noch Maut bezahlen und mit endlos vielen anderen Autos und Lkw nach Süden rollen. Doch kurz vor der Grenze führt eine Straße in den ruhigen Ort Trins. Wenig später finden wir uns zwischen Blumen unter dem blauen Himmel wieder.

Viele Regionen der Alpen haben ihren speziellen Blumenberg. Doch sticht der Blaser am Ostrand der Stubaier Alpen mit seinen Orchideen, Läusekräutern und vielen anderen Alpenpflanzen hervor. Außerdem bietet er einen Bonus: Nur knapp 70 Meter unter dem Gipfel lädt die gemütliche und freundlich geführte Blaserhütte zur Einkehr oder Übernachtung ein. Hüttenwirt Georg Nocker kommt nach der Arbeit in der Küche auf die Hüttenterrasse und blinzelt in die Sonne. »Wir haben nicht so viele Übernachtungsgäste, unsere Betten sind selten voll belegt«, erzählt er. Dabei bietet der Blaser viele Möglichkeiten, Zeit an seinen bunt gefleckten Hängen zu verbringen: Wanderer können ihn auf einer Rundtour erkunden. Ebenso bietet sich eine Dreitagestour mit einer weiteren Nacht im Naturfreundehaus unter dem Padasterjoch an. »Aber in den vergangen zwei bis drei Jahren ist auch ein richtiger E-Bike-Boom entstanden«, sagt der Wirt. Auf guten Schotterstraßen können Radler mit und ohne elektrische Hilfe bis zur Hütte strampeln.

Georg und seine Frau lachen und scherzen viel mit ihren Angestellten. Beim ersten Besuch wird nicht gleich klar, wer der Chef ist. »Hier war in den Siebzigern und Achtzigern die große Sturmzeit des Tourismus«, erinnert sich Georg. »Doch nach dem Flug kommt der Fall.« Kaum ein Deutscher oder Italiener hatte auf dem Weg über die Alpen noch die Idee, einen Abstecher hierher zu unternehmen. Daher verdient der Wirt sein Geld hauptberuflich als Schlosser. Aber er liebt – wie bereits sein Vater vor ihm – die Arbeit auf der Hütte. Er sagt: »Im Tourismus brauchst du die Liebe, dann kommt auch das Besondere.«

ZUR BLASERHÜTTE ZU WANDERN IST ALLEMAL BESSER, ALS AM BRENNER IM STAU ZU STEHEN – ZUMAL DIE AUTOBAHN VOM NAHEN GIPFEL AUS SOGAR ZU SEHEN IST. SO NAH AN DER GROSSEN TRANSITROUTE HAT SICH EIN EINMALIGES BLUMENPARADIES ERHALTEN.

HÜTTENINFO

HÖHE 2176 m TALORT Trins (1235 m)

ZUSTIEG Vom Hüttenparkplatz in Richtung Aussichtsplattform Adlerblick und über stets markierten Wanderweg zur Hütte. Mit dem westlichen, teils sehr steilen Weg ist beim Abstieg eine Rundtour möglich.

HÖHENMETER 950 GEHZEIT 3 Std.

BUCHUNG www.blaserhuette.at

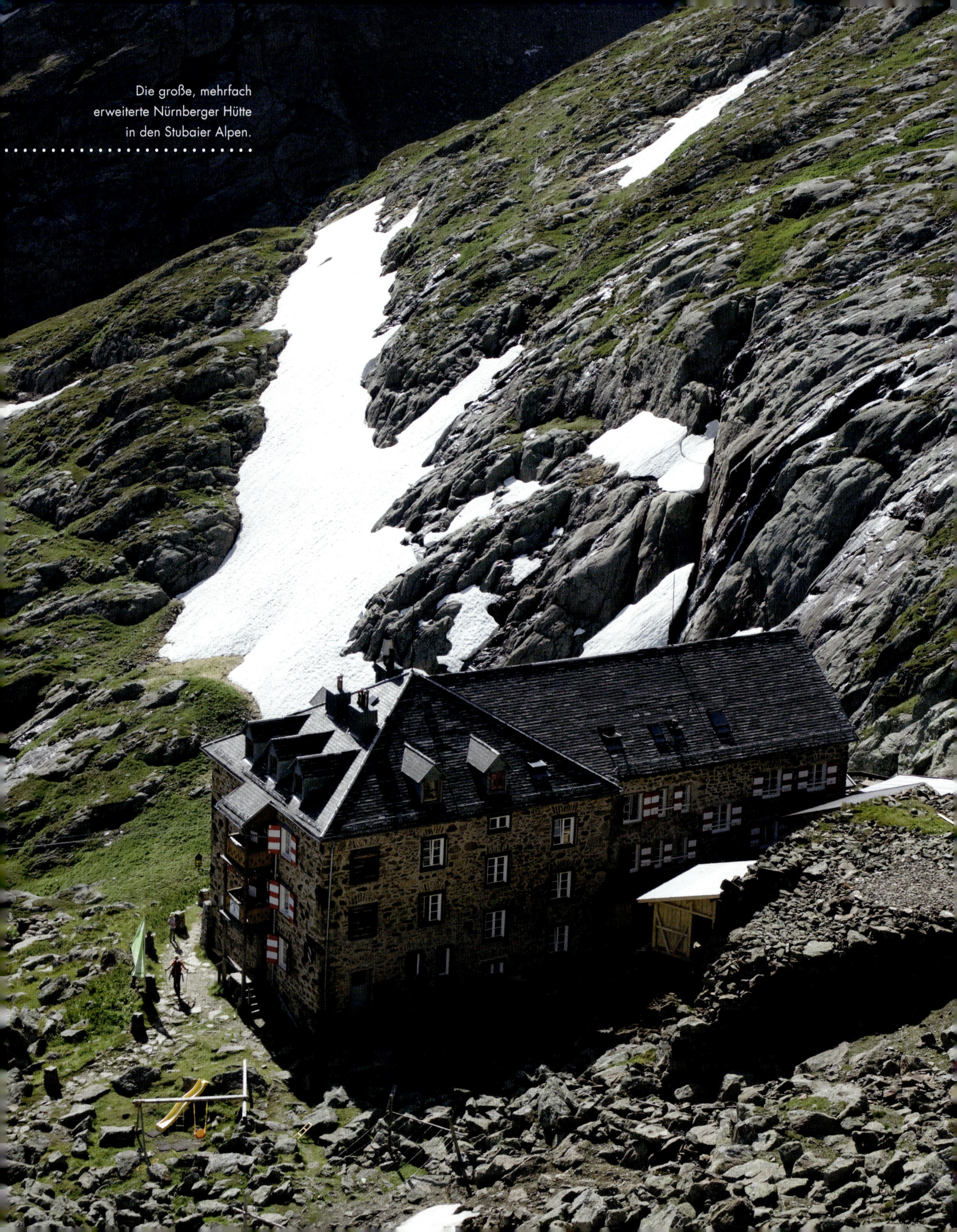

Die große, mehrfach erweiterte Nürnberger Hütte in den Stubaier Alpen.

Der Hausberg der Nürnberger Hütte ist die Mairspitze. Etwas weiter entfernt liegt der Wilde Freiger.

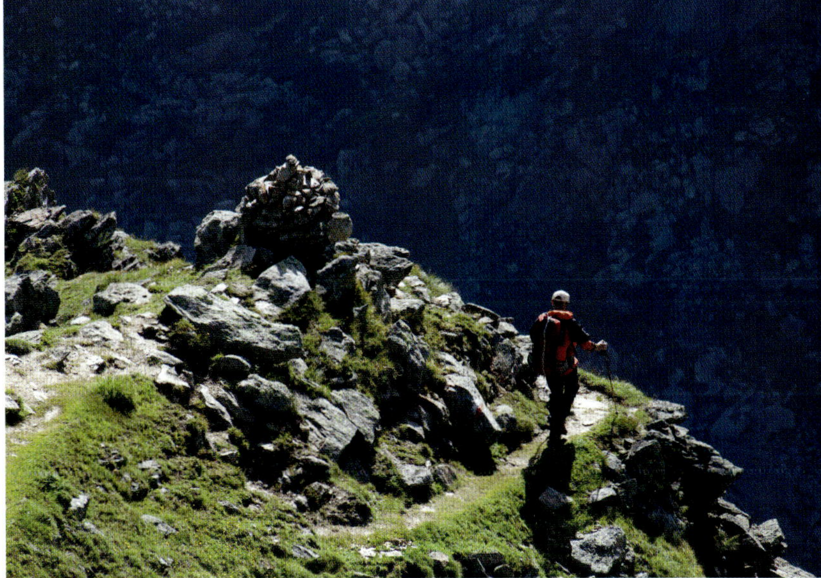

40 NÜRNBERGER HÜTTE

Im Stubai

Die Nürnberger Hütte befindet sich seit 1886 am Fuße des Wilden Freigers, einem der begehrtesten Gletscherberge in den Stubaier Alpen. Aus der ehemals kleinen Hütte mit 8 Lagern ist ein stattliches Haus mit 140 Schlafplätzen geworden. Trotzdem hat das große Berghaus nichts von seiner Gemütlichkeit eingebüßt. Ab und zu sorgen der Wirt oder sein Team mit musikalischer Untermalung für gute Stimmung. Es handelt sich immer noch um eine Unterkunft für Bergwanderer und Bergsteiger. Man wird verwöhnt mit lokalen Produkten aus der eigenen Landwirtschaft und der Region. Die Umgebung hat sich etwas verändert – es gibt hier oben nun Boulderwände, Klettergärten, einen Klettersteig und einen Flying Fox. Natürlich locken aber immer noch die Berge. Allen voran der mächtige Wilde Freiger, einer der höchsten Gletscherberge im Stubaital. Dieser ist durch den Gletscherrückgang mittlerweile deutlich leichter geworden. Das letzte kleine Gletscherfeld unterhalb des Gipfelgrates ist jetzt auch abgeschmolzen und Bergsteiger werden nur noch bis circa Juli einige Schneefelder vorfinden. Oben am Gipfelkreuz präsentiert sich ein prächtiges Panorama. Grandios ist die Gletscherlandschaft zwischen Becherhaus und Wildem Pfaff.

Wer möchte, kann dann noch dem hoch gelegenen Becherhaus oder der etwas tieferen Teplitzer Hütte einen Besuch abstatten. Von der Teplitzer Hütte gibt es inzwischen einen markierten Übergang zurück zur Nürnberger Hütte, sodass man eine wunderbare Hüttenrunde unternehmen kann.

Die Nürnberger Hütte liegt am beliebten Stubaier Höhenweg. In sieben Etappen geht es von Hütte zu Hütte durch die Stubaier Alpen. Vorletzte Station auf dieser grandiosen Runde ist die Nürnberger Hütte. Für diese traumhafte Hüttenrunde sollte man allerdings ausreichend Erfahrung und Kondition mitbringen. Dann macht das Hüttentrekking richtig Spaß.

Die Nürnberger Hütte selbst wird vorwiegend aus dem Stubaital erreicht. Von der Bushaltestelle »Nürnberger Hütte« bei Ranalt wandert man auf breitem Schotterweg bzw. -sträßchen zuerst zur Bsuchalm. Hier beginnt der schöne Steig, der in weiteren zwei Stunden hinauf zum komfortablen Alpenvereinshaus führt. Neben der Besteigung des Wilden Freigers gibt es noch einen näheren Hüttengipfel, die Mairspitze. Dieser einfache Gipfel bietet eine tolle Aussicht bis in das nördlich des Inntals liegende Karwendelgebirge.

STÜTZPUNKT FÜR EINEN HOHEN GIPFEL UND AM STUBAIER HÖHENWEG – DIE NÜRNBERGER HÜTTE.

HÜTTENINFO

HÖHE 2297 m TALORT Ranalt (1369 m)

ZUSTIEG Von der Bushaltestelle bei Ranalt wandert man auf breitem Weg zur Bsuchalm. Ab hier beginnt ein Steig, der sich in vielen Kehren bergauf windet. Anschließend quert man aussichtsreich hinüber zur Nürnberger Hütte.

HÖHENMETER 950 GEHZEIT 2,5 Std.

BUCHUNG http://dav-nuernberg.de/nh/

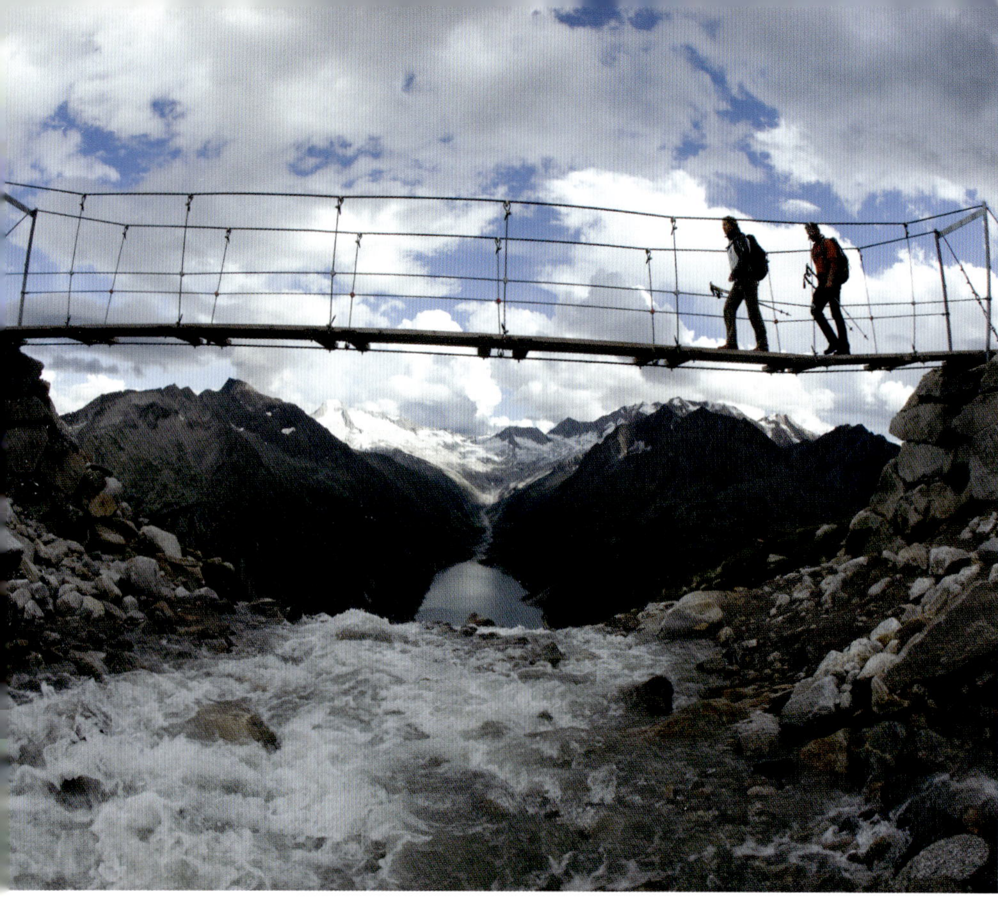

Brücke über einen Gebirgsbach in den Zillertaler Alpen.

41 FRIESENBERGHAUS

Ein See und ein Wald aus Steinen

Eine Hütte in absoluter Traumlage: Das Friesenberghaus in den Zillertaler Alpen steht nahe am gleichnamigen, türkisfarbenen See und bietet einen tollen Blick auf die steilen Gletscherriesen des Alpenhauptkammes, die über dem milchigen Wasser des Schlegeisspeichers aufragen. Dennoch liegt ein mindestens ebenso magischer Platz darüber: Auf dem Gipfel des Petersköpfl (2679 m) bilden Steinmänner und zahlreiche Kunstwerke aus aufgeschichteten Steinblöcken einen steinernen Wald. Vor der Kulisse von Hochfeiler, Großem Möseler, Turnerkamp und Co. ein beeindruckender Anblick und besonders bei Sonnenauf- und -untergang ein beliebtes Fotomotiv. Der Hohe Riffler (3231 m) ist ein weiteres Ziel von der Hütte aus.

HÜTTENINFO

HÖHE 2498 m TALORT Ginzling (985 m)
ZUSTIEG Vom Schlegeisspeicher über ausgeschilderten Weg zum Friesenberghaus.
HÖHENMETER 700 GEHZEIT 2,5 Std.
BUCHUNG www.friesenberghaus.com

42 ZITTAUER HÜTTE

Schrittweise ins Hochgebirge

Wer zur Zittauer Hütte wandert, kann die Vegetationsstufen der Alpen Schritt für Schritt erleben. Sie sind mittels eines Lehrpfades bestens zugänglich und kenntlich gemacht. Das liegt daran, dass die Hütte zwar noch in den Zillertaler Alpen, aber schon im westlichen Teil des Nationalparks Hohe Tauern liegt. Ein Pfad mit Aussichtsplattformen erschließt die Leitenkammerklamm, die in fast dschungelartigem Wald liegt. Darüber wird das Grün am Weg immer übersichtlicher bis hin zu den Moränenrücken vor imposanten Gletschern. Genau dort steht die von Barbara und Hannes Kogler bewirtete Hütte am Wildgerlossee.

HÜTTENINFO

HÖHE 2328 m TALORT Krimml (1067 m)
ZUSTIEG Vom Alpengasthof Finkau in den Nationalpark und durch das Wildgerlostal zur Talstation der Materialseilbahn. Dann über felsiges Gelände steil zur Hütte.
HÖHENMETER 950 GEHZEIT 3 Std.
BUCHUNG www.zittauerhuette.at

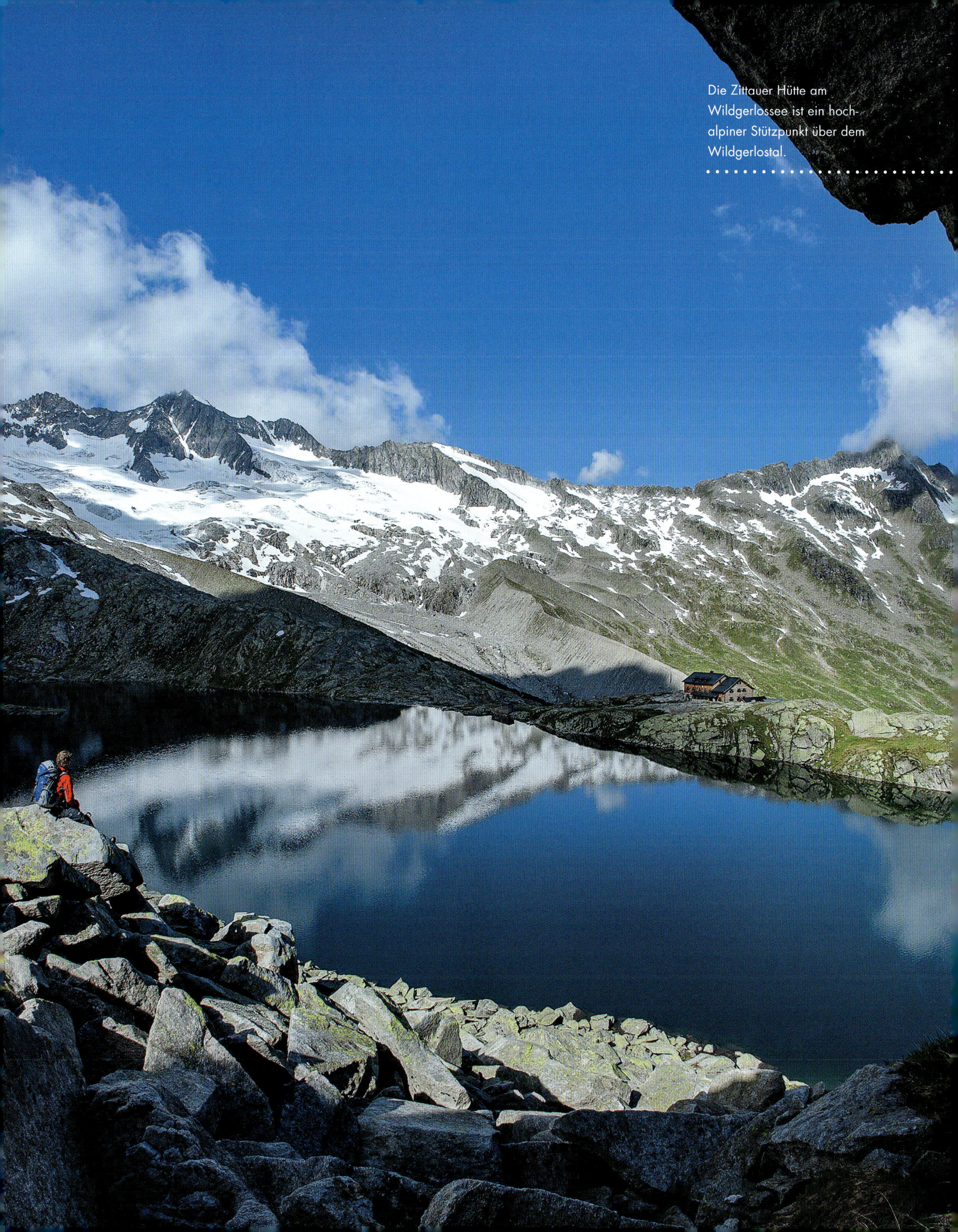

Die Zittauer Hütte am Wildgerlossee ist ein hochalpiner Stützpunkt über dem Wildgerlostal.

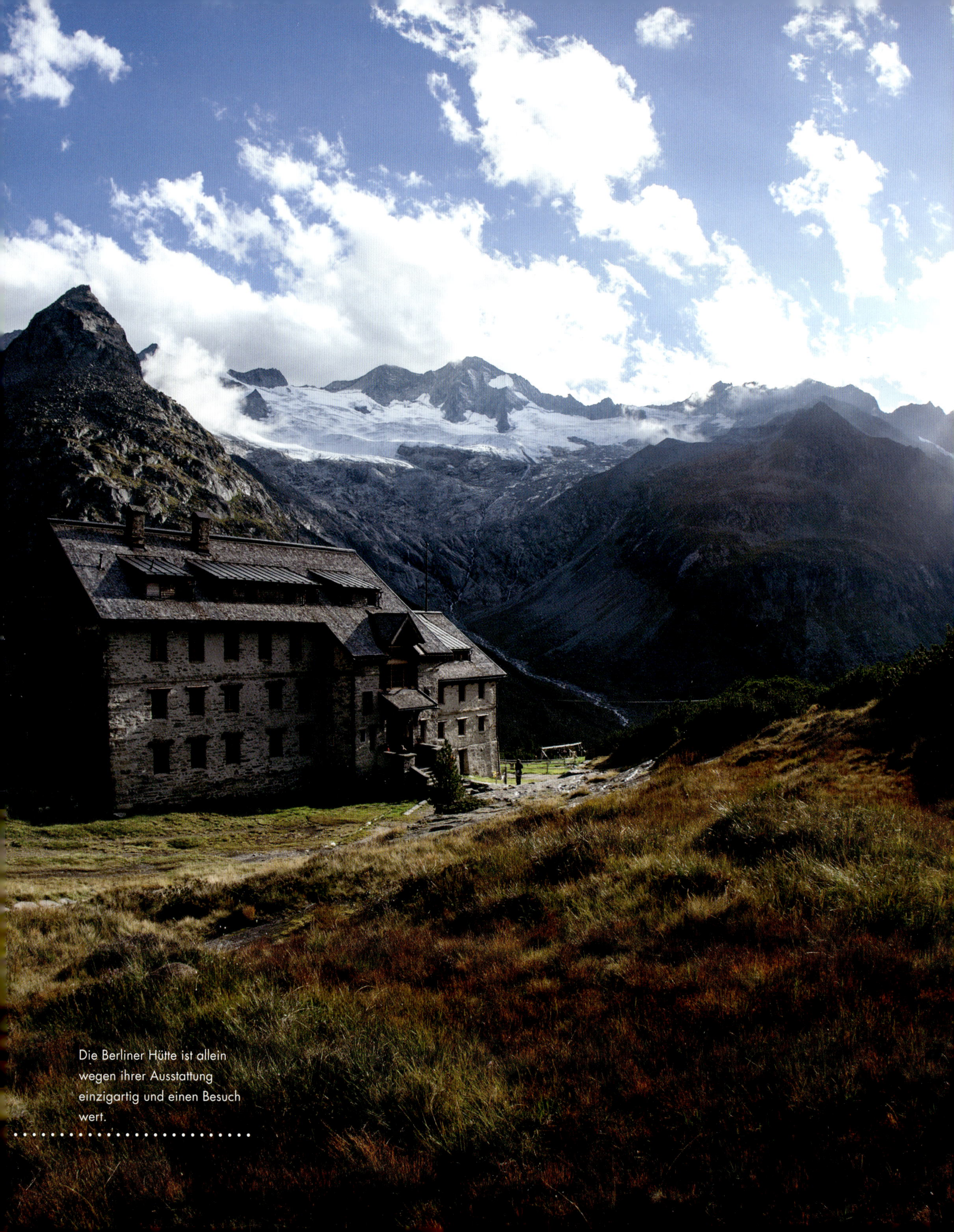

Die Berliner Hütte ist allein wegen ihrer Ausstattung einzigartig und einen Besuch wert.

Von der Berliner Hütte führt ein Weg zur Berliner Spitze oder zum Schönbichler Horn. Sie ist auch Etappenziel am Berliner Höhenweg.

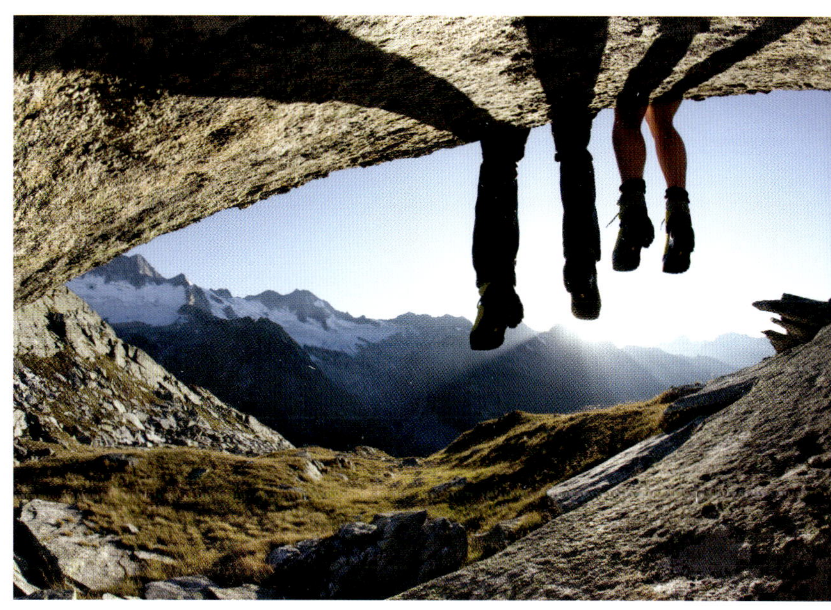

43 BERLINER HÜTTE Das Schloss

Man kommt aus dem Staunen gar nicht mehr heraus: Das Eingangsfoyer stammt noch aus der deutschen Kaiserzeit und ist für eine Hütte äußerst prunkvoll. Ein riesiger Kronleuchter aus Holz beleuchtet das Treppenhaus. Deshalb gilt die Hütte seit 2013 auch als Baudenkmal und steht seitdem unter Denkmalschutz.

Bereits 1879 wurde die Berliner Hütte als erste Hütte in den Zillertaler Alpen eröffnet. Wenn man die Größe des heutigen Gebäudes ansieht, dann kann man kaum glauben, dass die Hütte damals nur zehn mal sechs Meter groß gewesen ist. Viel zu schnell kamen so viele Gäste, dass sie bald bewirtschaftet werden musste. Der Zuspruch der Hütte ging unvermindert weiter, sodass man sie noch vor dem Ersten Weltkrieg luxuriös erweiterte. Diese Erweiterungen brachten ihr den Beinamen »Alpenvereinsschloss« ein. Herzstück der Hütte ist der fünf Meter hohe, holzvertäfelte Speisesaal mit vier großen, hölzernen Kronleuchtern. Es ist heute fast unvorstellbar, was hier in dieser Höhe zu Beginn des 20. Jahrhunderts entstanden ist. Man fühlt sich regelrecht in diese Zeit zurückversetzt.

Durch die beiden Weltkriege gab es Einschnitte in der Hüttengeschichte, aber bis heute ist die Hütte im hintersten Zemmgrund ein beliebtes Ziel. Der Weg vom Gasthof Breitlahner bei Ginzling ist zwar weit und durch den Schotterweg nicht besonders aufregend. Landschaftlich ist die Gegend allerdings sehr schön. War die Hütte früher ein beliebtes Ziel bei Hochtourengängern, die von hier zu so beliebten Zielen wie Schwarzenstein, Zsigmondyspitze, Berliner Spitze oder Großer Möseler aufgebrochen sind, so ist die Aspirantenzahl für diese Gipfel inzwischen deutlich zurückgegangen. Beliebt ist vor allem noch der Schwarzenstein als leichter Gletscherberg. Dessen Besteigung kann man mit einem Abstecher nach Südtirol verbinden. Unterhalb des Gipfels steht nämlich die neu erbaute Schwarzensteinhütte.

Heute erhält die Berliner Hütte dagegen viel mehr Zuspruch von Hüttenwanderern, liegt sie doch als Etappenziel am beliebten Berliner Höhenweg. Eine der großartigsten Etappen des Höhenweges führt zur Hütte. Vom Furtschaglhaus in der Nähe des Schlegeisspeichers erreicht man das Schönbichler Horn, einen tollen Wanderdreitausender. Hier genießt man einen wirklich fantastischen Rundumblick auf die wilde Zillertaler Gletscherwelt. Ein großartiger Steig führt dann hinunter zur Berliner Hütte, wo man sich von der langen Etappe erholen kann, bevor es am nächsten Tag zur Greizer Hütte weitergeht.

DIE BERLINER HÜTTE MIT IHRER PRUNKVOLLEN EINRICHTUNG STEHT ALS EINZIGE ALPENVEREINSHÜTTE UNTER DENKMALSCHUTZ.

HÜTTENINFO

HÖHE 2042 m TALORT Ginzling (985 m)

ZUSTIEG Vom Gasthof Breitlahner auf breitem Fahrweg durch den Zemmgrund und vorbei an Klausenalm und Grawandhütte zur Alpenrosenhütte. Weiter auf einfachem Steig zur Hütte.

HÖHENMETER 800 GEHZEIT 3 Std.

BUCHUNG www.berlinerhuette.at

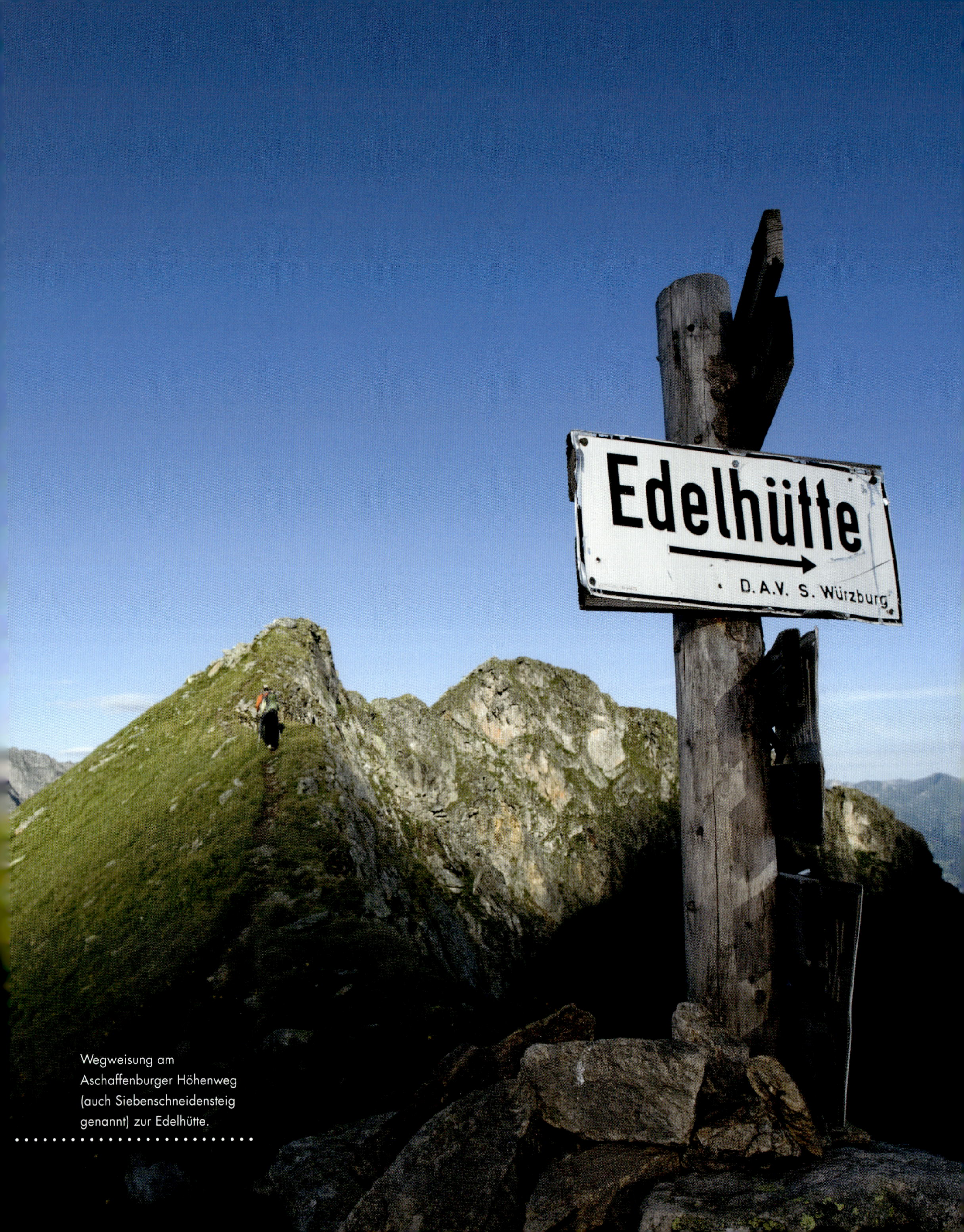

Wegweisung am Aschaffenburger Höhenweg (auch Siebenschneidensteig genannt) zur Edelhütte.

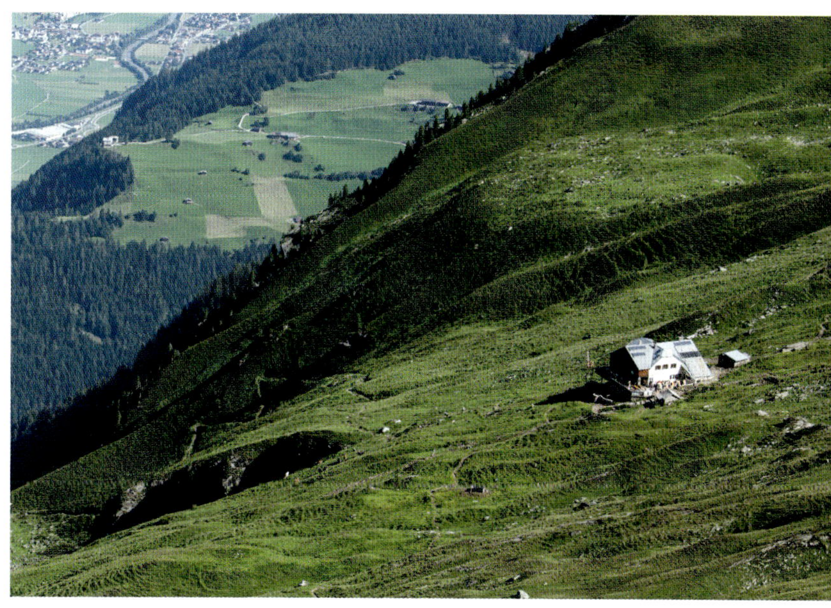

Die Edelhütte hoch über Mayrhofen in den Zillertaler Alpen.

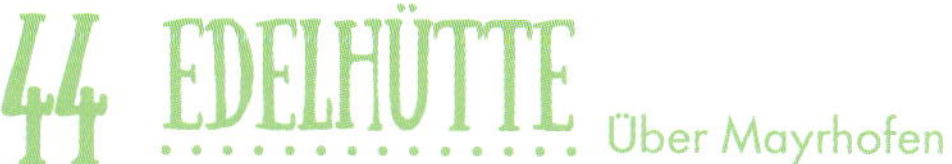

44 EDELHÜTTE Über Mayrhofen

Hoch über Mayrhofen steht die Edelhütte der Würzburger Alpenvereinssektion. Die Hütte hat bereits eine lange Geschichte hinter sich, wurde sie doch bereits 1889 erbaut. Damals war sie ein wichtiger Stützpunkt für die Ahornspitze, einen beeindruckenden, fast 3000 Meter hohen Gipfel über der Hütte. Er wurde 1840 ersterstiegen und gilt als erste Hochtour in den Zillertaler Alpen. Mit dem Bau der Ahornbahn 1968 änderte sich die Stützpunktfunktion der Hütte allerdings. Fortan war die Hütte in 1,5 Stunden bequem zu erreichen. Somit kommen immer mehr Tagestouristen zur Hütte – viele auch zur Einkehr auf ihrem Weg zur Ahornspitze. Gerade an schönen Tagen ist auf dem Gipfel richtig viel Verkehr. Durch die hohe Kapazität der Bergbahn gelangen viele Bergsteiger zur Hütte und weiter zum Gipfel, der aber immer noch etwas Trittsicherheit verlangt. Damit kann es an manchen Tagen auf dem kleinen Gipfel ganz schön voll werden. Da hilft es auch wenig, dass die Ahornspitze einen Nord- und einen Südgipfel hat. Ein weiterer schöner Anstieg führt über die Poppbergschneide zum Gipfel. Auch dieser Anstieg wird von der Hütte begangen, sodass sich die Möglichkeit einer herrlichen Rundtour ergibt. Oben erwartet uns natürlich ein tolles Panorama auf das Zillertal und die Tuxer Berge.

Nicht so häufig begangen wird dagegen der Aschaffenburger Höhenweg, auch Siebenschneidensteig genannt. Den Namen hat dieser Weg durch die sieben Gratschneiden, die beim Übergang zur Kasseler Hütte überwunden werden müssen. Dieser grandiose Höhenweg ist Teilabschnitt des Berliner Höhenweges. Durch die Länge von neun Stunden ist er allerdings nicht ganz so beliebt wie die Hauptetappen. Zudem benötigt man für den Übergang unbedingt sicheres Wetter, führen doch einige Passagen über steiles Gras- und wegloses Felsblockgelände. Auf diesem Weg gibt es keine Notabstiege, sodass man den Anforderungen wirklich gewachsen sein sollte.

Nicht verändert hat sich in allen Jahren die grandiose Aussicht von der Terrasse der Edelhütte. Auch die Familie Schneeberger waltet schon seit 1998 auf der Hütte. Wirtin Gabi kocht in der Hütte persönlich für ihre Gäste, die von Wirt Siggi bestens betreut werden. Und natürlich handelt es sich immer noch um eine Alpenvereinshütte, auf der man übernachten kann. An schönen Tagen kann man hier oben den Tag erwachen sehen und ein wunderbares Frühstück auf der Aussichtsterrasse genießen.

EIN ABSOLUTER GEHEIMTIPP IST DER SIEBENSCHNEIDENSTEIG VON DER EDELHÜTTE ZUR KASSELER HÜTTE.

HÜTTENINFO

HÖHE 2238 m TALORT Mayrhofen (633 m)

ZUSTIEG Von der Bergstation der Ahornbahn wandert man in leichtem Auf und Ab durch das Filzenkar und weiter hinauf zur Hütte.

HÖHENMETER 320 GEHZEIT 1,5 Std.

BUCHUNG www.edelhuette-dav.de

45 GAUDEAMUSHÜTTE

Sonnenseite

Die Gaudeamushütte befindet sich auf der Südseite des Kaisergebirges. Vom Parkplatz an der Wochenbrunner Alm bis zur Hütte ist es nicht weit. Die Alm selbst erreicht man auf einer Mautstraße von Ellmau und dann geht es auf einem breiten Wirtschaftsweg in einer knappen Dreiviertelstunde schnell zur Hütte. Durch den recht kurzen Zugang ist die Hütte ideal für Familien mit Kindern. Auch die ungefährliche Umgebung lädt zum Spielen ein.

Die Hütte wurde 1899 von der Akademischen Sektion Berlin des DAV erbaut. Nach einem Lawinenabgang musste 1927 die Sektion Berlin eine neue Hütte errichten. 1998 wurde sie an die DAV Sektion Main-Spessart verkauft. Seit 2004 bewirtschaftet Familie Leichtfried die Hütte, die 2017 die Auszeichnung als Österreichs »liabste Hüttn« erhielt. Vor nicht allzu langer Zeit wurde die Hütte aufwendig saniert und ist zu einem echten Schmuckstück geworden.

Ihre Lage ist grandios. Von diesem Aussichtsbalkon hat man einen wunderbaren Blick über die Kitzbüheler Alpen bis in die Hohen Tauern hinein. Oberhalb der Hütte beeindrucken die Felszacken des Kaisergebirges. Steil zieht das Schuttkar in den Einschnitt des Ellmauer Tores hinauf, das den Übergang zum Stripsenjochhaus an der Nordseite des Kaisergebirges kennzeichnet. Vom Tor führt ein markierter Steig aufwärts zur Hinteren Goinger Halt, dem Hüttengipfel der Gaudeamushütte.

Spannend ist auch der Aufstieg zur Regalpwand. Der kleine Gipfel darf allerdings nicht unterschätzt werden, führt der letzte Abschnitt doch über leichtes Felsgelände zum höchsten Punkt. Wem dieser Anstieg zu schwer ist, der bleibt am Baumgartenköpfl sitzen, einem grandiosen Aussichtspunkt, an dem sich das Bergsteigergrab von Much Wieser befindet.

Ebenfalls sehr schön ist die Rundtour über die Gruttenhütte. Auch hier gibt es kurze gesicherte Passagen, die Trittsicherheit erfordern. Oben an der Hütte erwartet uns wieder ein großartiges Panorama. Auch diese Hütte wurde vor noch nicht allzu langer Zeit saniert. In westlicher Richtung geht es bergab, bis wir nach Osten zu einem Steinkreis abzweigen. Dieser Platz hat eine besondere Magie und bietet noch einmal einen schönen Ausblick auf die Kitzbüheler Alpen. Von diesem Kraftort spazieren wir auf gutem Wanderweg zurück zum Parkplatz an der Wochenbrunner Alm.

HÜTTENINFO

HÖHE 1267 m TALORT Ellmau (820 m)
ZUSTIEG Vom Parkplatz an der Wochenbrunner Alm hoch über Ellmau auf breitem Fahrweg zur Gaudeamushütte.
HÖHENMETER 180 GEHZEIT 45 Min.
BUCHUNG www.dav-main-spessart.de

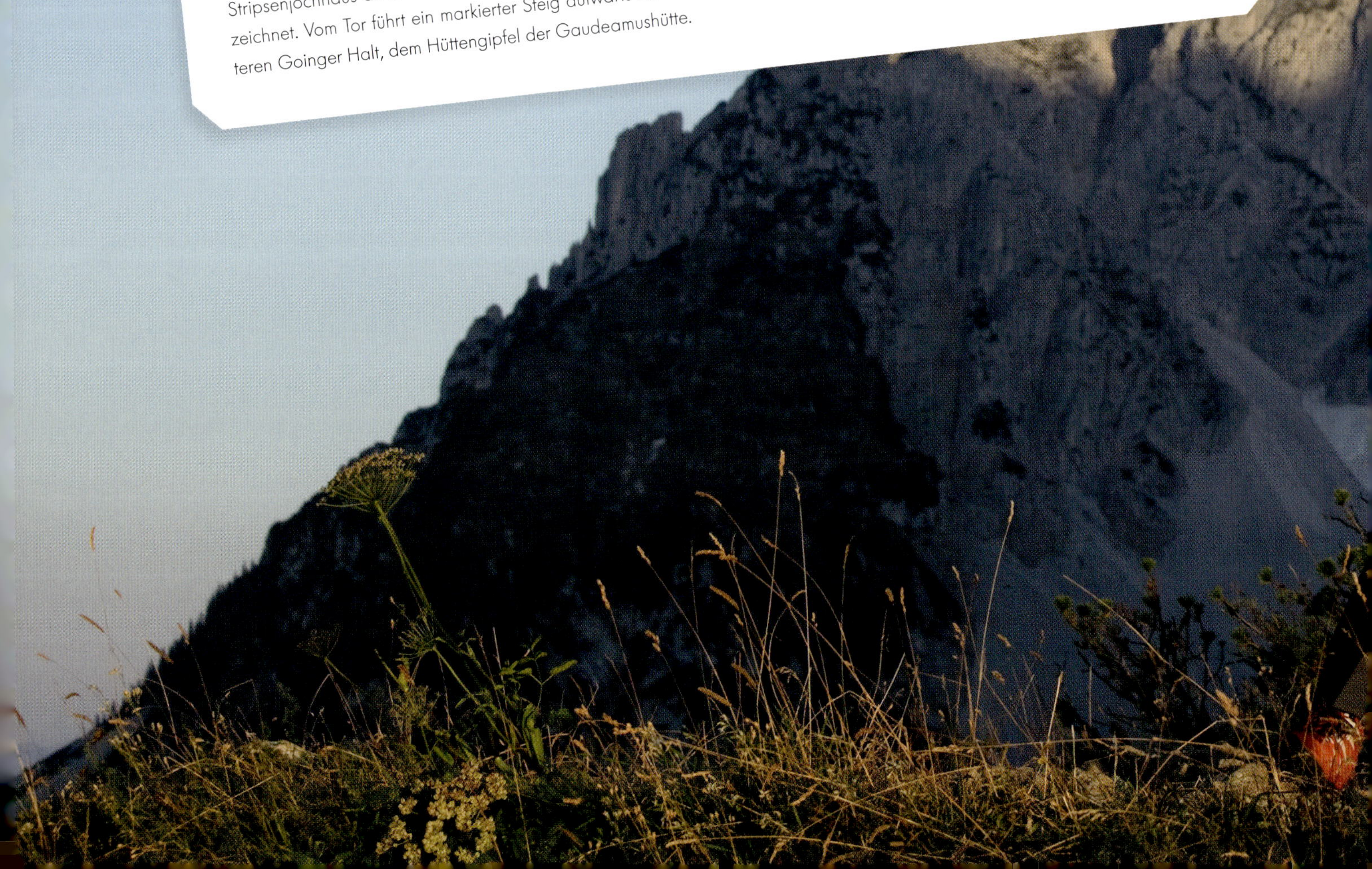

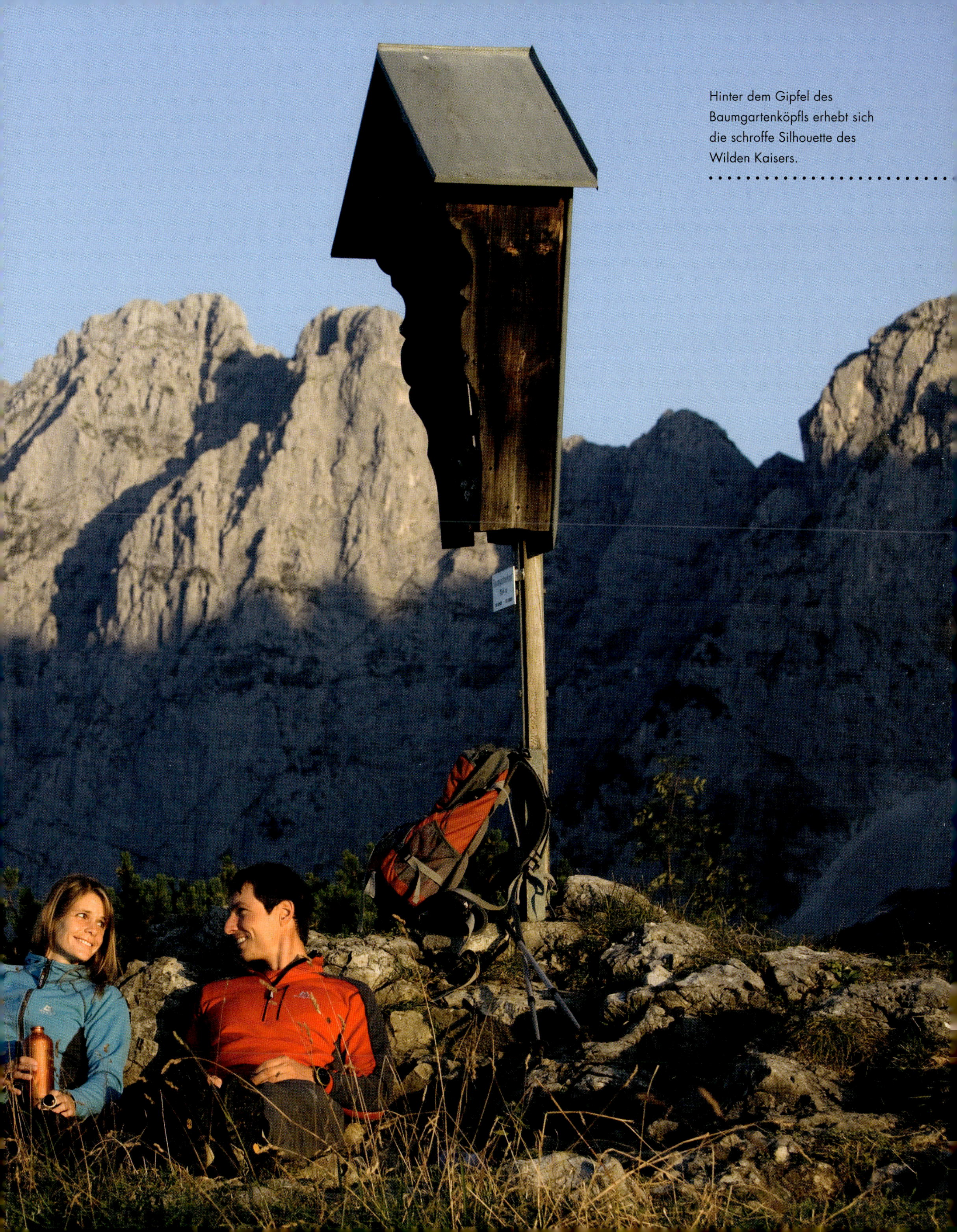

Hinter dem Gipfel des Baumgartenköpfls erhebt sich die schroffe Silhouette des Wilden Kaisers.

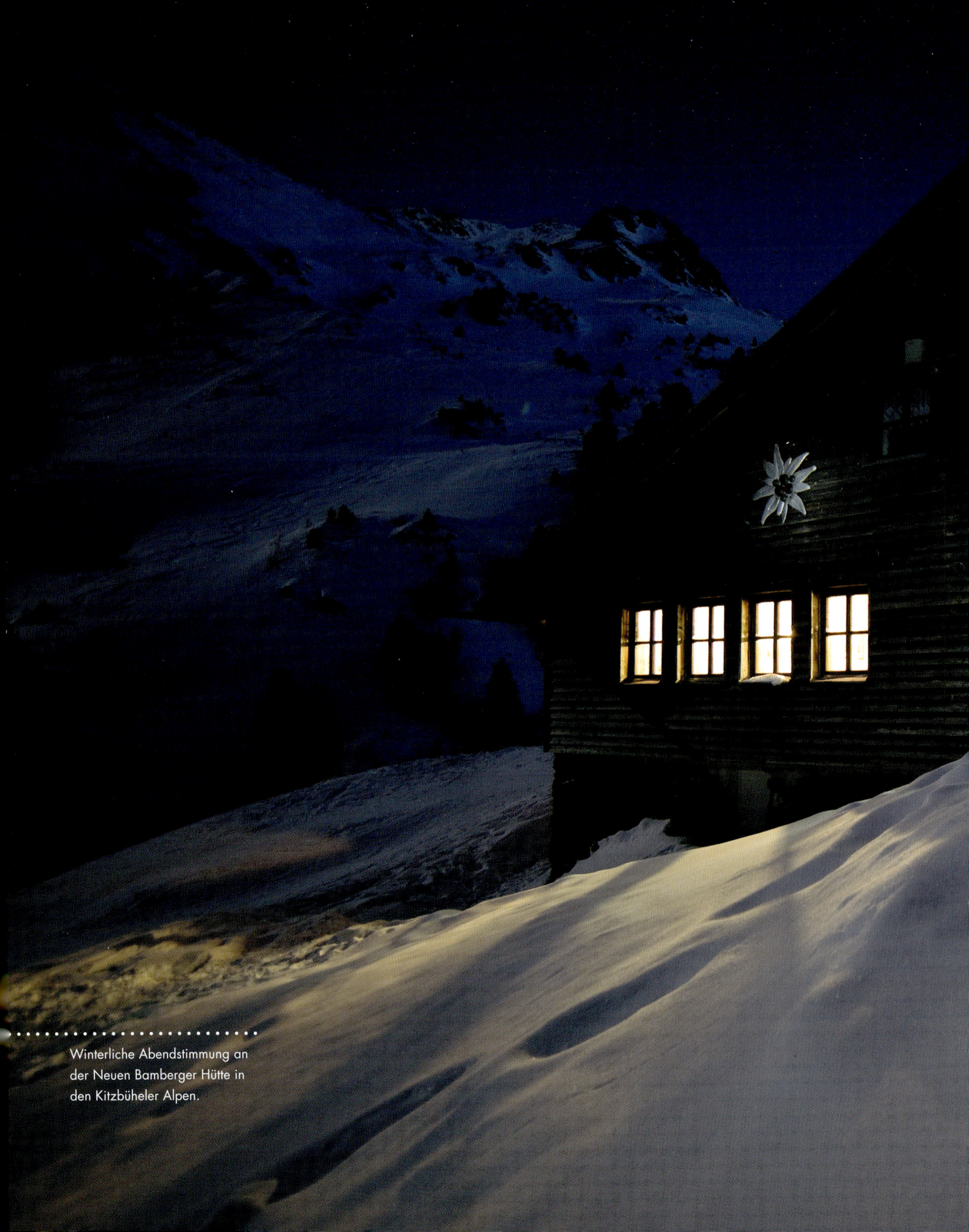

Winterliche Abendstimmung an der Neuen Bamberger Hütte in den Kitzbüheler Alpen.

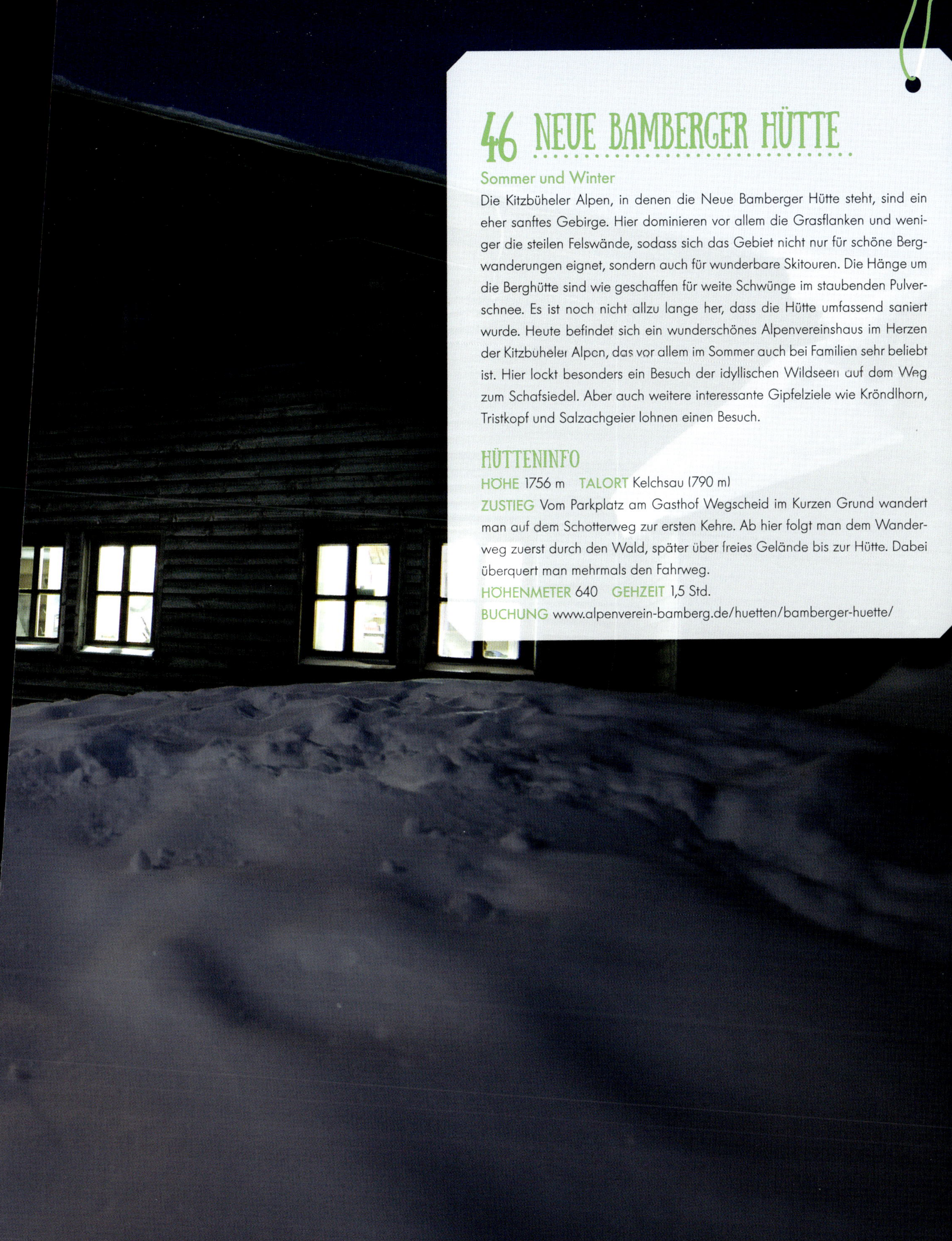

46 NEUE BAMBERGER HÜTTE

Sommer und Winter

Die Kitzbüheler Alpen, in denen die Neue Bamberger Hütte steht, sind ein eher sanftes Gebirge. Hier dominieren vor allem die Grasflanken und weniger die steilen Felswände, sodass sich das Gebiet nicht nur für schöne Bergwanderungen eignet, sondern auch für wunderbare Skitouren. Die Hänge um die Berghütte sind wie geschaffen für weite Schwünge im staubenden Pulverschnee. Es ist noch nicht allzu lange her, dass die Hütte umfassend saniert wurde. Heute befindet sich ein wunderschönes Alpenvereinshaus im Herzen der Kitzbüheler Alpen, das vor allem im Sommer auch bei Familien sehr beliebt ist. Hier lockt besonders ein Besuch der idyllischen Wildseen auf dem Weg zum Schafsiedel. Aber auch weitere interessante Gipfelziele wie Kröndlhorn, Tristkopf und Salzachgeier lohnen einen Besuch.

HÜTTENINFO

HÖHE 1756 m **TALORT** Kelchsau (790 m)

ZUSTIEG Vom Parkplatz am Gasthof Wegscheid im Kurzen Grund wandert man auf dem Schotterweg zur ersten Kehre. Ab hier folgt man dem Wanderweg zuerst durch den Wald, später über freies Gelände bis zur Hütte. Dabei überquert man mehrmals den Fahrweg.

HÖHENMETER 640 **GEHZEIT** 1,5 Std.

BUCHUNG www.alpenverein-bamberg.de/huetten/bamberger-huette/

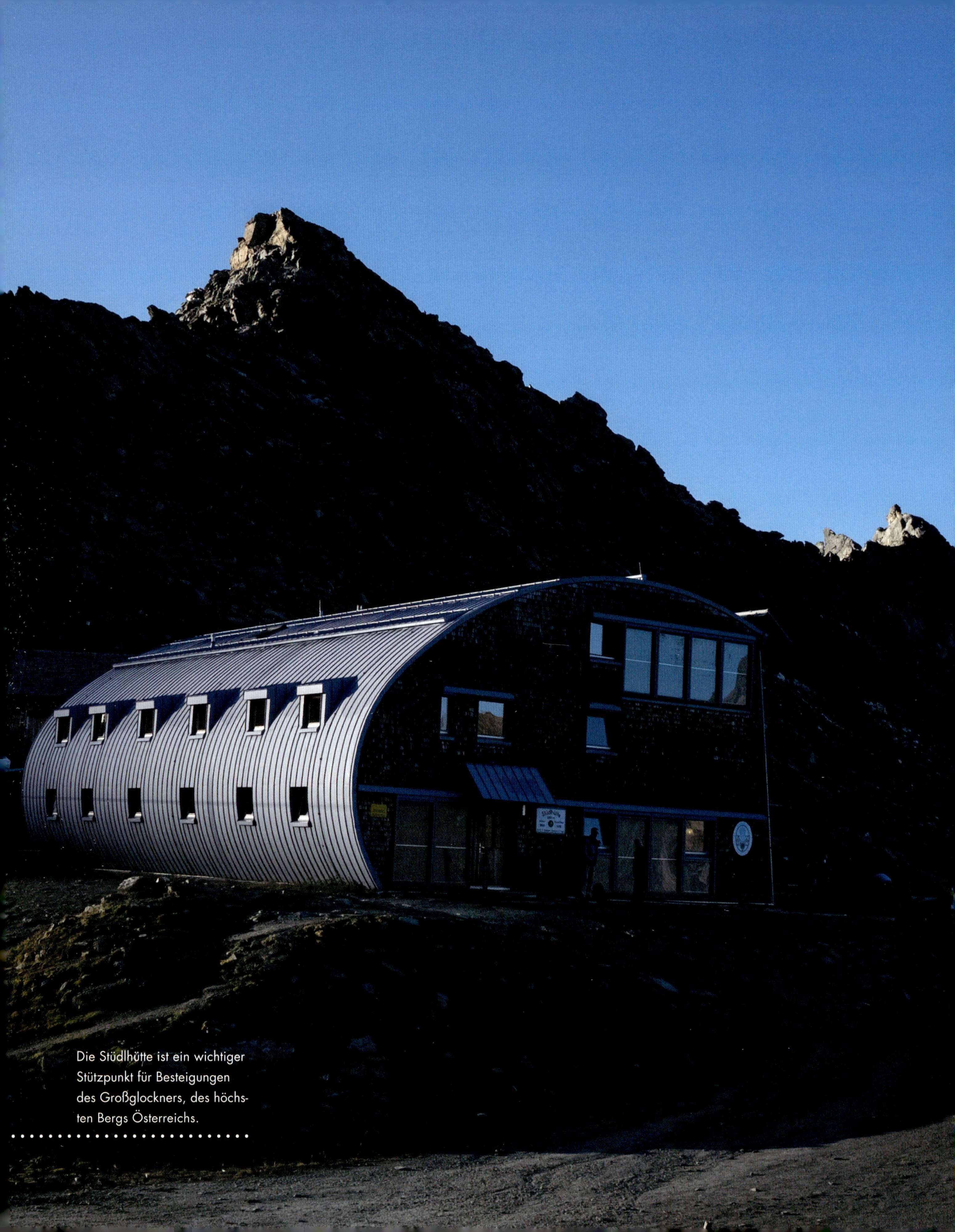

Die Stüdlhütte ist ein wichtiger Stützpunkt für Besteigungen des Großglockners, des höchsten Bergs Österreichs.

Das wohlschmeckende Abendbuffet in der Stüdlhütte.

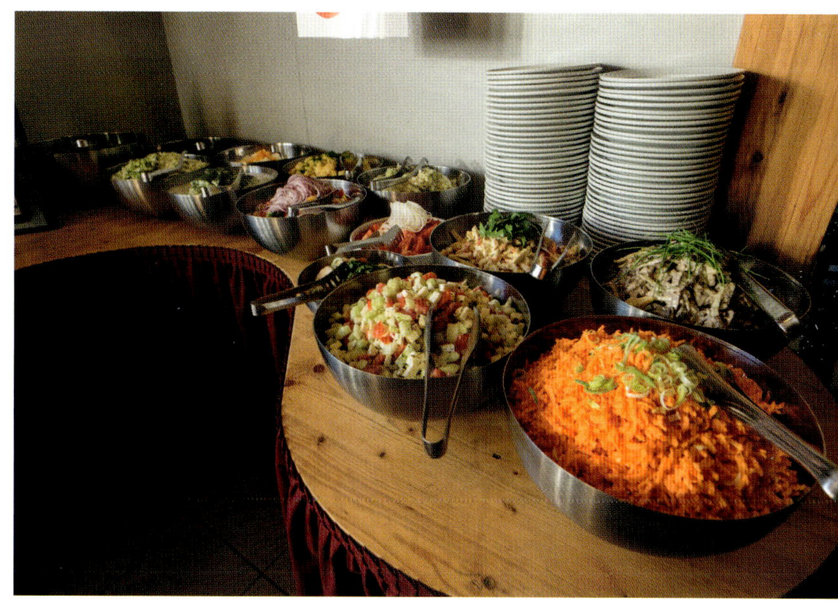

47 STÜDLHÜTTE

Berghaus mit Kultbuffet am Großglockner

Natürlich stellt der Stüdlgrat auf den Großglockner den Anziehungspunkt Nummer eins an der Stüdlhütte dar. Doch das ist noch längst nicht alles. Unter Bergsteigern hat sich ebenso (zu Recht) herumgesprochen, dass es dort ein vortreffliches Abendbuffet gibt. Der höchste Berg Österreichs lässt sich von der Hütte aus auf zahlreichen Wegen erreichen und sie bietet die perfekte Nächtigungsgelegenheit für eine beeindruckende Rundwanderung zu Füßen des »dunklen Großfürsten der Ostalpen«.

Woher dieser Name stammt, versteht, wer sich dem Berg nähert, beispielsweise durch das ursprüngliche Teischnitztal. Denn der Großglockner erreicht mit seinen 3798 Metern Höhe nicht nur den Superlativ, sondern formt auch eine dunkle Pyramide, die sich über den Gletschern an ihrer Basis abhebt. An einer der Linien dieses Dreiecks, dem Stüdlgrat, liegt die Hütte. Ihr moderner Neubau mit der unverkennbar abgerundeten Front zum Berg hin entstand Mitte der 1990er-Jahre. Über 20 Jahre lang bewirtete Georg Oberlohr die Hütte und trug maßgeblich zum Kult bei. Er etablierte das heute legendäre Buffet. Doch jede Ära endet einmal und mittlerweile haben mit Veronika und Matteo Bachmann junge und erneut motivierte Bergfreunde das Haus übernommen. Dieses hat – trotz seiner modernen Form – eine lange Geschichte. Bereits ab 1867 förderte der Prager Kaufmann Johann Stüdl den Alpinismus in der Region. Er finanzierte nicht nur die erste Hütte an dieser Stelle, sondern auch die Steighilfen am ebenfalls nach ihm benannten Grat.

Doch Vorsicht: Auch wenn Eisenstifte und kurze Seile die Schneide entschärfen, er bleibt eine anspruchsvolle Hochtour. Über 600 ausgesetzte Höhenmeter verlangt sie Bergsteigern Kletterschwierigkeiten bis in den vierten Grad ab. Außerdem kann in dieser unwirtlichen Höhe mit ihrer dünnen Luft zu jeder Jahreszeit Schnee dazukommen. Trotzdem zieht der höchste Berg Österreichs viele Bergsteiger an. Das führte in der Vergangenheit zu Negativ-Schlagzeilen über Staus am Berg. Die Hüttenwirte trugen dazu bei, die Lage zu verbessern: Sie belegen weder die Stüdlhütte noch die Erzherzog-Johann-Hütte am Normalweg voll. Damit vermeiden sie Szenen wie am Montblanc, mit schlafenden Bergsteigern auf und unter den Tischen, und auch die Hütten an sich bleiben ein lohnenswertes Ziel.

DIE STÜDLHÜTTE DIENT ALS IDEALER STÜTZPUNKT FÜR DEN KÖNIGSWEG AUF DEN GROSSGLOCKNER – DEN STÜDLGRAT –, DOCH AUCH FÜR RUNDWANDERUNGEN. BERÜHMT WURDE SIE AUSSERDEM FÜR IHR ABENDBUFFET.

HÜTTENINFO

HÖHE 2802 m TALORT Kals am Großglockner (1324 m)

ZUSTIEG Zwar nicht der kürzeste, aber der schönste Anstieg: vom Parkplatz am Spöttling Taurer in Kals durch das Teischnitztal direkt zur Hütte. Kürzerer Weg durch das Ködnitztal ideal als Abstieg.

HÖHENMETER 1300 GEHZEIT 4 Std.

BUCHUNG www.alpenverein-muenchen-oberland.de/stuedlhuette

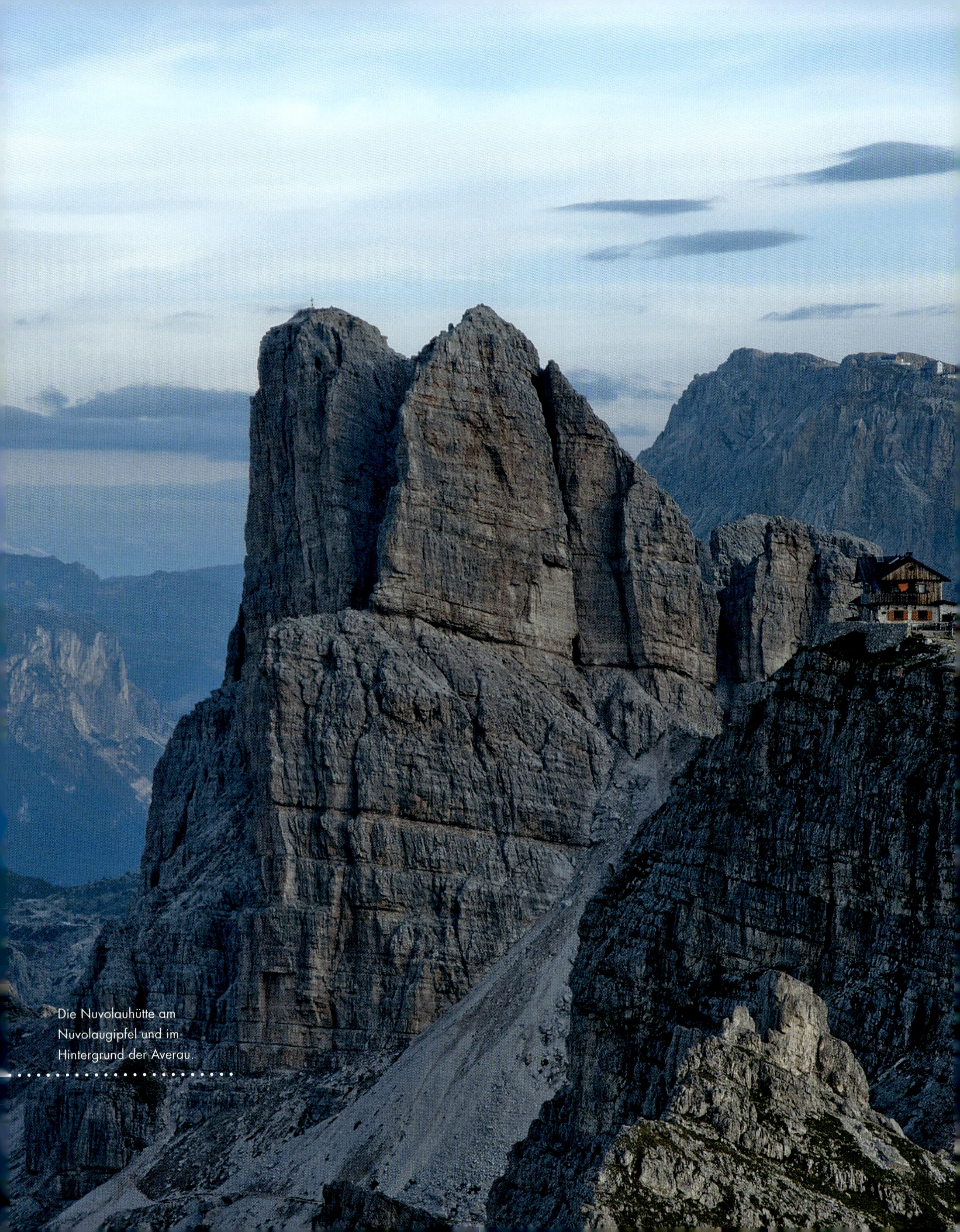

Die Nuvolauhütte am Nuvolaugipfel und im Hintergrund der Averau.

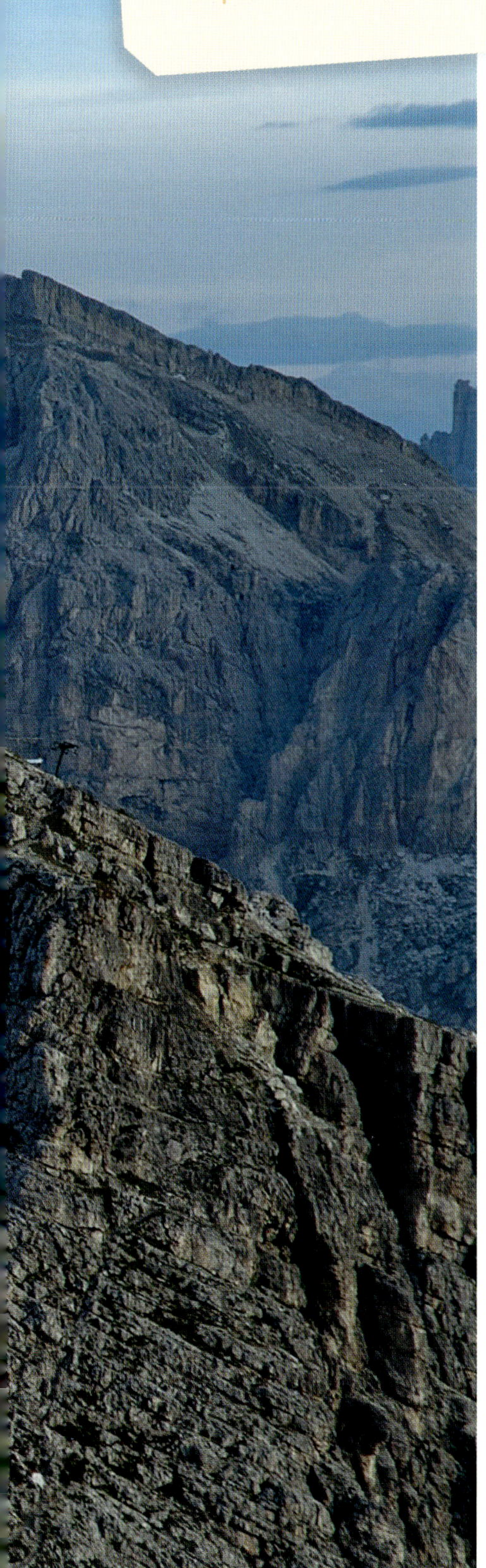

HÜTTEN IN ITALIEN

Gipfelhäuser mit südländischem Flair

Italien – das ist Urlaub pur. Denn auf der Südseite des Alpenbogens warten unzählige schöne Berghütten auf ihre Besucher: von den Dolomiten über das Trentino bis an die Schweizer Grenze. Die Bandbreite reicht dabei vom lieblichen Haus an einem See bis zu hochalpinen Stützpunkten.

Irgendwie sieht die Welt auf der italienischen Seite der Alpen oft schon ganz anders aus. Teilweise gedeihen Palmen im Tal, während die Berge darüber in eisige Höhen reichen. Gerade an den Oberitalienischen Seen, die in tief eingeschnittenen Tälern liegen, kommen so große Höhenunterschiede zustande. Diese überwinden häufig Lifte oder Straßen, die für den Alpennordseiten-Bewohner ungewohnt oder abenteuerlich wirken. Das alles erzeugt eine gewisse Exotik, die den Hüttenbesuch noch interessanter macht. Doch es gibt auch vertraute Einflüsse, allen voran in Südtirol, das mit seiner bewegten Geschichte immer ein besonderes Fleckchen Erde für sich bleibt. Eine Spezialität der italienischen Hütten ist oftmals ihre exponierte Lage: Häufig sitzen die Häuser hier keck auf Gipfeln und zeigen großartige Rundumblicke.

DIE TOP 5 HÜTTEN DER REGION:

- **Rifugio Nuvolau**, 2575 m – Dieses Gipfelhaus bietet eine nahezu unvergleichliche 360-Grad-Sicht über die Dolomiten bis zum Alpenhauptkamm.
- **Chemnitzer Hütte**, 2420 m – Ein Geheimtipp am Alpenhauptkamm. Das rustikale Haus liegt ideal für viele verschiedene Gipfeltouren.
- **Rifugio T. Pedrotti**, 2491 m – Spektakulärere Klettersteige als um diese Hütte in der Brenta-Gruppe gibt es nicht oft.
- **Düsseldorfer Hütte**, 2721 m – Der schönste Blick auf das berühmte Dreigestirn Königspitze, Zebrù und Ortler.
- **Schutzhütte Schneeberg**, 2355 m – Mitten im Bergbaugebiet, lebendiges Museum und Südtiroler Küche.

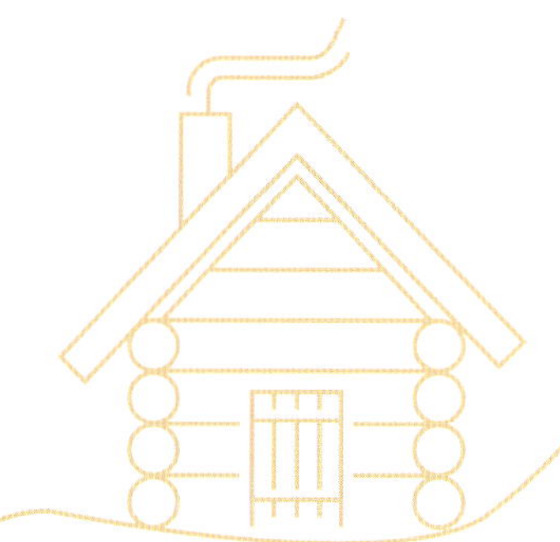

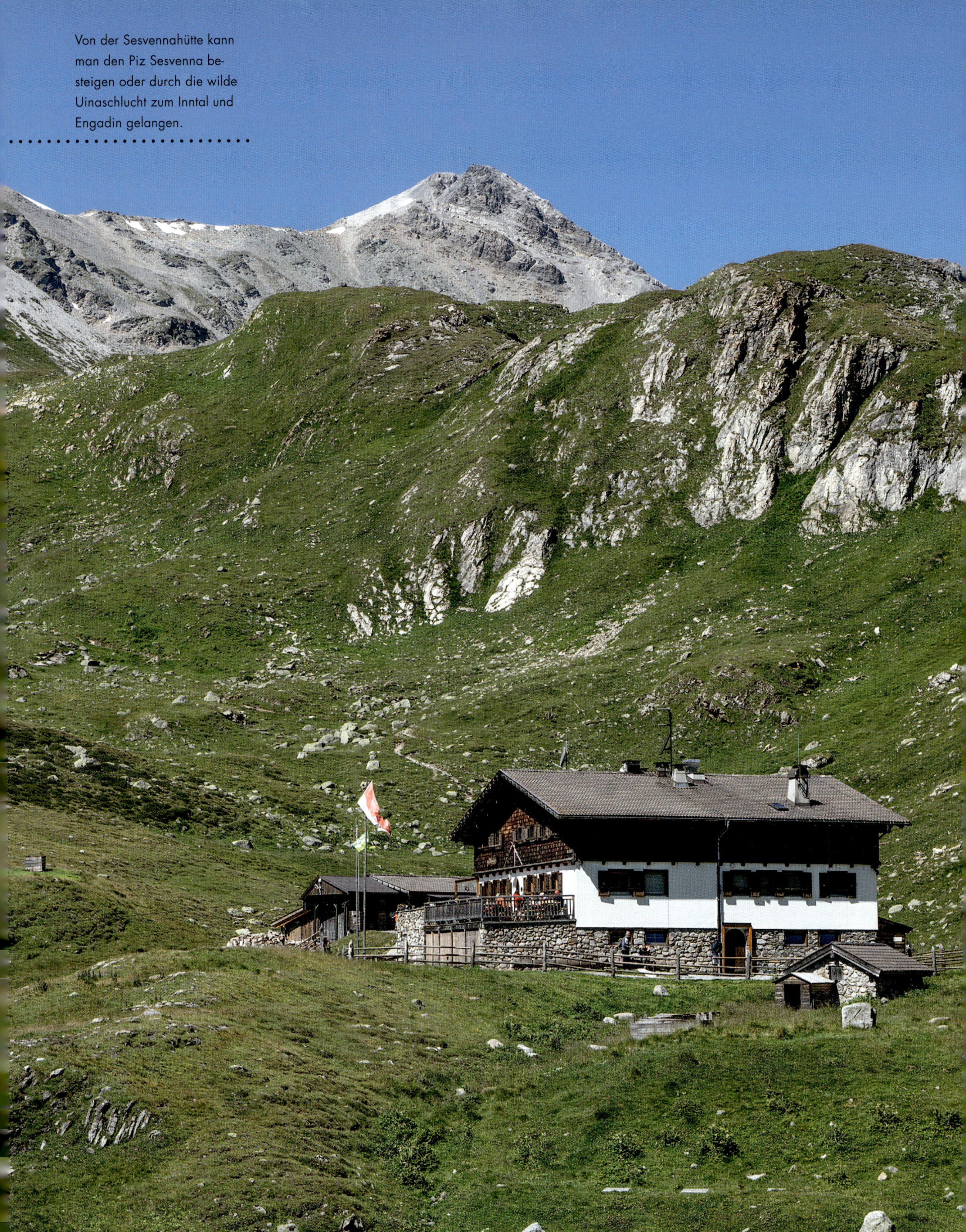

Von der Sesvennahütte kann man den Piz Sesvenna besteigen oder durch die wilde Uinaschlucht zum Inntal und Engadin gelangen.

Der blaue Furkelsee bei der Sesvennascharte.

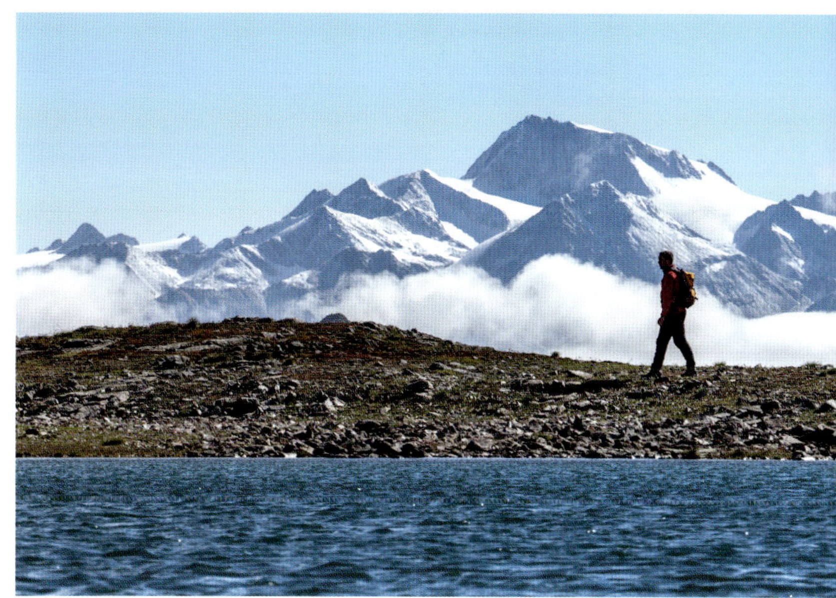

48 SESVENNAHÜTTE Grenznah

Die Sesvennahütte befindet sich in der Nähe zur Schweizer Grenze in der kleinen Sesvennagruppe. 1980 wurde die Hütte von fünf Sektionen des Südtiroler Alpenvereins erbaut. Damit stand wieder ein gemütliches Schutzhaus oberhalb der Almwiesen des Südtiroler Dorfes Schlinig. Denn eigentlich handelt es sich hier um einen historischen Hüttenstandort. Die Sektion Pforzheim des Alpenvereins eröffnete 1901 die Pforzheimer Hütte. Hüttenwart war Adolf Witzemann, der auch maßgeblich für den Bau mitverantwortlich war. Er erkundete auch bald die Uinaschlucht, die von Schweizer Seite zum Schlinigpass heraufführt. 1910 konnte der spektakulär in den Fels gesprengte Weg eröffnet werden, was für deutlichen Zulauf sorgte. Auch heute ist dieser Anstieg noch ein beeindruckender Hüttenzustieg. Insgesamt besuchten seit Eröffnung der Hütte bis zum Jahre 1914 schon 3.500 Gäste die Pforzheimer Hütte. Daher sollte sie 1915 erweitert werden. Leider kam es anders und der Ausbruch des Ersten Weltkrieges verhinderte die Erweiterung. Viel schlimmer noch. Obwohl die Hütte abseits der Ortlerfront den Krieg gut überstand, wurde sie danach von Alpini besetzt; auch später hatte niemand Interesse, die Hütte zu erhalten. So verfiel sie immer mehr und sollte zuletzt abgebrochen werden. Eine Initiative setzte sich für die Erhaltung des Baus ein, der in der Folge restauriert und zu einem kleinen Museum umgebaut wurde.

Neben dem schon genannten Hüttenanstieg über die Uinaschlucht gibt es natürlich noch einen »schnellen« Hüttenanstieg aus dem Südtiroler Schlinig. Nach einem flachen Auftakt über die Schliniger Almen steigt man steil hinauf und umgeht den Aufschwung an der Schwarzen Wand. Der letzte Abschnitt führt über gemütliche Almböden zum großen Schutzhaus. Hier lässt man sich mit Südtiroler Köstlichkeiten verwöhnen.

Mit jeweils zwei Stunden Aufstieg sind der Föllakopf und die Rasass Spitze zwei gemütliche Hüttengipfel. Von beiden Gipfeln genießt man wunderbare Ausblicke auf die Umgebung und vor allem in Richtung Ortler. Höhepunkt im Hüttenumfeld ist aber der Piz Sesvenna. Eine leichte Hochtour führt zu seinem Gipfel. Zuerst müssen wir in die Sesvennascharte aufsteigen, um dann absteigend den kleinen Gletscher zu erreichen. Über diesen wandern wir zum Gipfelgrat. Leichte Kletterei bringt uns dann ganz hinauf zum Gipfel.

SÜDTIROLER GEMÜTLICHKEIT, SCHÖNE ALMWIESEN UND TOLLE HÜTTENGIPFEL – DAS SIND DIE ZUTATEN DER SESVENNAHÜTTE.

HÜTTENINFO

HÖHE 2256 m TALORT Schlinig (1726 m)

ZUSTIEG Von Schlinig wandert man durch das Dorf und über flaches Gelände zur Schliniger Alm. Bald danach steigt der Weg steil an und führt an den Felsabstürzen der Schwarzen Wand vorbei zur Hütte.

HÖHENMETER 560 GEHZEIT 2 Std.

BUCHUNG www.sesvenna.com

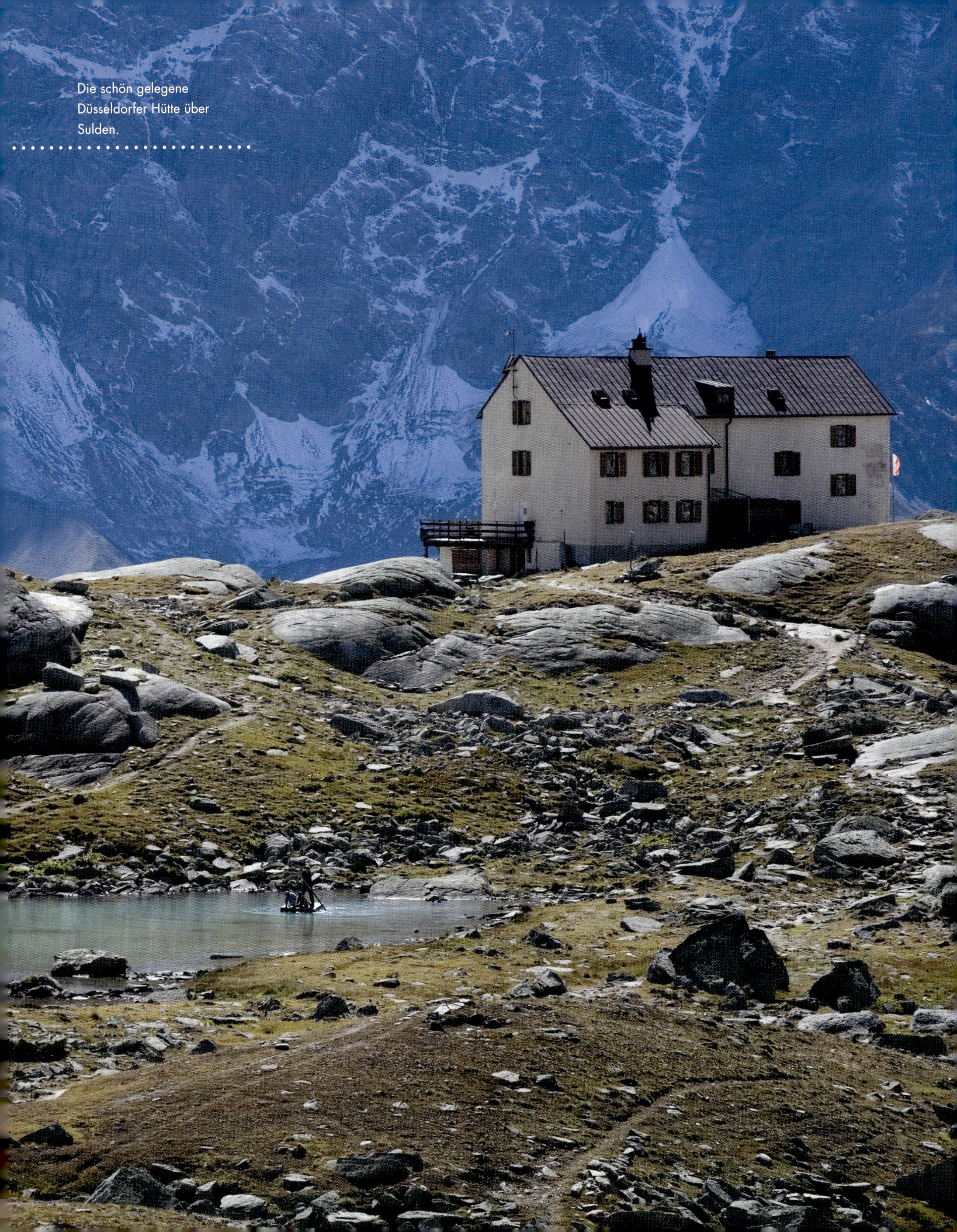

Die schön gelegene Düsseldorfer Hütte über Sulden.

Berggeher im Gebiet des Kleinen Angelus.

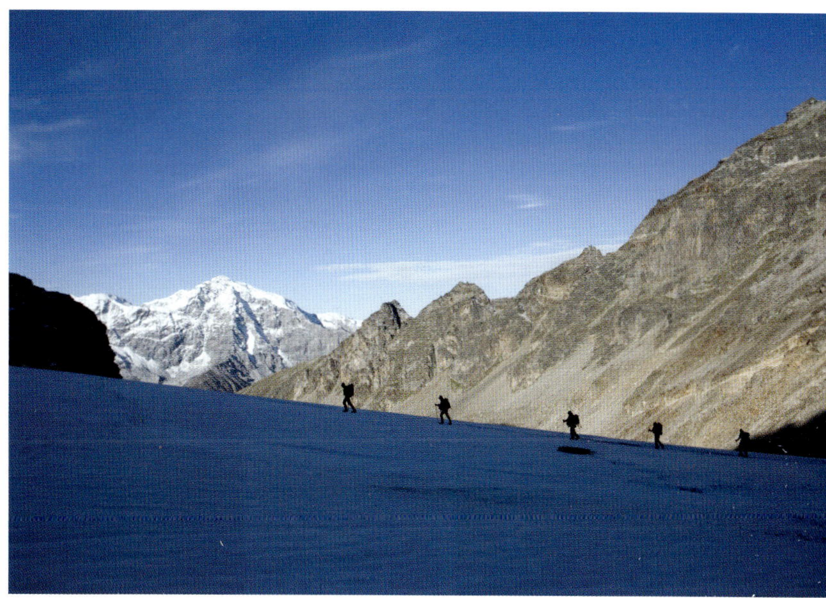

49 DÜSSELDORFER HÜTTE

Königsblick

Die traditionsreiche Düsseldorfer Hütte wurde 1892 von der Sektion Düsseldorf erbaut und nach dem Ersten Weltkrieg an den Club Alpino Italiano (CAI) übergeben. Seit 2010 wird sie von der Autonomen Provinz Bozen verwaltet. Über vier Generationen hinweg bewirtschaftet Familie Reinstadler die Hütte bestens. Der italienische Name lautet Rif. Serristori und in einigen Karten ist sie noch als Zaytalhütte eingetragen.
Sie steht hoch über Sulden. Trotzdem ist der Anstieg zur Hütte nicht besonders lang. Der Kanzellift macht es möglich. Nur 1,5 Stunden sind es von der Bergstation des Liftes zur Hütte. Unterhalb des letzten Aufschwungs trifft man auf den direkten Weg, der von Sulden durch das Zaytal heraufführt. Gemeinsam mit diesem überwindet man die letzte Stufe. Nach der Ankunft auf der Hütte macht man es sich auf der sonnigen Terrasse gemütlich und genießt die Aussicht auf die umliegenden Berggipfel. Sehr beeindruckend ist der Blick hinüber auf die andere Talseite. Königspitze, Zebrù und Ortler stehen wie an einer Perlenschnur aufgereiht und zeigen uns ihre Nordwände. Die Hütte gehört mit diesem einmaligen Panorama sicherlich zu einer der schönstgelegenen Hütten Südtirols. Allerdings sollte man es vor lauter Aussicht nicht verpassen, eine der Südtiroler Spezialitäten auf der Speisekarte zu bestellen. Durch den kurzen Zugang ist die Hütte natürlich gerne von Tagesgästen besucht. Aber auch als Stützpunkt für Dreitausender liegt sie ideal. Am leichtesten lässt sich das Hintere Schöneck erreichen. Auch wenn der Anstieg kurzzeitig etwas steil und an einigen Stellen versichert ist, so ist der Gipfel doch relativ einfach. Der Abstiegsweg nach Sulden eröffnet die Möglichkeit einer Überschreitung und garantiert damit ein großartiges Bergerlebnis. Direkt oberhalb der Hütte steht der Hohe Angelus. Dieser mächtige Gipfel ist nur etwas für erfahrene Bergsteiger, auch wenn man inzwischen keinen Gletscher mehr betritt. Man muss aber zuerst auf dem Reinstadlerweg steile Felspassagen überwinden und dann über den Grat steil zum Gipfelbereich hinaufsteigen. Auch die letzten Meter zum Gipfelkreuz erfordern noch einmal Trittsicherheit. Oben genießen wir dann eine fantastische Rundumsicht auf die Dreitausender der Ortlergruppe. Weitere spannende Ziele von der Hütte sind die mächtige Vertainspitze und die Tschengelser Hochwand mit ihrem Klettersteig.

ES GIBT WOHL KEINEN SCHÖNEREN BLICK ZUM DREIGESTIRN ORTLER, ZEBRÙ UND KÖNIGSPITZE ALS VON DER HÜTTENTERRASSE.

HÜTTENINFO

HÖHE 2721 m TALORT Sulden (1906 m)

ZUSTIEG Von der Bergstation des Kanzelliftes auf Steig ins Zaytal und in Serpentinen bergauf zur schon lange sichtbaren Hütte.

HÖHENMETER 870 GEHZEIT 1,5 Std.

BUCHUNG www.duesseldorferhutte.com

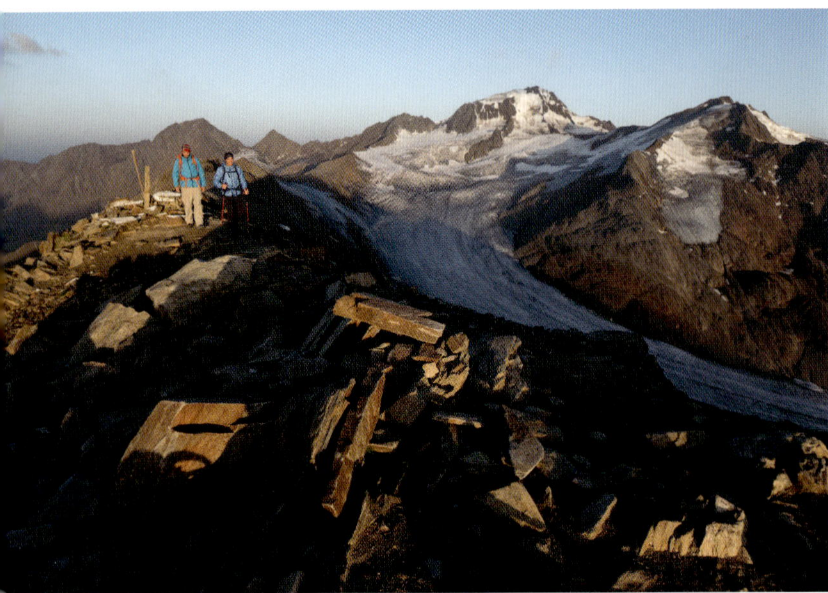

Das hintere Eis ist mit 3269 Metern ein leichter Wanderdreitausender.

WIE VIEL LUXUS EINE BERGHÜTTE BIETEN MUSS, IST EINE VIEL DISKUTIERTE FRAGE. MIT SAUNA, POOL UND HEISSEN DUSCHEN SAMT PANORAMAFENSTERN SCHAFFT DIE BELLA-VISTA-HÜTTE ABER VOLLENDETE TATSACHEN.

50 RIFUGIO BELLA VISTA

Mehr Luxus als nur schöne Aussicht

Frisch aufgewärmt, mit einem Handtuch umgeschwungen draußen sitzen und auf den nahen Gletscher blicken – wo gibt es das schon? Am Rifugio Bella Vista (auch Schöne-Aussicht-Schutzhütte genannt) bietet sich dieser Luxus in luftiger Höhe. Es gibt eine leidenschaftliche Dauerdiskussion, ob Berghütten ähnlichen Komfort wie Hotels bieten müssen. Nein, müssen sie nicht. Aber sie können. Im Fall der privat geführten Bella-Vista-Hütte, knapp hinter der italienischen Grenze in Südtirol gelegen, hat sich Chef Paul Grüner dafür entschieden.

Wer über den langen, hochalpinen, aber wenig schwierigen Weg aus dem Ötztal hierher aufsteigt, reibt sich verwundert die Augen: Nach rund fünf Stunden Anmarsch über tosendem Schmelzwasser, zwischen kargen Wiesen und über viel Fels unterhalb großer Eisflächen wartet eine andere Welt. Traut man sich anderswo kaum nach Warmwasser zu fragen, erzählt einem hier das freundliche Hüttenteam, dass die Duschen kostenlos sind. Handtücher gibt es auf dem Zimmer – auch für die Sauna vor der Tür. Und, ach ja: Sobald die Auswahl für das Vier-Gänge-Menü am Abend getroffen ist, sind alle Verpflichtungen erfüllt.

Diese gute Infrastruktur kann das Rifugio Bella Vista anbieten, weil es nahe am Schnalstaler Gletscherskigebiet liegt. Das vereinfacht die Versorgung. Natürlich gibt es daher auch einen viel schnelleren Weg zur Hütte. Doch, versprochen, das beste Erlebnis bietet der lange Anstieg aus dem Ötztal. Paul Grüner macht keinen Hehl daraus, dass das Skigebiet manche Bergsteiger abschreckt. Doch lässt sich in der Hütte nicht nur herrlich entspannen. Das Rifugio dient auch als Stützpunkt für große Hochtouren. Dazu gehören die Fineilspitze (3514 m) und die Weißkugel (3738 m), nach der Wildspitze der zweithöchste Berg der Ötztaler Alpen.

Auch Wanderer finden ein ideales Gipfelziel: Der 3269 Meter hohe Hüttenberg heißt »Im hinteren Eis« und bietet sich für eine Sonnenaufgangstour an. Die 400 Höhenmeter lassen sich gut in eineinhalb Stunden bewältigen und der Blick auf die im Morgenlicht zuerst rosa, dann orange leuchtenden Gletscher der Weißkugel und des noch immer gewaltigen Hintereisferners sind unvergesslich. Bei gutem Timing wartet nach dem Abstieg das Frühstück an der Hütte mit der schönen Aussicht.

HÜTTENINFO

HÖHE 2842 m TALORT Vent (1895 m)
ZUSTIEG Von Vent über die Rofenhöfe und das Hochjochhospiz über die Grenze nach Italien und zur Hütte.
HÖHENMETER 1150 GEHZEIT 5 Std.
BUCHUNG www.schoeneaussicht.it

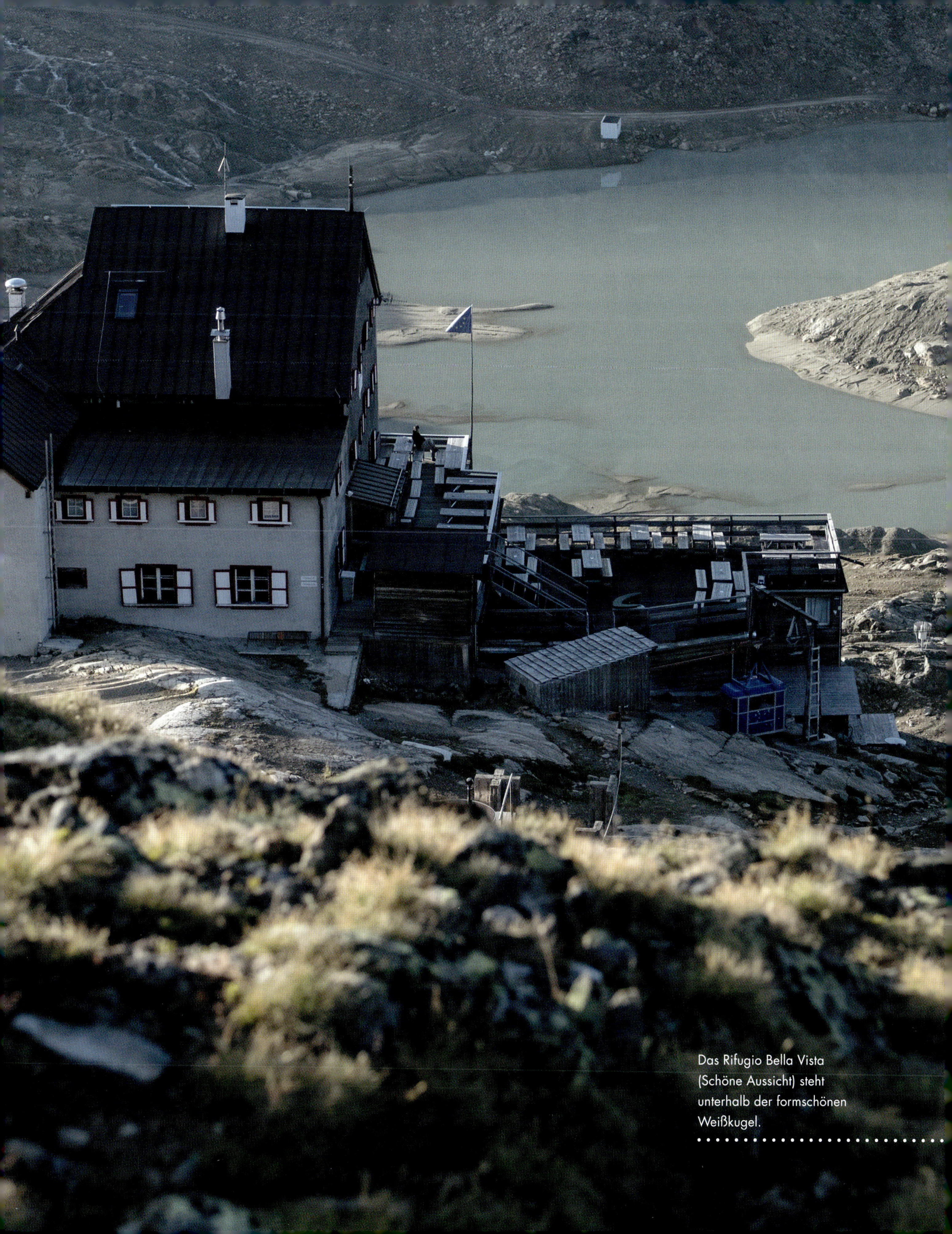

Das Rifugio Bella Vista (Schöne Aussicht) steht unterhalb der formschönen Weißkugel.

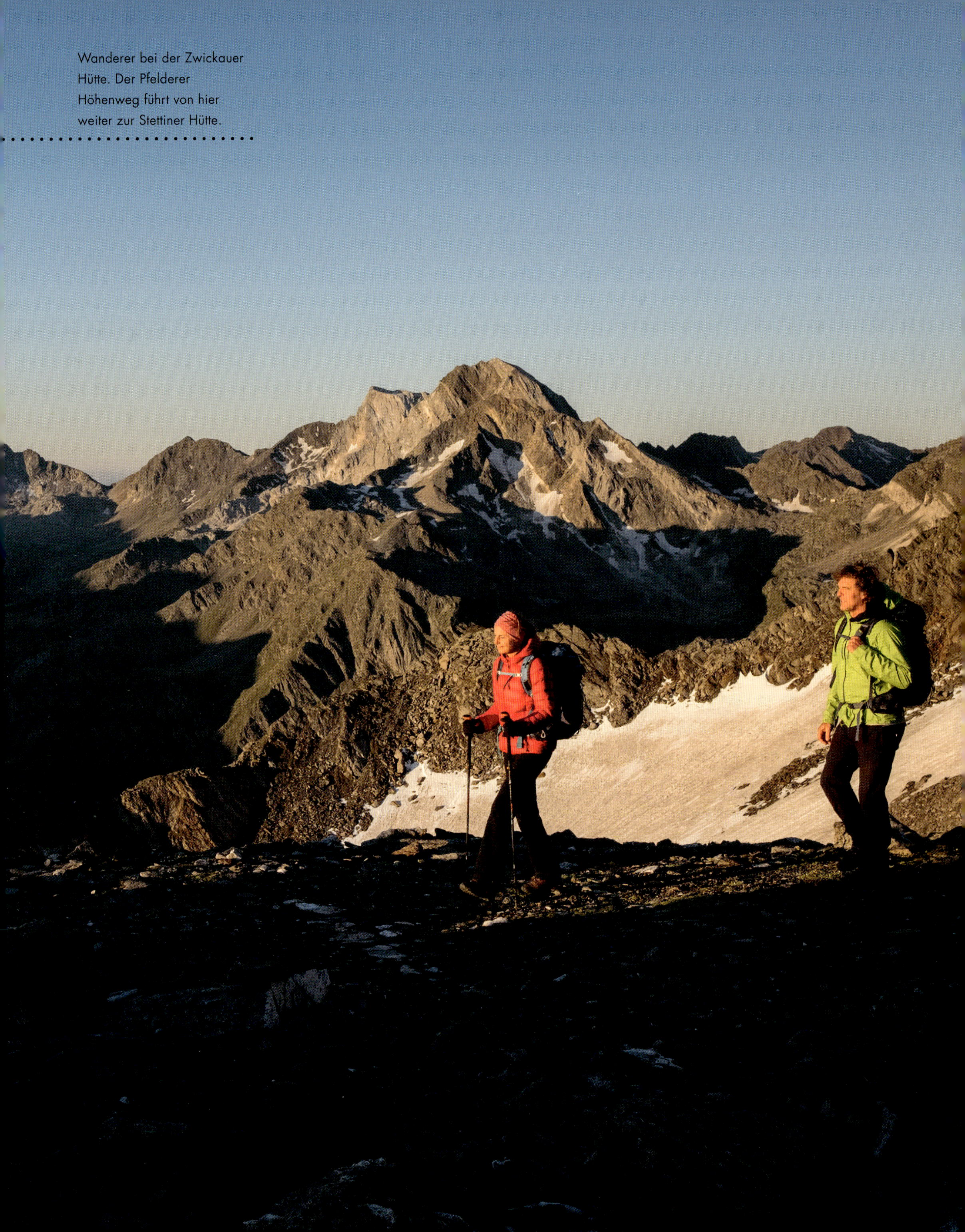

Wanderer bei der Zwickauer Hütte. Der Pfelderer Höhenweg führt von hier weiter zur Stettiner Hütte.

Die Zwickauer Hütte bietet eine großzügige Terrasse zum Rasten und Entspannen.

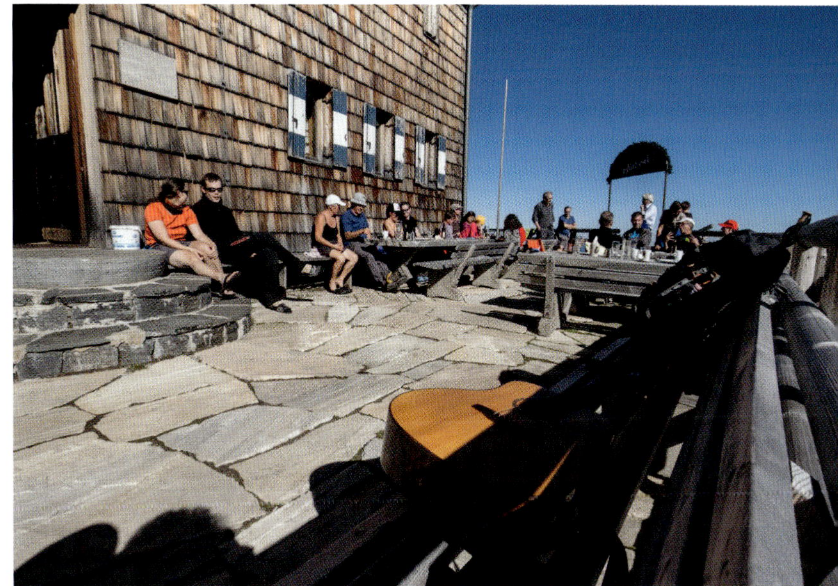

51 ZWICKAUER HÜTTE

Blues auf fast 3000 Meter Höhe

Wahrscheinlich weiß so mancher Bergwanderer besser, worauf er sich bei einer Tour zur Zwickauer Hütte einlässt, als Heinz Leitner es damals tat. Als der Finanz- und Anlageberater im Jahr 2010 Wirt dieser Südtiroler Hütte wurde, ahnte er nicht einmal, dass sie auf fast 3000 Metern Höhe liegt, wie er selbst mit einem Schmunzeln erzählt. »Ich dachte mir, was sind schon drei Monate«, erinnert er sich. Denn so lange dauert die Saison dort oben. Diese beiden Faktoren geben dem Haus das gewisse Etwas: seine Lage in eisigen Höhen – dennoch auf der Sonnenseite der Ötztaler Alpen – sowie sein Wirt.

Denn Heinz Leitner und sein ebenso freundliches Team achten darauf, die Stimmung auf der Hütte besonders angenehm zu halten und ihre Gäste mit frischen Zutaten zu bekochen. Beinahe legendär wurden mit der Zeit die Hüttenabende ohne Sperrstunde. Doch gibt es auch Bergsteiger, die am nächsten Tag früh weiterziehen wollen. Damit sie ihren wohlverdienten Schlaf bekommen, drosselt Leitner ab 22 Uhr die Lautstärke unter den Gästen deutlich. Noch mehr zum Kultfaktor trägt ohnehin der Hüttenblues bei – wenn sich Leitner und sein Kollege Günther Nogler für ein Konzert in alpinen Höhen die Gitarre schnappen.

Denn genau dort befindet sich die Hütte: zwischen Schneefeldern und Gletscherresten sowie nahe der eisigen Zunge des Planferners (weswegen die Hütte auch Planfernerhütte oder Rifugio Plan heißt).

Dennoch gelangen bergerfahrene Gäste ohne Gletscherausrüstung auf den Hüttengipfel, den Hinteren Seelenkogel (3475 m). Obwohl seine Besteigung im Internet manchmal als Spaziergang dargestellt wird, sollte niemand den Berg unterschätzen: Drahtseile gibt es nur an ganz wenigen exponierten Stellen im unteren Bereich. Oben erfordert ein teils extrem schmaler Blockgrat immer wieder leichte Klettereinlagen im ausgesetzten Gelände. Und die Höhe kann schnell für Vereisung sorgen.

NICHT NUR IHRE LAGE AUF DER SÜDTIROLER SEITE DER ÖTZTALER ALPEN UND DER GLETSCHERFREIE ZUSTIEG IN DIESE HÖHE TRAGEN ZUM REIZ UM DIE ZWICKAUER HÜTTE BEI. AUCH IHR WIRT HEINZ LEITNER FÜHRT SIE AUF SEINE GANZ EIGENE WEISE.

Das Leben und Arbeiten in einer solchen Umgebung bringt Herausforderungen mit sich, die Leitner schnell kennen und lösen lernte. Mal bereitete die Fotovoltaikanlage Probleme, mal die Wasserversorgung. Gutes Trinkwasser pumpt er mittlerweile zuverlässig aus einer Quelle und auch die Sonnenkollektoren hat der Wirt im Griff. Noch heute wandert bei schlechtem Wetter tagelang niemand zur Hütte. Doch diese Zeiten überbrückt der Bozener mit seinem Team, zu dem er eine freundschaftliche Verbindung aufgebaut hat.

HÜTTENINFO

HÖHE 2989 m TALORT Pfelders (1628 m)

ZUSTIEG Durch das Dorf Pfelders und über die Untere Schneidalm zur Zwickauer Hütte.

HÖHENMETER 1400 GEHZEIT 4 Std.

BUCHUNG www.alpenverein.de/DAV-Services/Huettensuche/Zwickauer-Huette-Rif-Plan/7204904

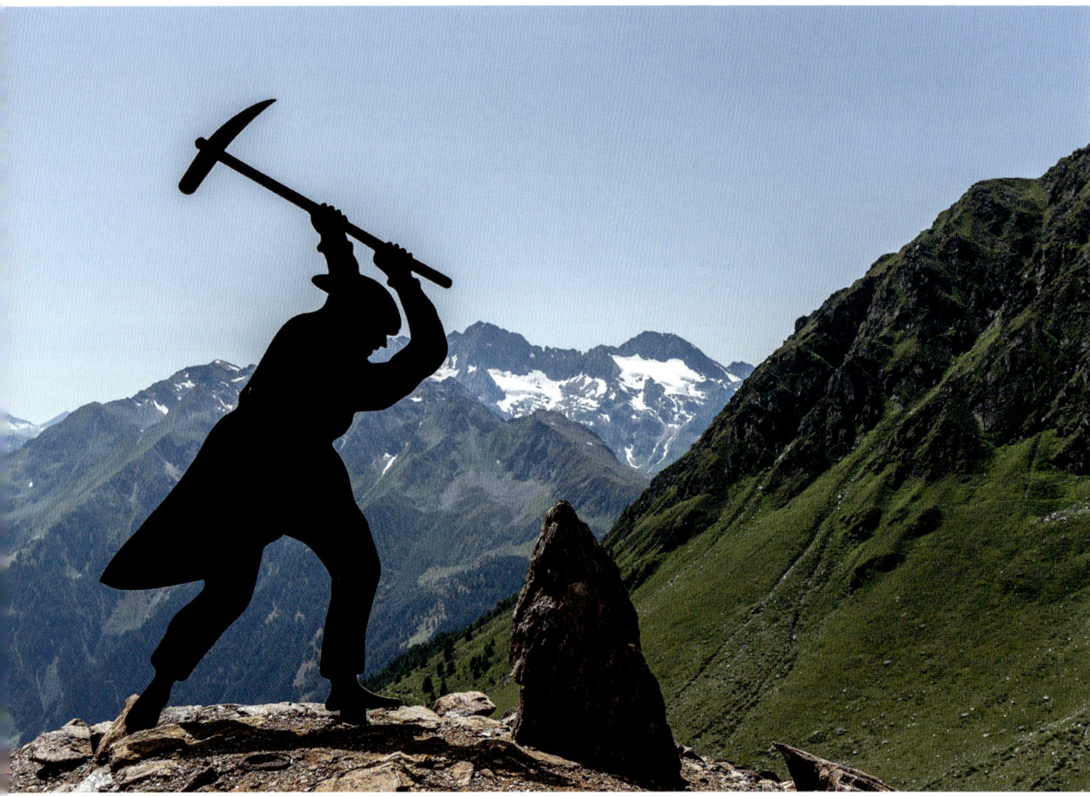

Das historische Freilichtmuseum am Schneeberg zeigt Wissenswertes über den Bergbau der Region.

52 SCHUTZHÜTTE SCHNEEBERG

Bergbau

Die Schutzhütte Schneeberg liegt im ehemaligen Bergbaugebiet des Passeiertals. Die Hütte befindet sich in dem 1995 renovierten ehemaligen Herrenhaus und Knappenwirtshaus. Bereits beim Zustieg zur Hütte kommt man an ehemaligen Anlagen des Bergbaus vorbei. Oben kann man dann auf einem der drei Erlebnispfade das historische Freilichtmuseum über den Bergbau entdecken. Für das leibliche Wohl wird natürlich auch gesorgt: Auf der Hütte gibt es bodenständige Spezialitäten aus dem Passeiertal.

HÜTTENINFO

HÖHE 2355 m TALORT Moos im Passeiertal (1007 m)
ZUSTIEG Von der Timmelsbrücke folgt man dem Steig in den Wald hinein. Diesen durchquert man und erreicht über freies Gelände leicht ansteigend Reste des Bergbaus. Über den steilen Knappenweg wandert man hinauf zur Hütte.
HÖHENMETER 625 GEHZEIT 2,5 Std.
BUCHUNG www.schneeberg.org/deutsch/schutzhuette/

53 BECHERHAUS

Weit oben

Das Becherhaus steht auf dem Gipfel des Bechers auf über 3000 Metern an der Südtiroler Seite der Stubaier Alpen. Ein langer, aber gletscherfreier Weg führt aus dem Ridnauntal zur Hütte. Hier oben kann man großartige Sonnenuntergänge und noch eine ursprüngliche Berghütte erleben. Es war schon eine tollkühne Idee der Alpenvereinssektion Hannover, auf Initiative ihres Vorsitzenden Karl Arnold, des Erstersteigers des Becherfelsens, hier oben im Jahre 1894 eine Berghütte zu erbauen.

HÜTTENINFO

HÖHE 3195 m TALORT Ridnaun (1342 m)
ZUSTIEG Von Ridnaun wandert man hinauf zum Aglsboden und folgt dem Steig unterhalb der Grohmannhütte vorbei zur Teplitzer Hütte. Es geht weiter zum Übeltalsee und teilweise gesichert zu einer Kuppe. Über versicherte Felsen steigt man hinauf zur exponiert stehenden Berghütte.
HÖHENMETER 1860 GEHZEIT 6 Std.
BUCHUNG www.becherhaus.com

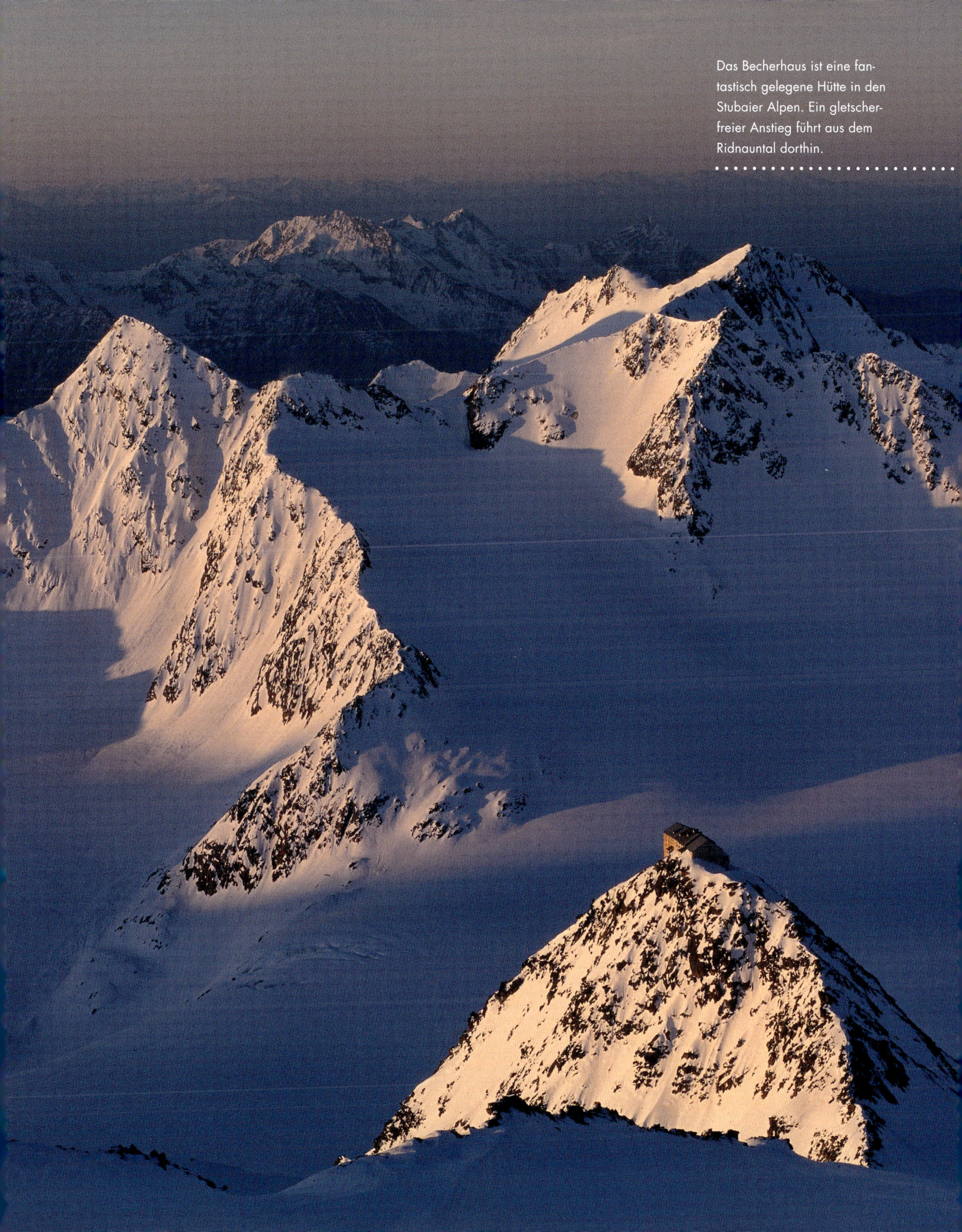

Das Becherhaus ist eine fantastisch gelegene Hütte in den Stubaier Alpen. Ein gletscherfreier Anstieg führt aus dem Ridnauntal dorthin.

Landschaftsimpressionen bei der Chemnitzer Hütte in den südlichen Zillertaler Alpen.

Die Chemnitzer Hütte
übermittelt noch das Gefühl
der guten alten Zeit ....

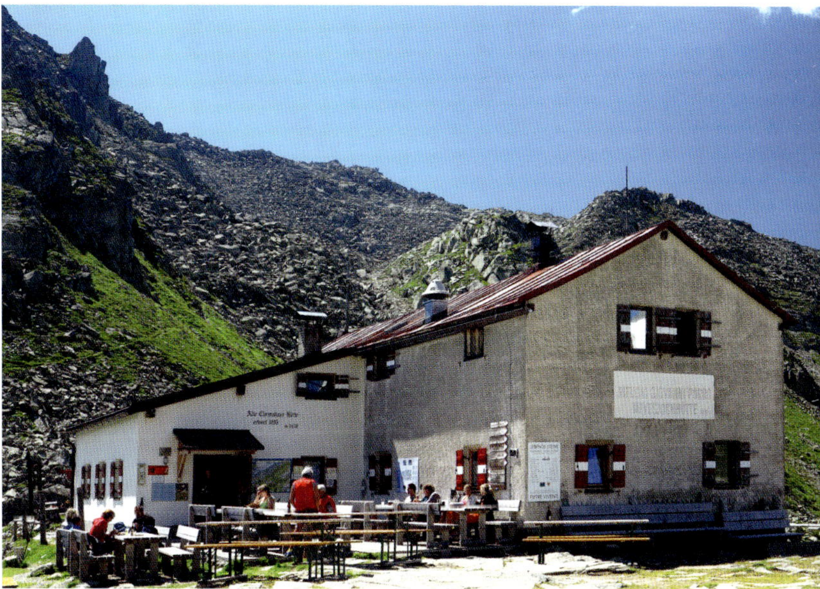

54 CHEMNITZER HÜTTE

Ein Haus mit fünf Namen

Ein bisschen etwas aus früheren Zeiten vermittelt ein Besuch der Chemnitzer Hütte an der Südseite der Zillertaler Alpen. Das liegt unter anderem an der alten Gaststube aus dem späten 19. Jahrhundert, die alle Umbauten überstand. Außerdem wurden in den vergangenen Jahren die Nachbarhäuser Edelraut- und Schwarzensteinhütte durch hochmoderne Neubauten ersetzt. Dadurch, dass das Haus bewegte Zeiten überstand, besitzt sie ungewöhnlich viele Namen – ganze fünf sind es.

Chemnitzer Hütte bezieht sich auf den Bau der Alpenvereinssektion von 1895. Als Südtirol nach dem Ersten Weltkrieg an Italien fiel, bekam sie den Namen Giovanni Porro. Auch das Nevesjoch dient als Namenspate – zweisprachig, versteht sich. Im Tal sprechen die Einheimischen noch heute von der »Herrenhütte«. Denn Bergsteigen war früher ein Privileg der reichen Herren, was sich glücklicherweise geändert hat. Die Wirtsfamilie Gruber sorgt dafür, dass sich jeder wohlfühlt. Dazu müssen einem nur gute Stimmung wichtiger sein als WLAN und Handyempfang. Knarzende Holzböden und Waschräume mit kaltem Wasser sollten für Besucher kein Makel sein, sondern zu einem Schutzhaus im Hochgebirge gehören. Doch ein wenig Luxus gibt es in Form einer warmen Dusche. Schließlich dient die Hütte als Stützpunkt für zahlreiche Touren bis hin zu mächtigen Dreitausendern.

Obwohl das Haus am Nevesjoch nicht weit weg von der Zivilisation liegt, fühlt es sich abgelegen an. Während sich am Abend Wolken vor die Gipfel schieben und die Gletscher zwischen dem Geröll weiß und grau schimmern, zieht es einen in den warmen Bau. Drinnen, bei Familie Gruber, warten nette Gespräche. Vater Roland, Mutter Anna, Tochter Isabella sowie die Söhne Jonas und Arnold verbringen die Sommer von Juni bis Oktober hier oben. Nur Roland und die älteste Tochter Natascha, eine Geologin, verbringen auch im Sommer mal einen Tag im Tal. Der Rest der Familie lebt in dieser Zeit zwischen Murmeltieren und höchst interessanten geologischen Strukturen. Im Gegensatz zu vielen anderen Hüttenwirten haben die Grubers dadurch auch mal Zeit für eine Bergtour. Und an heißen Tagen wandern sie vielleicht über Geröllhänge zum Baden im Tristensee auf 2344 Meter Höhe. Dieser liegt am Kellerbauerweg, der vom Skigebiet am Speikboden zur Hütte mit dem Gute-alte-Zeit-Gefühl führt.

DIE WIRTSFAMILIE GRUBER BETREIBT DIE CHEMNITZER HÜTTE GEMEINSAM. MUTTER, VATER UND AUCH DIE ERWACHSENEN KINDER HELFEN KRÄFTIG MIT UND SCHAFFEN SO EINE WOHLFÜHLATMOSPHÄRE.

HÜTTENINFO

HÖHE 2420 m TALORT Lappach (1436 m)
ZUSTIEG Kürzester Anstieg vom Parkplatz am Neves-Stausee über die Obere Nevesalm zur Hütte. Weitere lohnende Anstiege über Kellerbauerweg oder von Weißenbach.
HÖHENMETER 560 GEHZEIT 1,5 Std.
BUCHUNG www.chemnitzerhuette.com

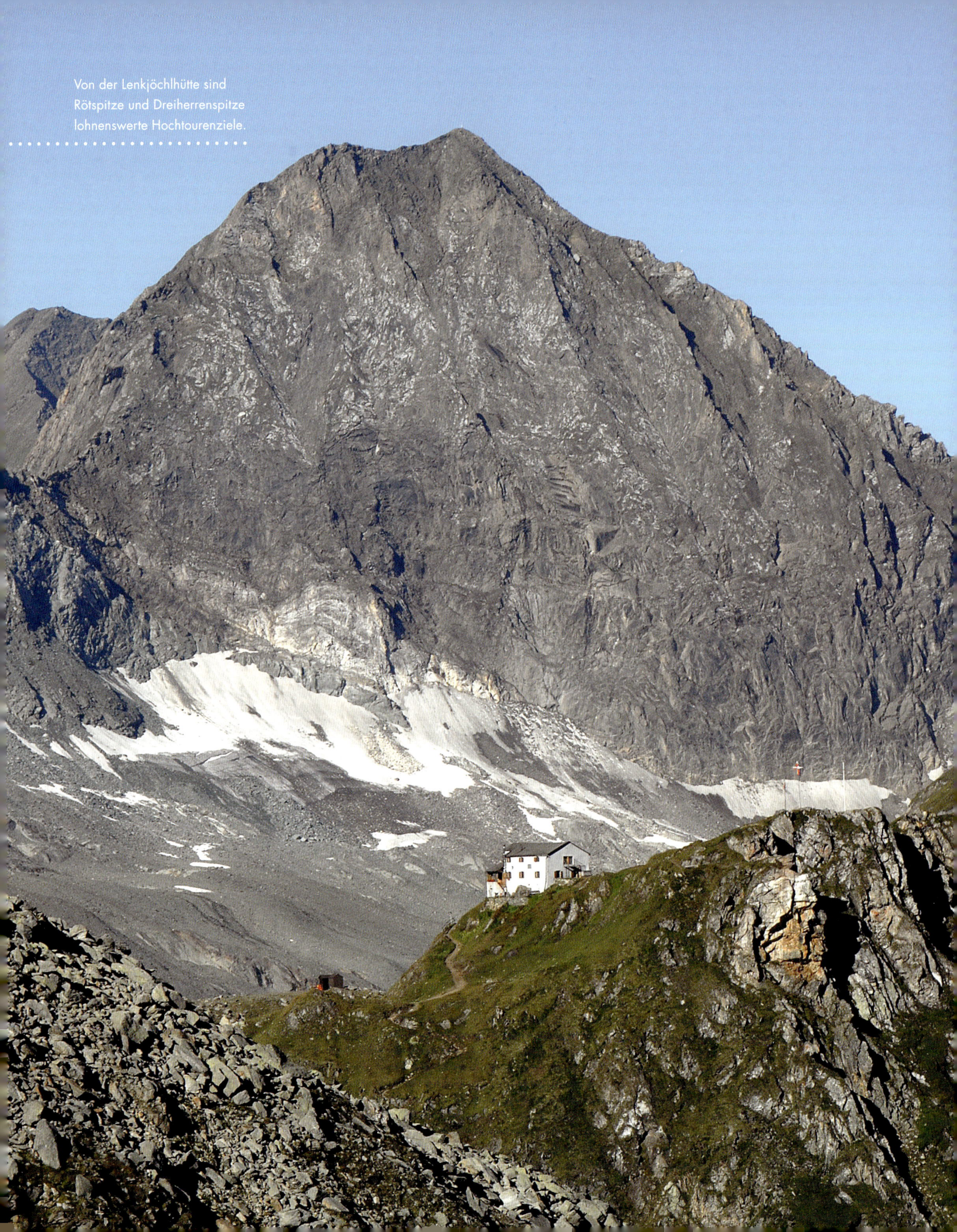

Von der Lenkjöchlhütte sind Rötspitze und Dreiherrenspitze lohnenswerte Hochtourenziele.

Die Rötalm ist ein schöner Rastplatz am Weg zur Lenkjöchlhütte.

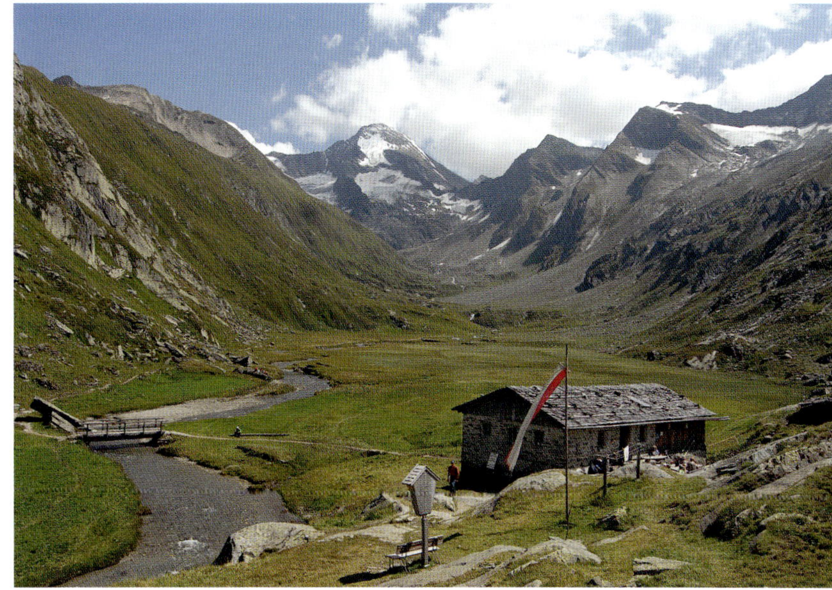

55 LENKJÖCHLHÜTTE Dreitausendernähe

Die Lenkjöchlhütte befindet sich im hintersten Ahrntal. Die Hütte wurde 1887 von der Sektion Leipzig des Deutschen und Österreichischen Alpenvereins eingeweiht. Nach zwei Umbauten wegen stetig steigender Besucherzahlen brach der Erste Weltkrieg aus und die Hütte wurde durch den italienischen Staat enteignet. In den Folgejahren wurde sie vom CAI Bruneck betreut. Mittlerweile gehört das Schutzhaus dem Land Südtirol, von dem es verwaltet wird. Die Hütte liegt auf einem freien Platz am Übergang zwischen Wind- und Röttal und ist vor allem wegen der beiden berühmten Gletschergipfel Dreiherrenspitze und Rötspitze sehr beliebt. Als besonderen Leckerbissen bietet uns die Hütte einen großartigen Wanderdreitausender an, den Ahrner Kopf. Wem die gesamte Tour dorthin an einem Tag zu lang ist, der übernachtet in der gemütlichen Hütte und startet am nächsten Morgen in aller Ruhe zur Gipfelbesteigung.

Dafür geht man von der Hütte ein paar Meter bergab, bis nach links der Weg ins Windtal abzweigt. Hier beginnt auch der Weg zum Ahrner Kopf und zum Umbaltörl, in den wir nach rechts einbiegen. Wir queren gemütlich die Hänge und Kare, bis der Weg wieder deutlich ansteigt. So kommen wir zu einer weiteren Wegverzweigung. Der rechts abbiegende Steig führt hinauf zum Umbaltörl und ins Umbaltal auf Osttiroler Seite. Wir entscheiden uns für den linken Steig, der uns bis unter die Westflanke des Ahrner Kopfes bringt. Hier biegt nach rechts der markierte Gipfelanstieg ab. Über die Flanke steigen wir schnaufend über Blockgelände steil hinauf zum Gipfel des Ahrner Kopfes.

Von dort bietet sich eine wunderschöne Aussicht. Vor allem die beiden Nachbarn Dreiherrenspitze und Rötspitze präsentieren sich uns sehr eindrucksvoll. Die Rötspitze punktet mit ihrer schönen Gipfelform. Aber nicht nur diese beiden Gipfel können wir erspähen. Auch die anderen Gipfel des Zillertaler Hauptkammes über dem Ahrntal und die Gipfel über dem Virgental ziehen unsere Blicke auf sich. Der Ahrner Kopf ist wirklich ein sehr schöner, relativ leicht erreichbarer Aussichtsdreitausender. Deshalb hat er sich in den letzten Jahren zu einem der beliebtesten Ziele im hinteren Ahrntal entwickelt. Natürlich darf auf einem so grandiosen Panoramagipfel ein Gipfelkreuz nicht fehlen.

MIT DEM AHRNER KOPF FINDET MAN OBERHALB DER HÜTTE EINEN TOLLEN WANDERDREITAUSENDER.

HÜTTENINFO

HÖHE 2603 m TALORT Kasern (1595 m)

ZUSTIEG Von Kasern zum Rotkreuz und weiter vorbei an der Rötalm in das Röttal. Am Ende geht es steiler hinauf zur Hütte am Lenkjöchl.

HÖHENMETER 1000 GEHZEIT 3 Std.

BUCHUNG www.lenkl.com

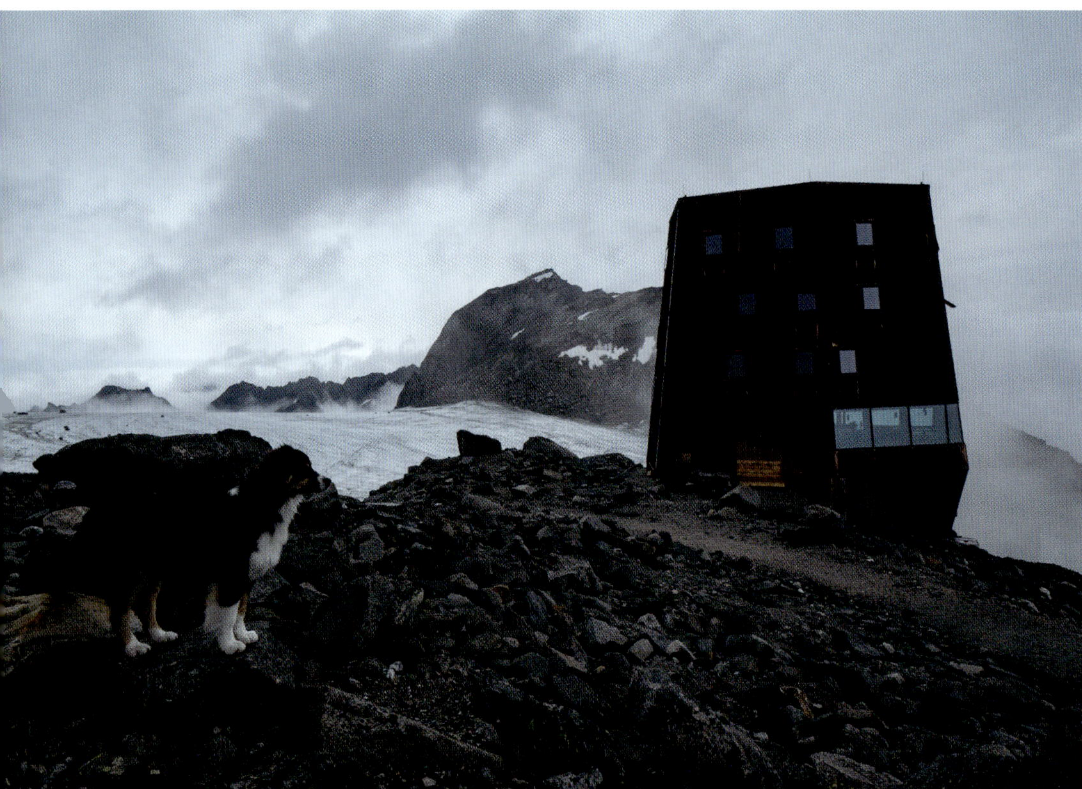

Der Neubau der Schwarzensteinhütte passt zum Namen der Hütte.

56 SCHWARZENSTEINHÜTTE

Monolith auf über 3000 Metern Höhe

Sie liegt so weit oben, dass sich bereits während des Aufstiegs die dünnere Luft beim Atmen bemerkbar macht: die Schwarzensteinhütte über dem Tauferer Ahrntal in Südtirol. Der Weg dorthin erinnert schon an eine Hochtour, geht es doch über den »Gletscherweg«, der gut mit Drahtseilen gesichert ist. Ewiges Eis gibt es dort zwar nur noch wenig, doch die meiste Zeit des Jahres liegt Schnee. Auf 3026 Metern Höhe angekommen, bietet die moderne Hütte in Form eines chromfarbenen Monolithen viele Annehmlichkeiten und Hochtourenmöglichkeiten wie auf den Schwarzenstein (3369 m).

HÜTTENINFO

HÖHE 3026 m TALORT St. Johann im Ahrntal (1017 m)
ZUSTIEG Über steile Forststraße zur Daimeralm. Weiter auf dem ausgeschilderten hochalpinen Lehrpfad zum sogenannten Gletscherweg und über dessen klettersteigähnliche Passagen zur Hütte.
HÖHENMETER 1560 GEHZEIT 4,5 Std.
BUCHUNG www.schwarzensteinhuette.com

57 RIESERFERNERHÜTTE

Hoch, weitab und in der alpinen Wüste

Wirt Gottfried Leitgeb sagt es selbst: »Die Hütte liegt hoch, von allem weit entfernt und auch ein bisschen in der Wüste. Aber die Wüste lebt.« Die Rieserfernerhütte über dem Antholzer Tal in Südtirol ist ein echtes Bergsteigerziel. Die Wege zu ihr sind zwar nicht schwer, aber weit, und oben macht sich das Wetter schnell mal in Form eisiger Kälte bemerkbar. Das Steinhaus passt sich gut in die riesenhafte Landschaft ein und hat mit seinem Wirt ein echtes Original zu bieten: Leitgeb hat sein Leben den Alpen, der Hütte und der Bergrettung verschrieben. Nahe der Schutzhütte fand Leitgeb mehrere hallstattzeitliche Gewebereste, den sogenannten Rieserfernerfund.

HÜTTENINFO

HÖHE 2791 m TALORT Antholz (1241 m)
ZUSTIEG Von den Egger Höfen auf breitem Forstweg an der Bergeralm vorbei und auf einer Brücke über den Klammbach. Dann steil bergauf zur Hütte.
HÖHENMETER 1450 GEHZEIT 4,5 Std.
BUCHUNG www.rieserfernerhuette.it

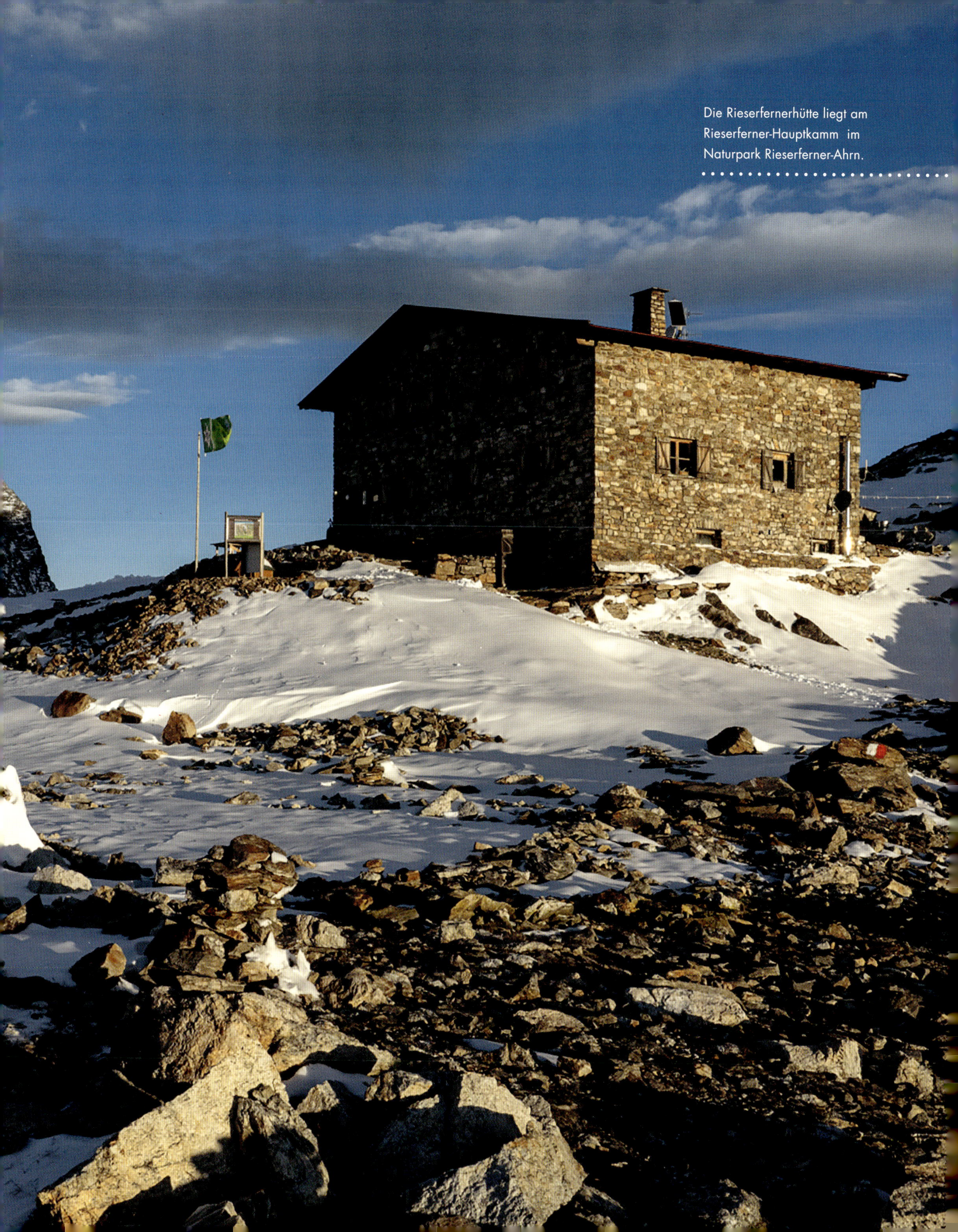

Die Rieserfernerhütte liegt am Rieserferner-Hauptkamm im Naturpark Rieserferner-Ahrn.

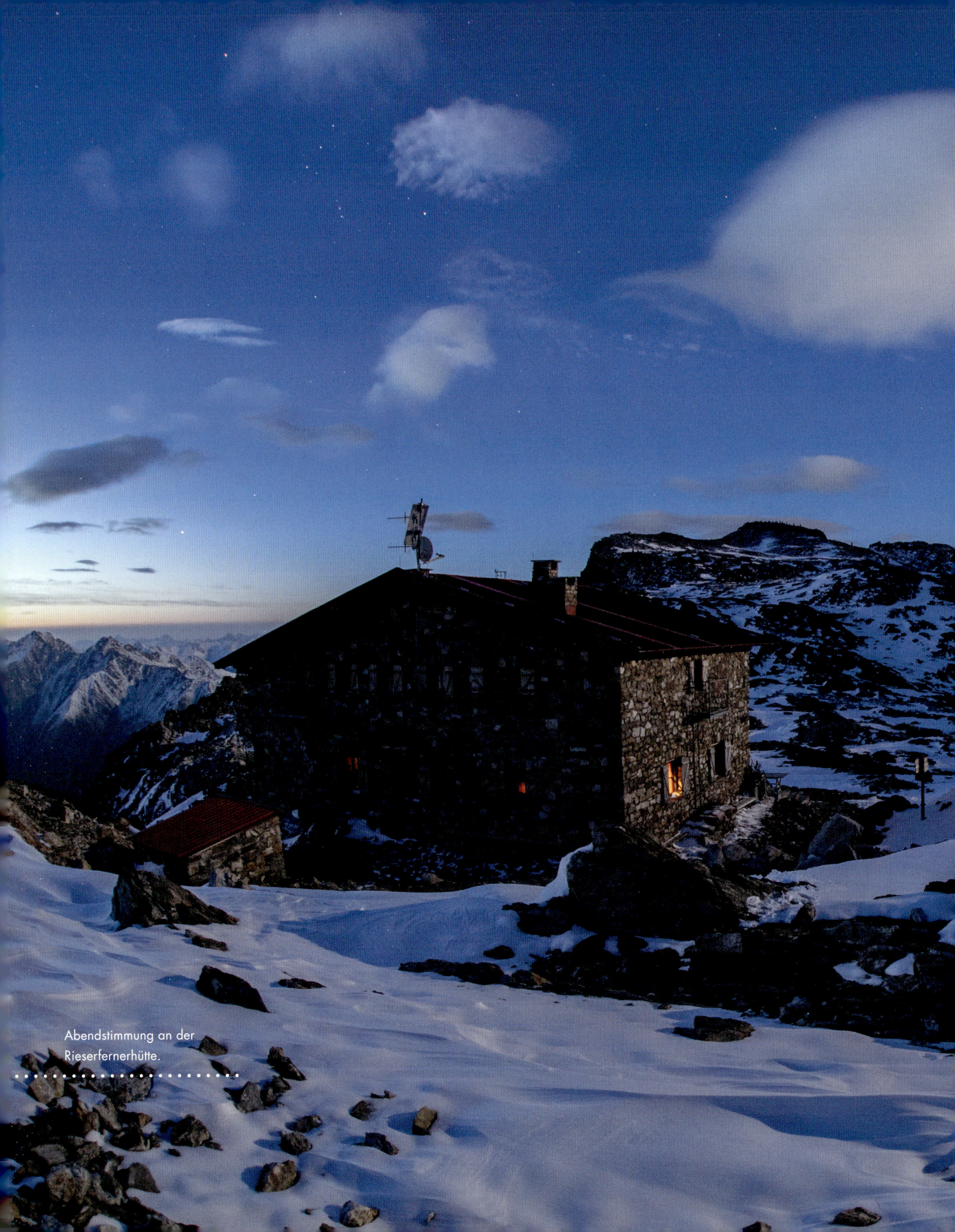

Abendstimmung an der Rieserfernerhütte.

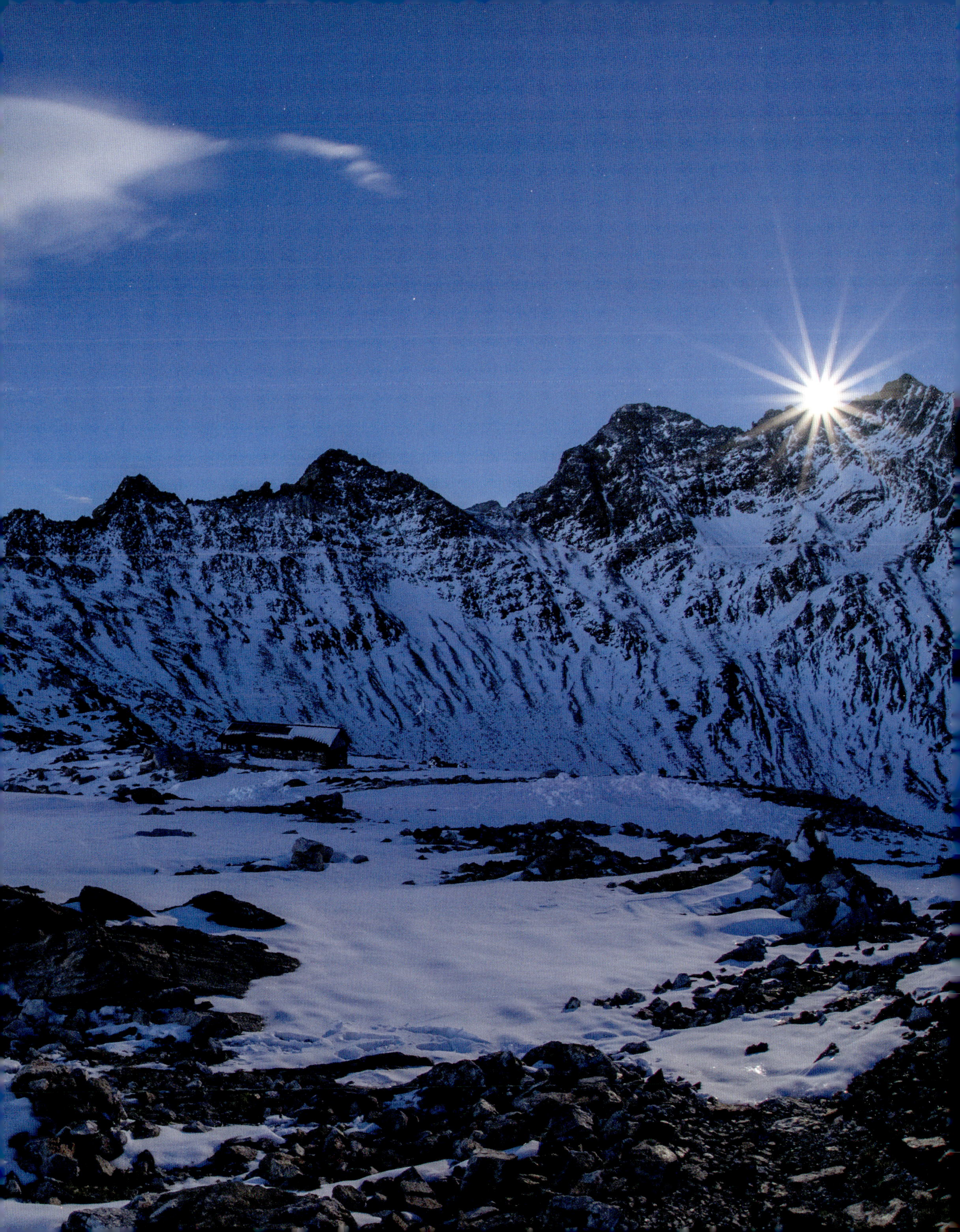

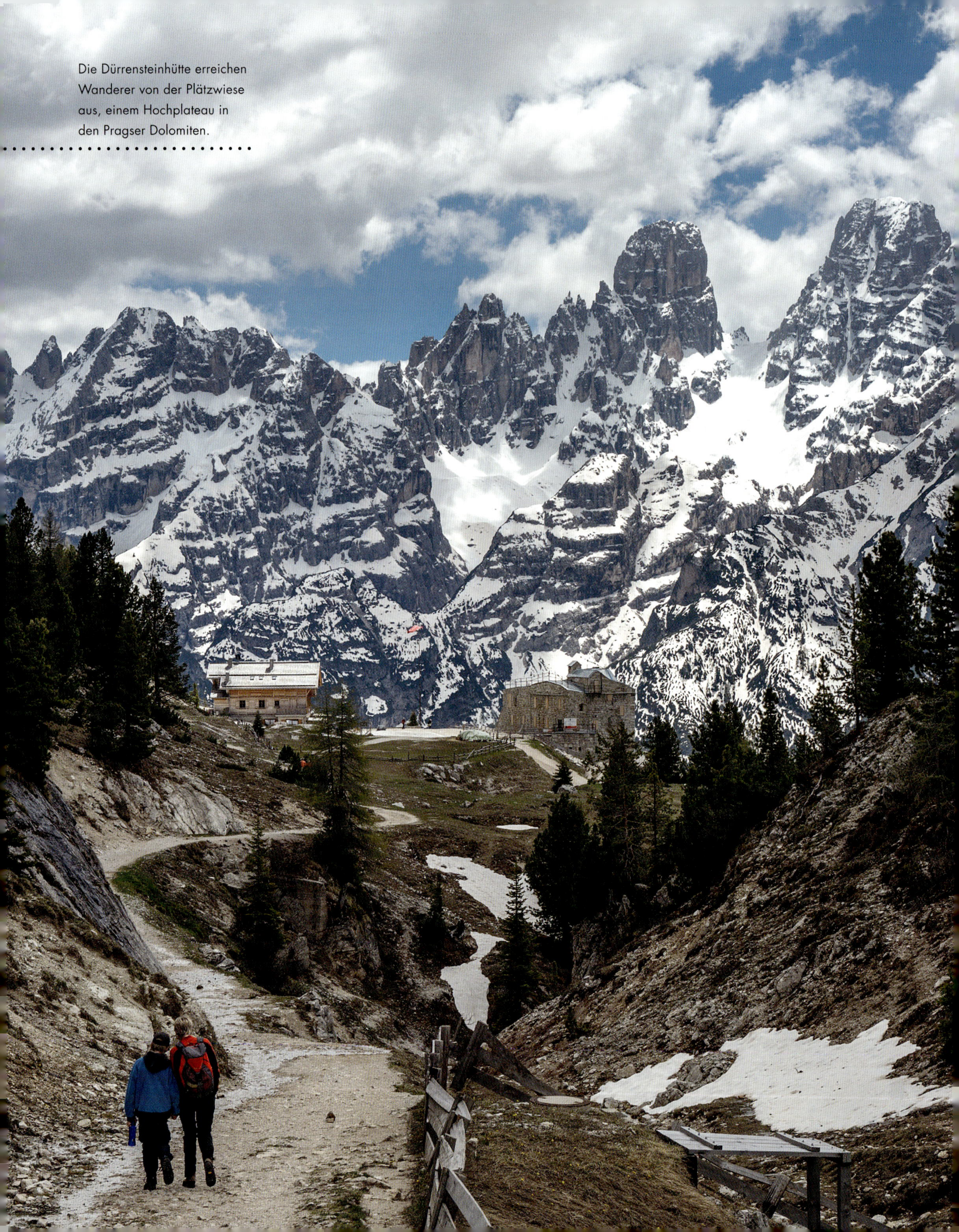

Die Dürrensteinhütte erreichen Wanderer von der Plätzwiese aus, einem Hochplateau in den Pragser Dolomiten.

Nur ein kurzer Hüttenweg ist es zur Dürrensteinhütte.

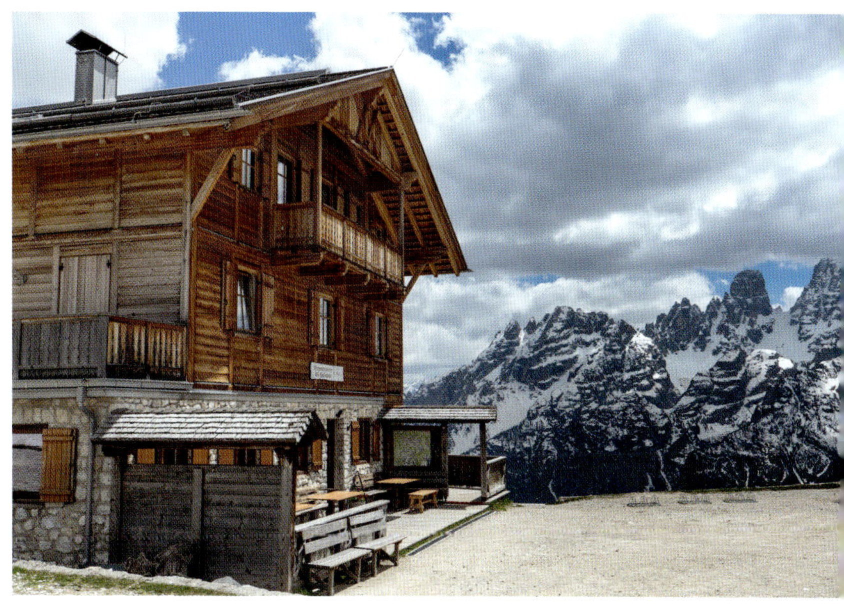

58 DÜRRENSTEINHÜTTE Einfach

Kurz und leicht ist der Weg zur Dürrensteinhütte. Trotzdem befinden wir uns mitten in einer großartigen Landschaft: Die Hütte liegt am Rande der Plätzwiese, einem Hochplateau am Fuße des mächtigen Dürrensteins. In der Nähe der Hütte befindet sich das Sperrwerk Plätzwiese. Es wurde von 1889 bis 1894 zur Sicherung des Höhlensteintals erbaut. Hiermit sollte ein Zugang zum Pustertal aus dem Becken von Cortina d'Ampezzo verhindert werden. Es war allerdings nicht gebirgsgeschützsicher, weshalb ein Ersatzbau angedacht war, der nie verwirklicht wurde. Heute steht das Gebäude unter Denkmalschutz.

Die Dürrensteinhütte selbst wurde 1968 erbaut. Dabei wurde eine Bombe aus dem Ersten Weltkrieg gefunden. Die Hütte wurde ab 1972 von Ferdinand und Maria Mair gepachtet und 1987 gekauft. Im Jahre 2002 wurde die Hütte umfassend modernisiert und wird heute von Elisabeth Ferdick bewirtschaftet.

Vom Parkplatz an der Plätzwiese, den wir vom Pustertal auf schmaler Bergstraße erreichen, wandern wir in etwas mehr als einer halben Stunde hinüber zur Dürrensteinhütte.

Hüttengipfel der Dürrensteinhütte ist der Strudelkopf. Nicht einmal 300 Höhenmeter sind es zum Gipfelkreuz. Nach dem kurzen Hüttenzustieg ist ein Besuch dieses Panoramagipfels unbedingt noch zu empfehlen. Hierfür wandern wir auf dem breiten Schotterweg mit der Nr. 34 zum Strudelkopfsattel und weiter über leichtes Gelände zum Gipfel auf den Strudelkopf. Bereits während des gesamten Anstieges haben wir eine großartige Aussicht auf die mächtige Hohe Gaisl. Hier oben am Gipfel ist die Aussicht noch umfassender als von der Hütte: Wir erblicken die Drei Zinnen, den Monte Cristallo und die Tofanen. Kaum irgendwo bekommt man so viel Aussicht für so wenig Anstrengung. Noch eindrucksvoller ist der Dürrenstein, ein markanter Felsgipfel in den Pragser Dolomiten und dadurch ein wunderbarer Aussichtsgipfel. Der Anstieg ist an einer Stelle versichert und erfordert hier etwas Vorsicht. Wir können den Gipfel direkt von der Plätzwiese angehen. Der Pfad steigt steil und direkt zum Gipfel an. Beim Abstieg machen wir dann den Abstecher zur Dürrensteinhütte und gönnen uns noch eine gemütliche Einkehr auf der sonnigen Terrasse. Der Rückweg zum Parkplatz ist dann wieder schnell absolviert.

EIN KURZER ZUSTIEG UND SCHON STEHT MAN MITTEN IN IN EINER GROßARTIGEN LANDSCHAFT – AN DER DÜRRENSTEINHÜTTE.

HÜTTENINFO

HÖHE 2040 m TALORT Prags (1213 m)

ZUSTIEG Vom Parkplatz an der Plätzwiese wandert man auf breitem Schotterweg zur Hütte.

HÖHENMETER 50 GEHZEIT 45 Min.

BUCHUNG www.vallandro.it

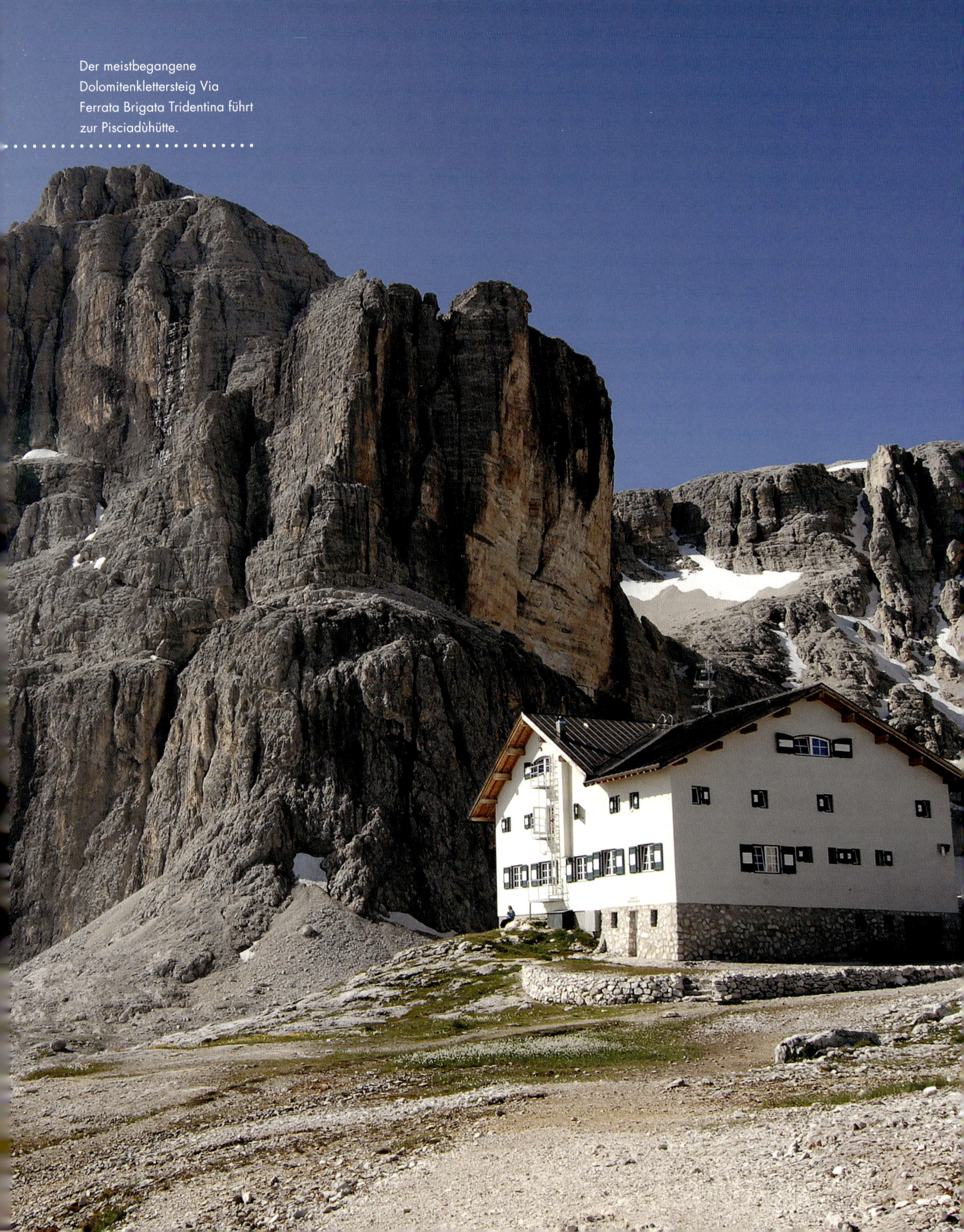

Der meistbegangene Dolomitenklettersteig Via Ferrata Brigata Tridentina führt zur Pisciadùhütte.

Die Pisciadùhütte liegt am gleichnamigen See, der mit seiner türkisblauen Farbe einen bunten Tupfer im grauen Gestein bildet.

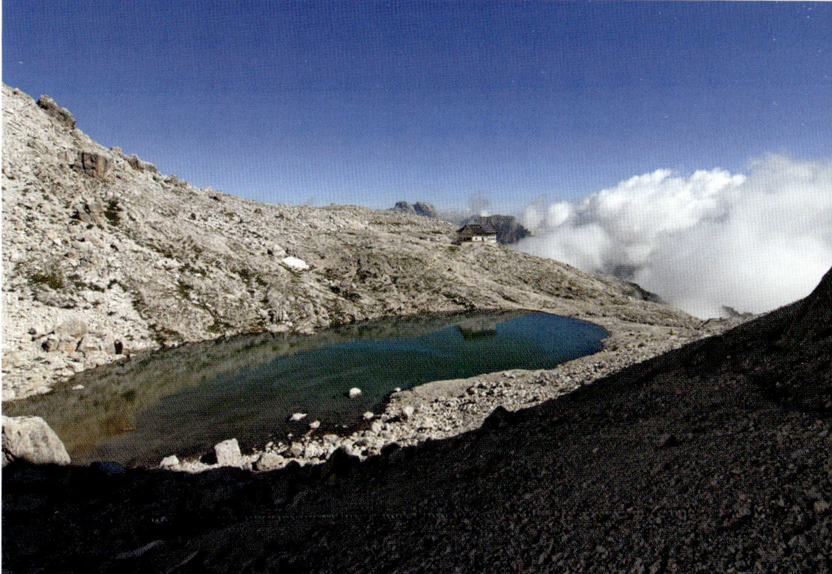

59 PISCIADÙHÜTTE

Klettersteige

Wunderschön liegt die Pisciadùhütte am türkisblauen Pisciadùsee. Beliebt ist die Hütte vor allem bei Klettersteiggehern, denn die Via Ferrata Brigata Tridentina endet direkt in Hüttennähe. Ein Traum ist auch die Durchwanderung des Sellastockes zum Rifugio Boè.

Die Pisciadùhütte wurde 1902 von der Sektion Bamberg des Deutschen und Österreichischen Alpenvereins erbaut, die ihr Arbeitsgebiet in der Sellagruppe hatte. Die Hütte gehört heute der Sektion Bologna des CAI und wurde inzwischen mehrmals ausgebaut. Das Hüttenumfeld ist ziemlich karg, fast wie eine Mondlandschaft. Farbtupfer in der Umgebung ist der kleine See nah bei der Hütte.

Der Standard-Hüttenzustieg zur Pisciadùhütte erfolgt durch das Val Setus. Vom Grödner Joch wandert man unter den Felsen hindurch in das Tal hinein. Es ist ziemlich steil und noch dazu ziemlich tief eingeschnitten. Durch dieses steigt man aufwärts; über eine Felsstufe hilft den Wanderern ein Drahtseil hinweg, bis man auf das Ringband der Sella gelangt. An einer Wegverzweigung wendet man sich nach links und spaziert kurz hinunter zum Rifugio Pisciadù, das eine wunderschöne Aussicht bietet.

Der bekannteste Zustieg erfolgt aber über die Via ferrata Brigata Tridentina, auch Pisciadù-Klettersteig genannt. Er ist mit Sicherheit der meistbegangene Klettersteig der Dolomiten. Das liegt am kurzen Zustieg, den spektakulären, aber nicht übermäßig schweren Passagen, der Hängebrücke und der bewirtschafteten Hütte. Vom Parkplatz wandern wir hinüber zur Einstiegswand, die wir mithilfe von Eisenklammern bezwingen. Nach einer langen Linksquerung gehen wir nach rechts hinauf zu den nächsten Versicherungen rechts vom Unteren Pisciadùfall. Über einen gestuften Grat kraxeln wir nach links zu einem Rastplatz und weiter nach rechts zum Oberen Pisciadùfall. Auf Höhe des Wasserfalls wird das Gelände steiler, Eisenklammern helfen uns hier hinauf. Nach einer ausgesetzten Querung erreichen wir wieder den Wasserfall und steigen vor diesem über leichteres Gelände nach rechts zum Notausstieg. Nun erwarten uns die spektakulären Stellen am Exnerturm. Über teilweise leicht überhängende Klammern und eine Leiter kraxeln wir auf einen Absatz. Hinter dem Turm erreichen wir die berühmte Hängebrücke, die uns über eine tiefe Schlucht bringt. Schon stehen wir am Ziel, der toll gelegenen Pisciadùhütte.

NICHT NUR BEI KLETTERSTEIGGEHERN IST DIE HÜTTE BELIEBT – DIE LANDSCHAFT BEGEISTERT EINFACH.

HÜTTENINFO

HÖHE 2585 m TALORT Corvara (1568 m)

ZUSTIEG Vom Grödner Joch auf einfachem Wanderweg zum Beginn des Val Setus. Über Schotter und leichten Fels geht es in das Tal hinein. Der Anstieg zum Hochplateau ist mit Drahtseilen gesichert. Oben angekommen, ist es nicht mehr weit bis zur Hütte.

HÖHENMETER 580 GEHZEIT 1,5 Std.

BUCHUNG www.rifugiopisciadu.it/de.html

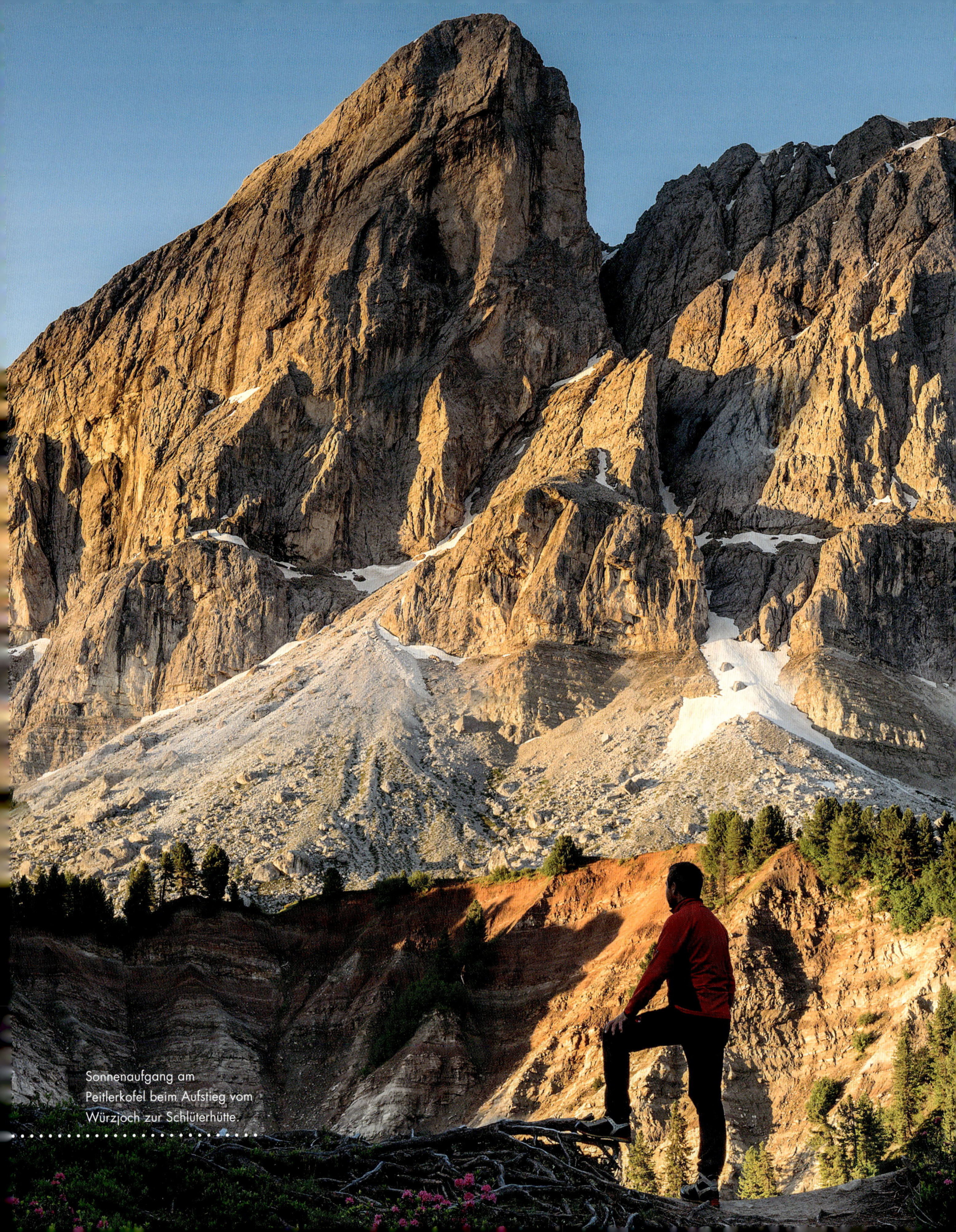

Sonnenaufgang am Peitlerkofel beim Aufstieg vom Würzjoch zur Schlüterhütte.

Die Schlüterhütte liegt auf Almwiesen zwischen Geislergruppe und Peitlerkofel im Naturpark Puez-Geisler.

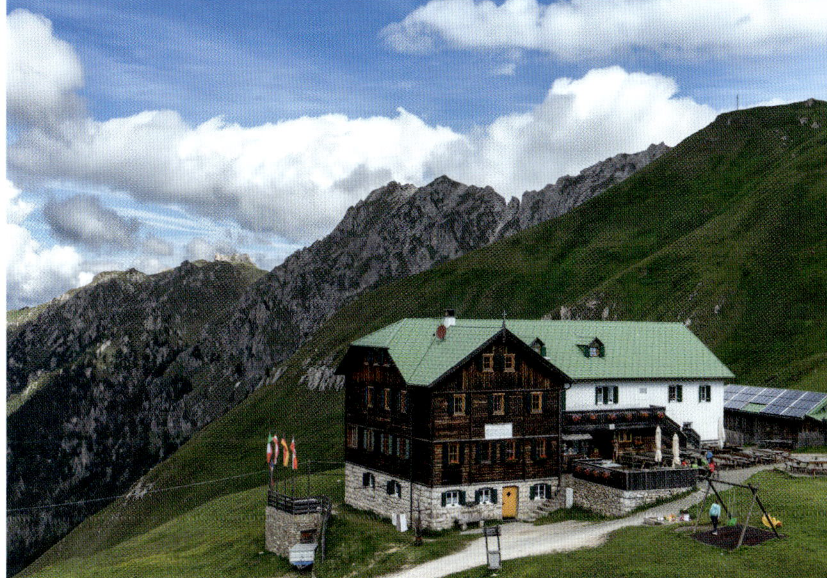

60 SCHLÜTERHÜTTE Am Peitlerkofel

Die Schlüterhütte steht seit über 100 Jahren zwischen dem Villnösstal und dem Campilltal am Fuße des Peitlerkofels. Bereits 1898 wurde sie von dem Dresdner Kaufmann Franz Schlüter erbaut, der sie anschließend der Alpenvereinssektion Dresden schenkte. Heute gehört sie dem Land Südtirol.

Zur Hütte gibt es zwei Zustiegswege: von Westen aus dem Villnösstal, von Osten aus dem Campilltal. Aus dem Villnösstal parken wir an der Zanseralm und wandern gleich über den Kasserillbach. Der Weg taucht in den Wald ein und erreicht dann wieder freies Gelände an der Gampenwiese. Wir überqueren den Bach und wandern auf dem Steig über die Gampenwiese bis zur Gampenalm. Von der Alm spazieren wir in nordöstlicher Richtung über die Almwiesen zur Schlüterhütte.

Der Zustieg vom Campilltal beginnt am Parkplatz Pares. Wir wandern durch das Mühlental bergauf bis zu einer Wegverzweigung, gehen hier nach links und folgen dem Weg aufwärts. Dieser bringt uns zu einem freien Rücken, über den wir das Kreuzkofeljoch und die nebenan gelegene Hütte erreichen.

Ist man schon einmal auf der Hütte und verfügt über entsprechende Trittsicherheit, empfiehlt sich der Anstieg auf den Peitlerkofel. Von der Hütte wandern wir zur Kreuzkofelscharte und auf dem Höhenweg hinüber in die Peitlerscharte. Der Steig windet sich in steilen Serpentinen bergauf zu den Gipfelfelsen. Über einen leichten Klettersteig gelangen wir auf den aussichtsreichen Gipfel.

Man kann den Peitlerkofel nicht nur besteigen, sondern auch umrunden. Startpunkt ist das Würzjoch. Auf einer Schotterstraße gelangen wir zur Alm Munt de Fornella. Hier nehmen wir den rechten Fahrweg, der bald in einen Steig übergeht und sich unter der Westflanke des Peitlerkofels hindurchzieht. Wir erreichen eine Schlucht, durch die wir in die Peitlerscharte ansteigen. Von der Scharte unternehmen wir einen Abstecher zur Schlüterhütte für eine Einkehr. Wir müssen dann auch nicht mehr zurück zur Peitlerscharte, sondern können unter der Scharte durchqueren. Wir gelangen an eine Fahrstraße und auf ihr zur Ütia Vaciara. Wenig später biegen wir nach links ab und steigen hinauf zum Gömajoch. Hier wendet sich unser Weg nach links und bringt uns hinunter zur Ütia Göma. Durch ein Waldstück wandern wir zur Wegteilung an der Munt de Fornella und zurück zum Würzjoch.

DER PEITLERKOFEL ÜBERRAGT DIE HÜTTE UND IST EIN BEGEHRTES ZIEL IN DER REGION.

HÜTTENINFO

HÖHE 2297 m TALORT Villnöss (1132 m)

ZUSTIEG Von der Zanseralm im Villnösstal zur Gampenalm und über Almwiesen zur Schlüterhütte. Vom Parkplatz Pares aus dem Campilltal über das Mühlental zum Kreuzkofeljoch und weiter zur Hütte.

HÖHENMETER 630 GEHZEIT 2,5 Std.

BUCHUNG www.schlueterhuette.com

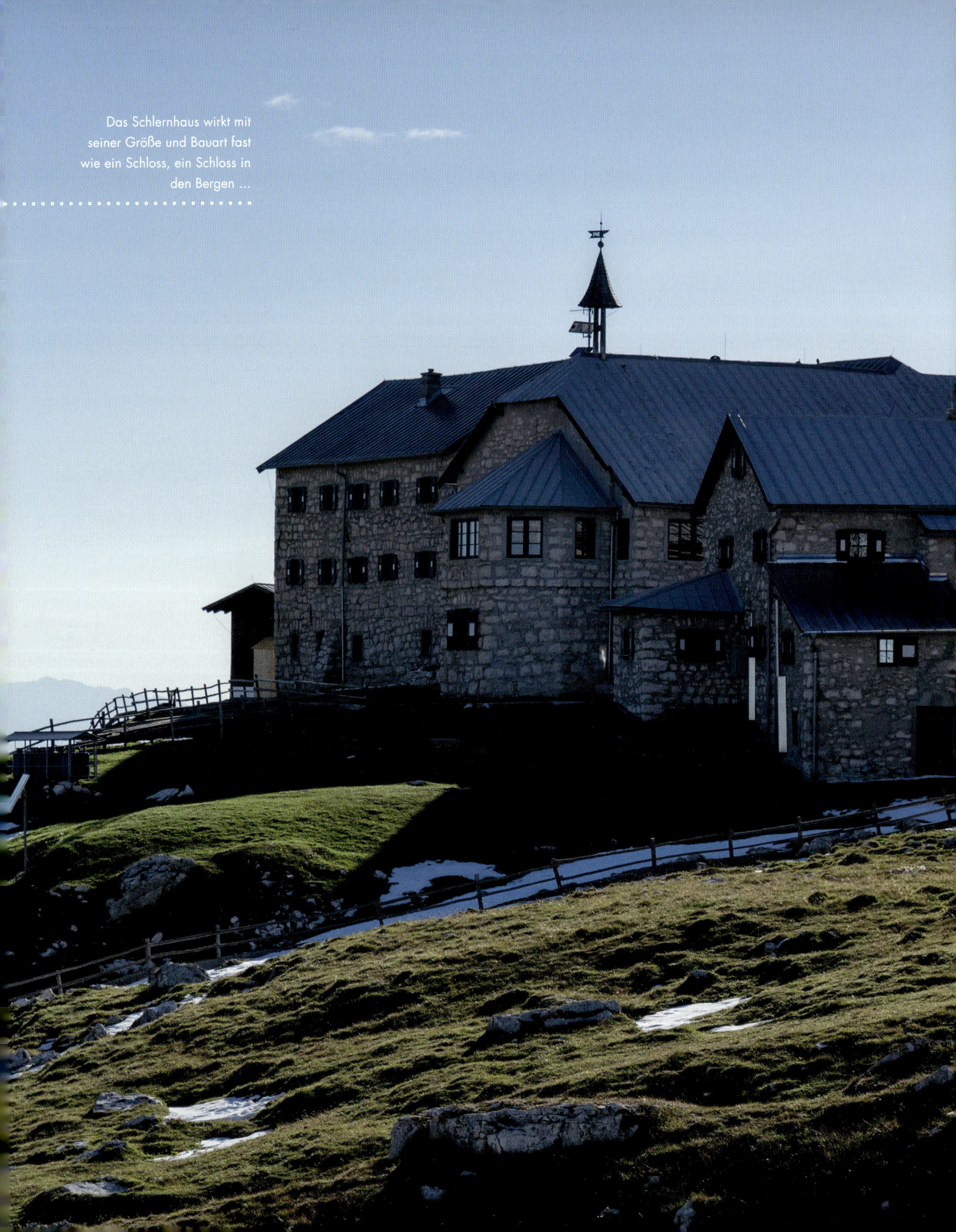

Das Schlernhaus wirkt mit seiner Größe und Bauart fast wie ein Schloss, ein Schloss in den Bergen …

61 SCHLERNHAUS

Der beste Blick auf den Rosengarten

Die Lage dieser Hütte hat etwas Paradiesisches. Auf sanften Wiesen liegt das Schlernhaus, doch gegenüber ragen die weltberühmten Türme des Rosengartenmassivs und der Latemargruppe in den Himmel Südtirols. An prominenten Dolomiten-Namen mangelt es nicht, denn die drei großen Bauten des Schlernhauses stehen über der nicht minder bekannten Seiser Alm. Seit 2009 gehört dieser Teil der Alpen zum Welterbe der UNESCO. Die Dolomiten bieten schier endlos viele Klettersteige, Kletterrouten und spektakuläre Wanderwege. Doch um Schlernhaus steht einfach nur Genuss auf dem Programm. Dafür sorgen Harald und Silvia Gasser mit ihren herzlichen jungen Angestellten in einem beinahe schon pompösen Speisesaal. Dieser wurde 1907 als letzter von drei großen Abschnitten des Hauses gebaut. Deswegen sprechen viele auch von »Schlernhäusern«.

HÜTTENINFO

HÖHE 2457 m

TALORT Seis (1002 m)

ZUSTIEG Mit der Umlaufbahn auf die Seiser Alm und über Straßen und Wege zur Saltner Schwaige. Von dort steiler Pfad zum Schlernhaus.

HÖHENMETER 800

GEHZEIT 3,5 Std.

BUCHUNG www.schlernhaus.it/

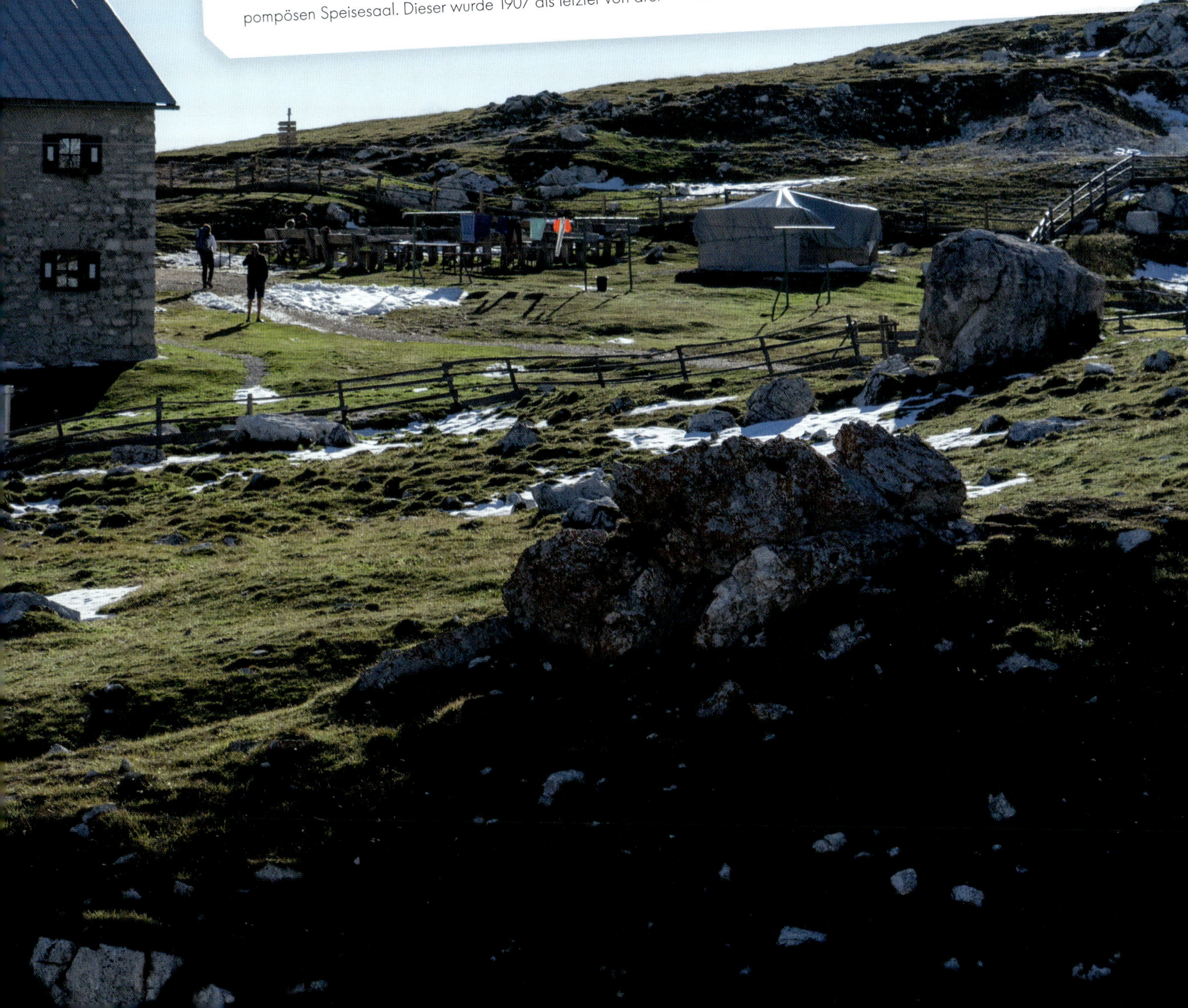

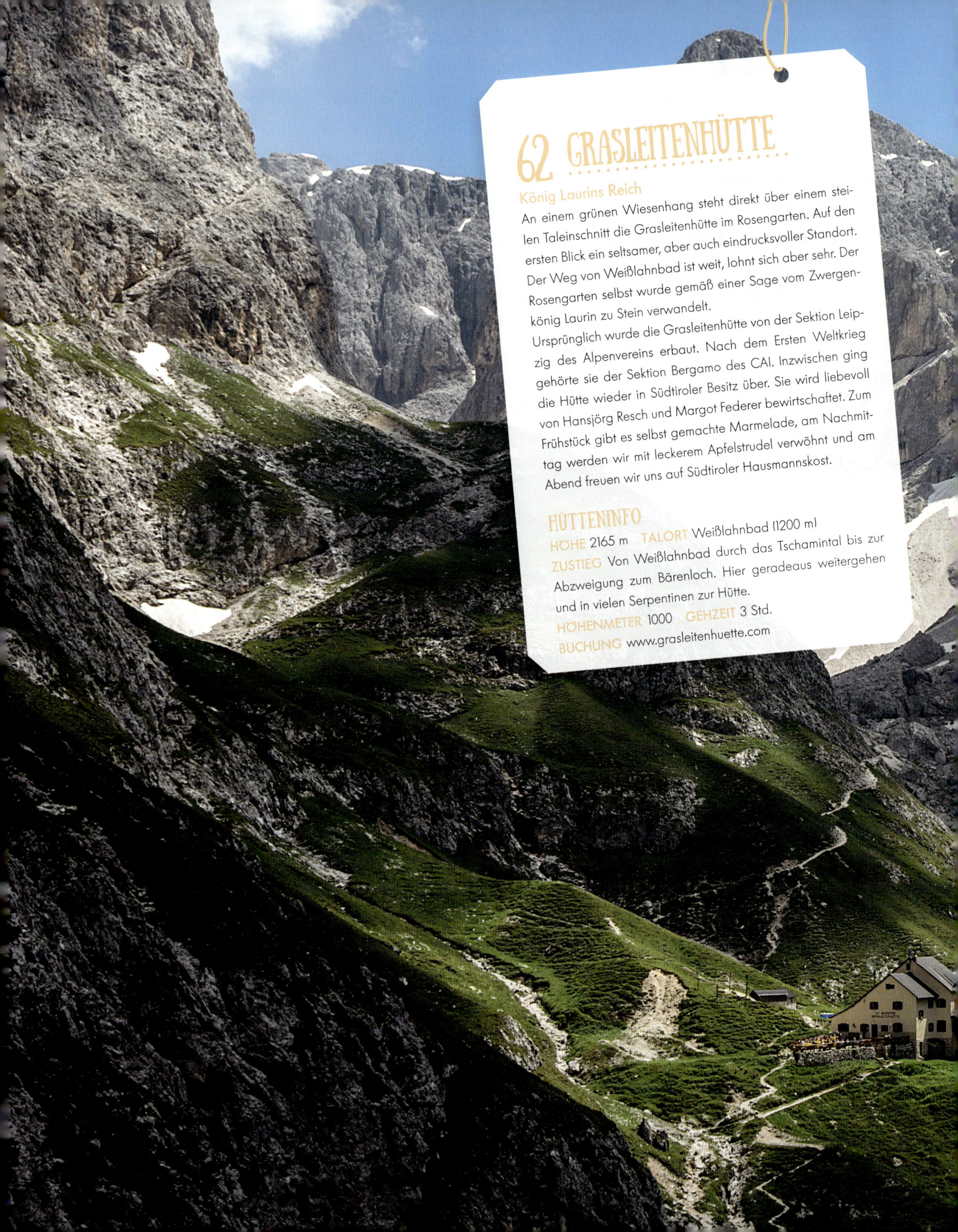

62 Grasleitenhütte

König Laurins Reich

An einem grünen Wiesenhang steht direkt über einem steilen Taleinschnitt die Grasleitenhütte im Rosengarten. Auf den ersten Blick ein seltsamer, aber auch eindrucksvoller Standort. Der Weg von Weißlahnbad ist weit, lohnt sich aber sehr. Der Rosengarten selbst wurde gemäß einer Sage vom Zwergenkönig Laurin zu Stein verwandelt.

Ursprünglich wurde die Grasleitenhütte von der Sektion Leipzig des Alpenvereins erbaut. Nach dem Ersten Weltkrieg gehörte sie der Sektion Bergamo des CAI. Inzwischen ging die Hütte wieder in Südtiroler Besitz über. Sie wird liebevoll von Hansjörg Resch und Margot Federer bewirtschaftet. Zum Frühstück gibt es selbst gemachte Marmelade, am Nachmittag werden wir mit leckerem Apfelstrudel verwöhnt und am Abend freuen wir uns auf Südtiroler Hausmannskost.

Hütteninfo

HÖHE 2165 m **TALORT** Weißlahnbad (1200 m)
ZUSTIEG Von Weißlahnbad durch das Tschamintal bis zur Abzweigung zum Bärenloch. Hier geradeaus weitergehen und in vielen Serpentinen zur Hütte.
HÖHENMETER 1000 **GEHZEIT** 3 Std.
BUCHUNG www.grasleitenhuette.com

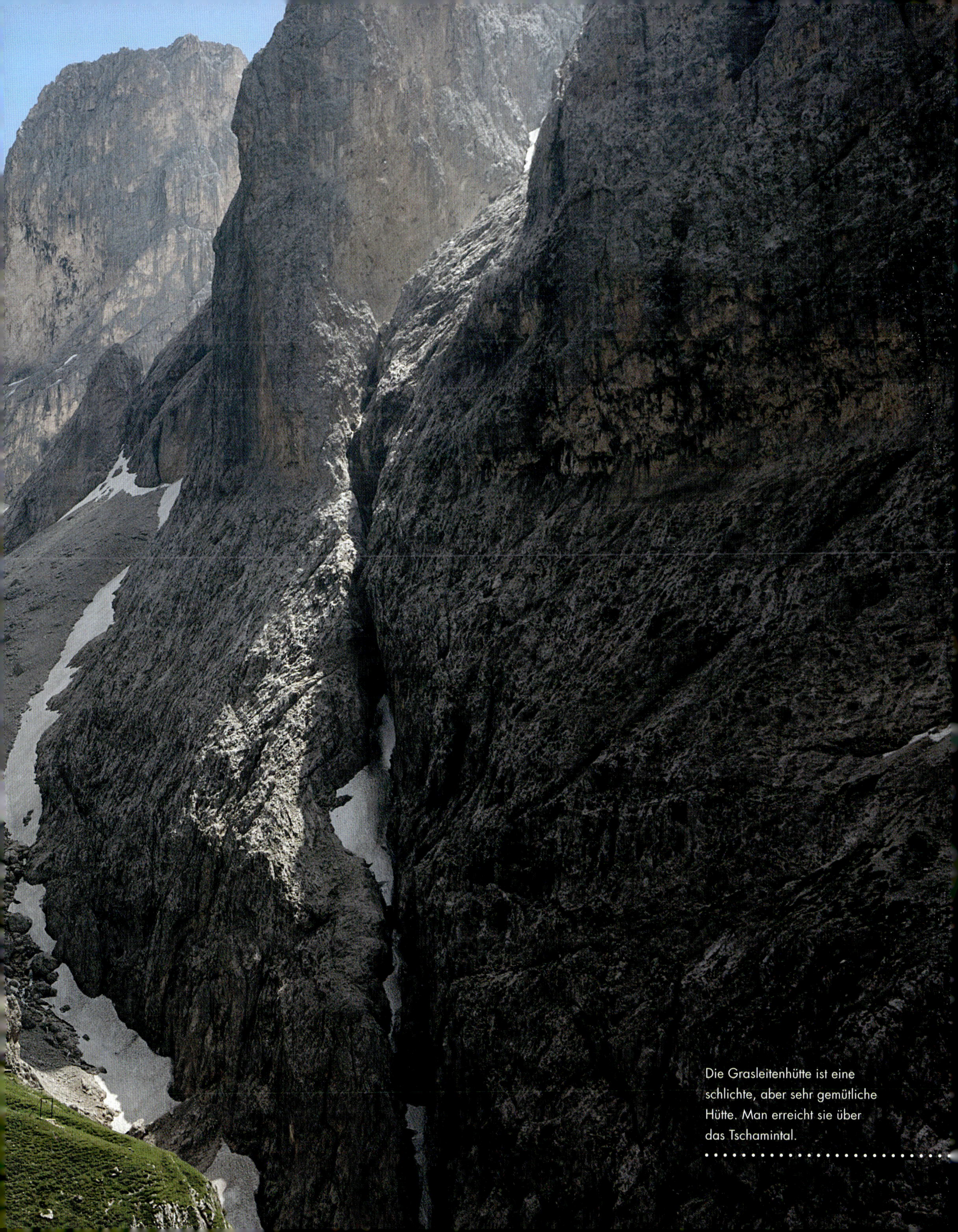

Die Grasleitenhütte ist eine schlichte, aber sehr gemütliche Hütte. Man erreicht sie über das Tschamintal.

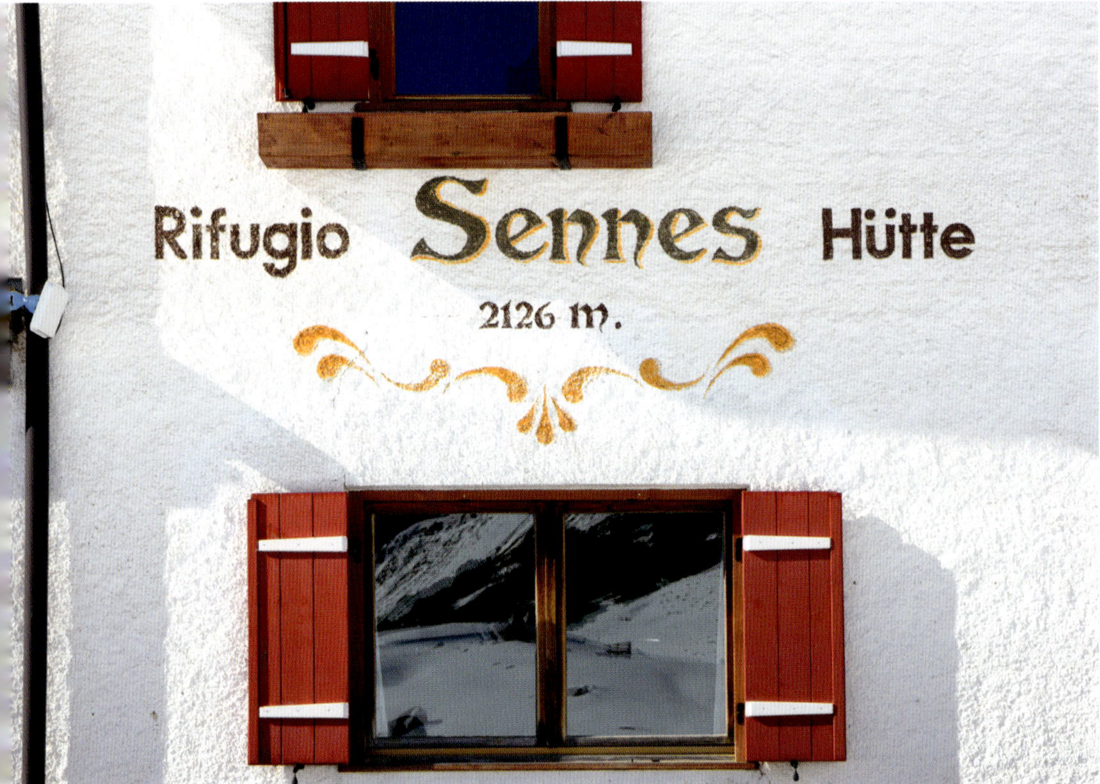

Die Senneshütte liegt im Naturpark Fanes-Sennes-Prags.

63 SENNESHÜTTE Hochebene

Die Senneshochfläche ist ein wunderschönes Wandergebiet südlich des Pustertales. Auf dieser Ebene liegt ganz herrlich die Senneshütte. Hier werden wir mit traditioneller Südtiroler Küche verwöhnt. Sehr beliebt sind die Sennes-Nudeln, Knödel mit Gulasch oder das Schnitzel vom Rost. Seit 1968 gibt es eine Straße, auf der man prima mit dem Mountainbike zur Hütte hinauffahren kann. Aufgrund des kurzen Anstiegs und der eher flachen Umgebung ist die Hütte auch ideal für einen Familienaufenthalt geeignet.

HÜTTENINFO

HÖHE 2126 m TALORT St. Vigil in Enneberg (1200 m)
ZUSTIEG Vom Berggasthof Pederü folgt man der schmalen Bergstraße steil bergauf. An einer Weggabelung nimmt man einen Steig, der später wieder auf den Fahrweg trifft. Auf diesem spaziert man hinüber zur Hütte.
HÖHENMETER 600 GEHZEIT 2 Std.
BUCHUNG www.sennes.com

64 ZSIGMONDYHÜTTE Berühmt

Der Hüttenname erinnert an Emil Zsigmondy, dessen großartigste Leistung die Längsüberschreitung der Meije in der Dauphiné war. Er starb wenige Tage später bei dem Erstersteigungsversuch der Meije-Südwand. Der italienische Name der Hütte (Rifugio Comici) führt auf Emilio Comici zurück. Dieser kletterte damals bereits den 6. Schwierigkeitsgrad und zählte somit zu den herausragenden Kletterern seiner Zeit. Die bedeutendste Leistung seiner hundert Erstbegehungen war die Durchsteigung der Nordwand der großen Zinne. Für Kletterer ist der Zwölferkogel das beliebteste Ziel von der Hütte aus.

HÜTTENINFO

HÖHE 2224 m TALORT Sexten (1310 m)
ZUSTIEG Vom Parkplatz im Fischleintal wandert man auf breitem Weg zur Talschlusshütte. Hier verlässt man das Tal und spaziert durch das enge Bacherntal zur Hütte.
HÖHENMETER 775 GEHZEIT 2,75 Std.
BUCHUNG www.zsigmondyhuette.com

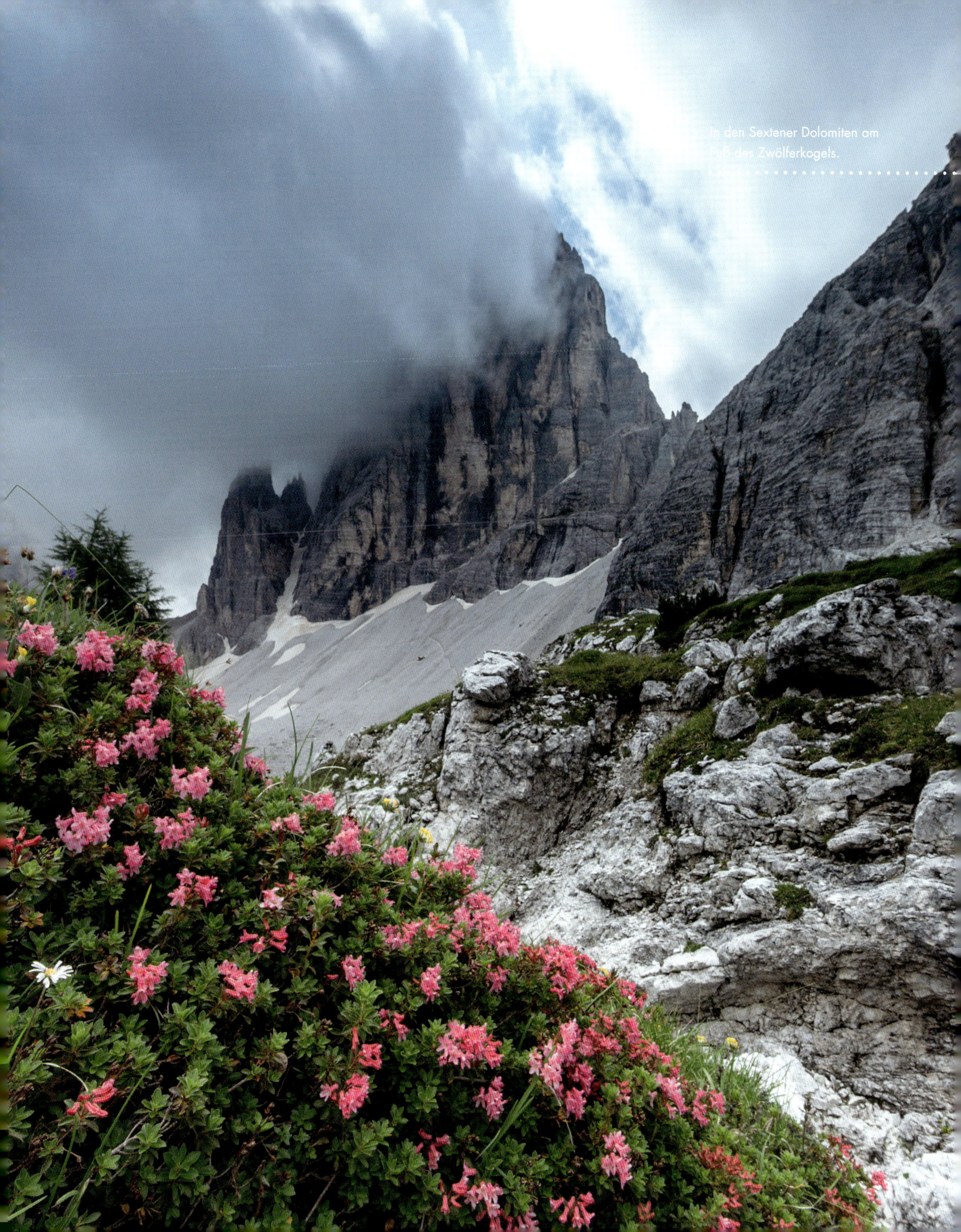

In den Sextener Dolomiten am Fuß des Zwölferkogels.

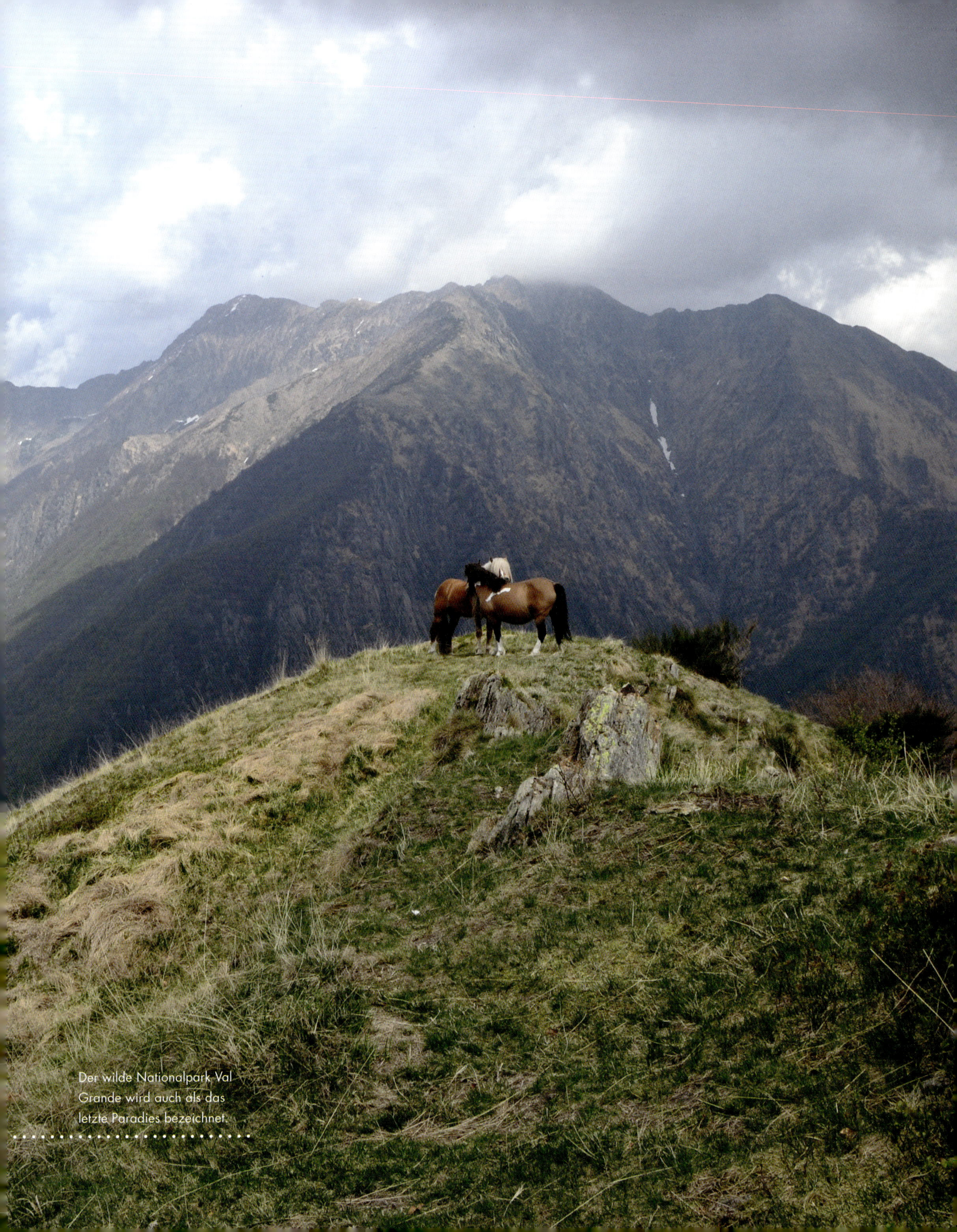

Der wilde Nationalpark Val Grande wird auch als das letzte Paradies bezeichnet.

Blick von der Terrasse des Rifugio Alpe Pra auf den Lago Maggiore.

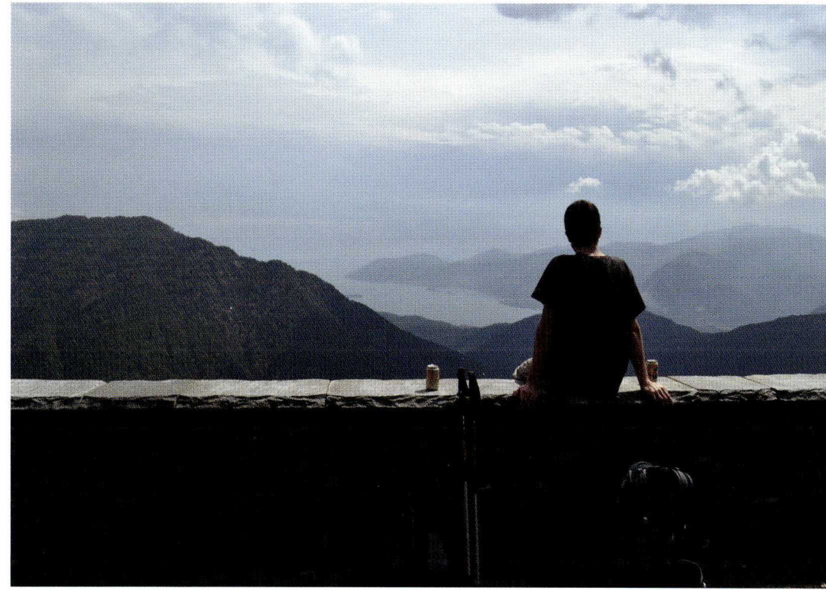

65 RIFUGIO ALPE PRA

Im Wildnis-Nationalpark gelegen

Den Nationalpark Val Grande umweht ein gewisser Mythos. Viele Bergbegeisterte hören früher oder später von diesem Wildnisgebiet nahe dem Lago Maggiore, wissen es jedoch nicht richtig einzuschätzen. Wie sieht es dort aus? Wie ist das Gelände? Sind die Wege zu finden? Wie schroff präsentieren sich die Berge? Eine ideale Möglichkeit, um in den Park zu schnuppern, stellt eine Rundwanderung zum Rifugio Alpe Pra dar. Doch Vorsicht: Es kann leicht passieren, dass jemand dort auf den Geschmack kommt und die nächste Tour über viele Tage in der Wildnis des Val Grande mit schwerem Rucksack plant. Denn das Rifugio Alpe Pra ist als – saisonal und wetterabhängig – bewirtschaftete Hütte die große Ausnahme im Schutzgebiet.

Dafür bietet es schönste Blicke auf den nahen Lago Maggiore und die umliegenden Berge. Welche Landschaftskontraste es hier gibt! Unten am berühmten See tummeln sich bei schönem Wetter die Touristenmassen, während im Val Grande Abgeschiedenheit herrscht. Noch am ehesten zugänglich ist dabei die Gegend um die hier vorgestellte Hütte. Denn immerhin führt ein dünnes, steiles Sträßchen nach Cicogna, dem einzigen Dorf im Nationalpark. Dort gibt es nicht nur ein Informationszentrum, sondern auch den Sentiero Natura (auch Strada Sutermeister genannt), einen ungewöhnlich gut ausgebauten Weg, der zu den leer stehenden Alpgebäuden von Pogallo führt. Allein auf diesem kurzen Stück zeigt sich, was Abenteurer in den Tiefen des Val Grande im großen Maßstab erwartet: Wildnis, steile und dicht bewachsene Hänge sowie wunderschöne Flüsse, Bäche und Wasserfälle. Überall raschelt es, denn der Park ist für seine vielen Schlangen bekannt. Meistens jedoch stecken Eidechsen hinter den Geräuschen – das beruhigt.

Wer – was jedem etwas fitteren Wanderer nur zu raten ist – über den westlich gelegenen Höhenrücken zum Rifugio Alpe Pra aufsteigt, blickt über die schwer zugänglichen Felsberge des Val Grande und auf zahlreiche, in alle Richtungen abzweigende Seitentäler. Wer nach dem moderaten Anstieg und kurzem Abstieg an der gemütlichen Alpe sitzt, im besten Fall mit einem italienischen Dosenbier auf dem Mäuerchen mit Blick auf den Lago, kann gleich die nächste, große Tour ins Val Grande planen. Es lohnt sich, versprochen.

DER RUNDWEG VON CICOGNA ZU DEN LEER STEHENDEN ALPHÜTTEN VON POGALLO ZUM RIFUGIO ALPE PRA EIGNET SICH PERFEKT, UM IN DEN WILDEN NATIONALPARK VAL GRANDE HINEINZUSCHNUPPERN.

HÜTTENINFO

HÖHE 1250 m TALORT Cicogna (730 m)

ZUSTIEG Von Cicogna direkt zur Hütte oder Rundtour von Cicogna auf Sentiero Natura nach Pogallo und über das Rifugio Alpe Pra zurück.

HÖHENMETER 520 GEHZEIT 1,5 Std.

BUCHUNG www.alpi-ticinesi.ch/valgrande/capanne/pra.html

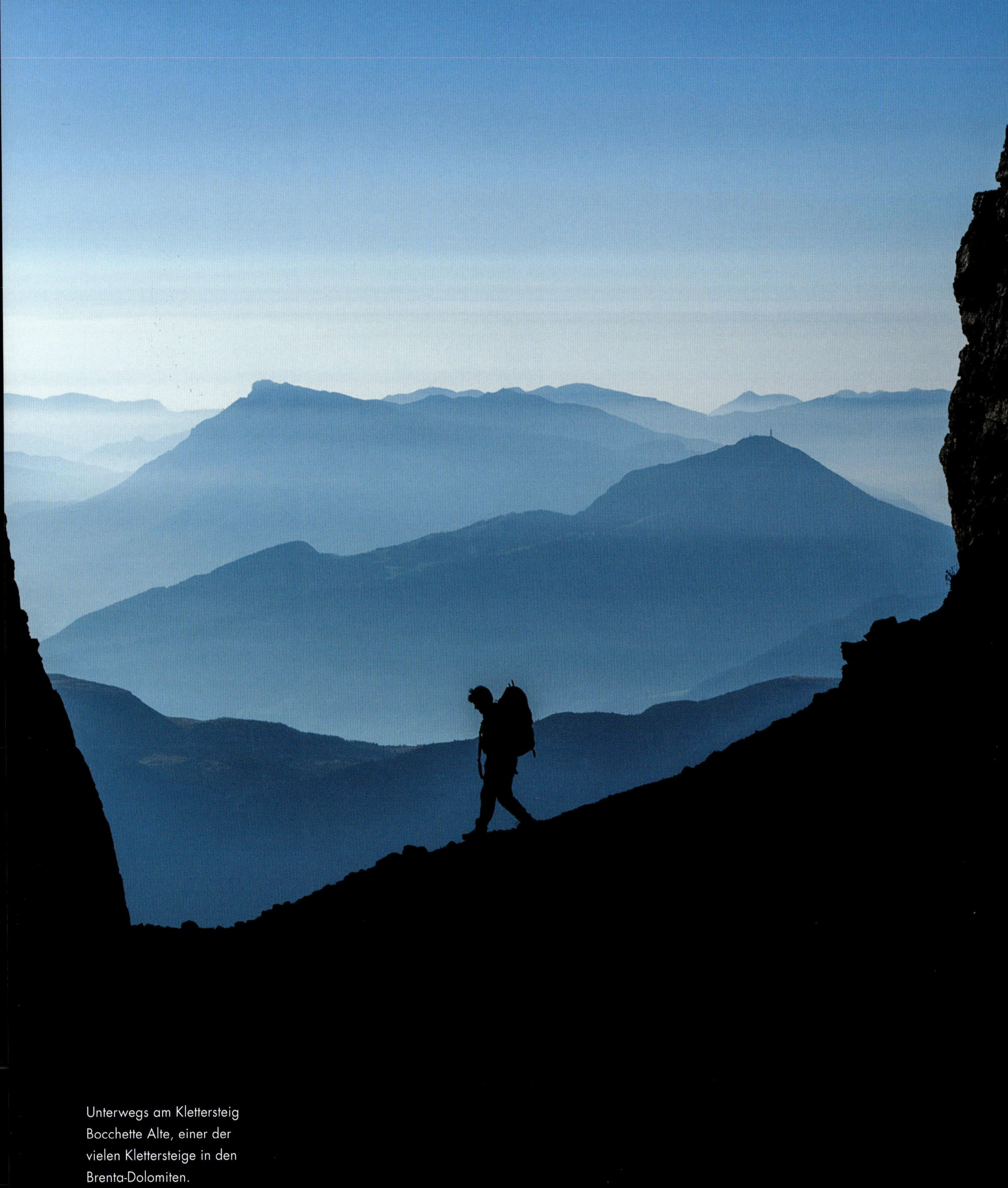

Unterwegs am Klettersteig Bocchette Alte, einer der vielen Klettersteige in den Brenta-Dolomiten.

Das Rifugio T. Pedrotti liegt an der Bocca di Brenta und ist ein guter Ausgangspunkt für viele Gipfelziele in der Brenta.

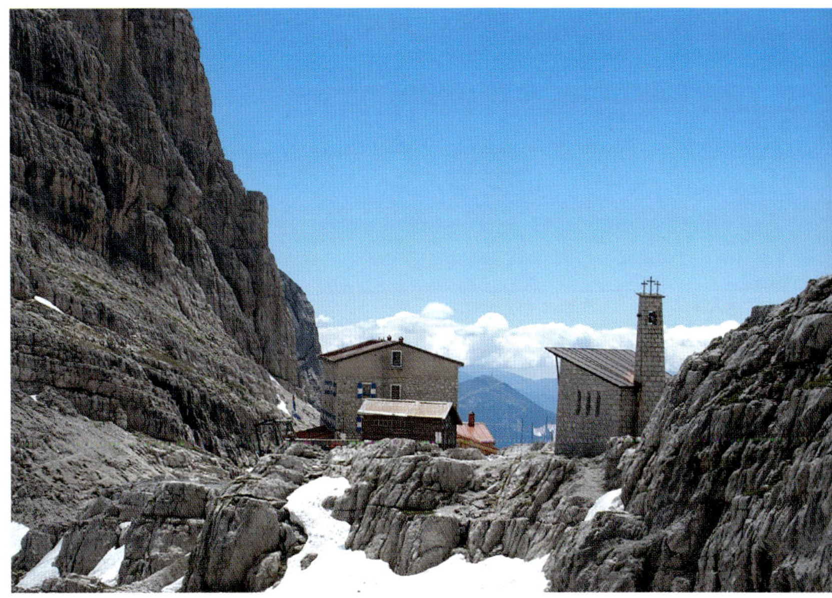

66 RIFUGIO T. PEDROTTI

Im Herzen der Brenta-Dolomiten

So soll es sein: eine Berghütte in so toller Lage, dass sich dort Touren für viele Besuche anbieten – von ausgesetzten Wanderungen über Klettersteigklassiker der Alpen bis zu unzähligen Alpinkletterrouten. Bewirtet wird diese von einer Familie, die das Bergsteigen liebt, lebt und ihre Begeisterung an die Gäste weitergibt. Franco Nicolini steht das Leben des Alpinisten ins freundliche, wettergegerbte Gesicht geschrieben. 2008 gelang dem Bergführer ein Coup: Er bestieg die 82 Viertausender der Alpen in nur 60 Tagen und stellte damit einen Rekord auf. Auch seine Frau Sandra, Tochter Elena und Sohn Federico sind oft und gern rasant unterwegs. Elena gehört zu den schnellsten Frauen auf Tourenskiern.

Vater und Tochter steigen auch schon mal nach einem langen Arbeitstag auf der Hütte auf den Campanile Basso, vielen besser bekannt als Guglia di Brenta. Berühmtheit erlangte die Felsnadel spätestens durch Paul Preuß´ ungesicherten Alleingang im Jahr 1911 . Der Kalkturm befindet sich nahe der Hütte zwischen riesigen Bergen wie Cima Brenta (3151 m), Cima Tosa (3136 m) sowie der teils noch vergletscherten Cima d'Ambiéz (3095 m).

Wer in diese Welt aus Fels und Eis eintauchen möchte, dem bieten sich viele Wege zur Hütte an. Die eleganteste Linie formt dabei die Via Ferrata Sentiero Brentari. Der Steig an sich ist zwar mit B/C nicht besonders schwer. Er erfordert jedoch einen langen Zustieg, der auch über den kleinen, aber steilen und spaltigen Ambiez-Gletscher führt. Danach folgt genau das, wofür die Brenta weltbekannt ist: nahezu senkrechte Felswände, tief eingeschnittene Scharten und schuttbedeckte Bänder über gähnenden Abgründen. Wem das eine Nummer zu luftig ist, dem bietet sich eine Wander-Alternative: Vom Lago Molveno, einem der schönsten Seen Italiens, erspart einem eine Seilbahn gut 500 Höhenmeter, sodass sich der Höhenweg zum Rifugio T. Pedrotti entspannt angehen lässt.

Da die Familie Nicolini weiß, wovon sie spricht, hat sie natürlich einen Geheimtipp für den Abstieg nach Molveno parat: den schmalen, teils kaum erkennbaren Pfad durch das Val di Ceda. »Das ist ein Weg für Fortgeschrittene«, sagt Franco. Das Tal ist so wild, dass auch einige der 50 Bären, die im Trentino leben, dort ab und zu ihre Spuren hinterlassen.

DIE BRENTA STELLT PRAKTISCH DIE DOLOMITEN IM KLEINFORMAT DAR. ZENTRAL ZWISCHEN ALL IHREN FELSTÜRMEN UND PLATEAUBERGEN MIT ZAHLREICHEN KLETTERSTEIGEN UND -ROUTEN LIEGT DAS RIFUGIO T. PEDROTTI.

HÜTTENINFO

HÖHE 2491 m TALORT Molveno (864 m)
ZUSTIEG Von Molveno mit der Seilbahn zum Rifugio Pradel. Via Rifugio Croz dell'Altissimo und Selvata zur Hütte. Ideale Rundtour mit Abstieg durch das wilde Val di Ceda.
HÖHENMETER 1300 GEHZEIT 4 Std.
BUCHUNG www.rifugiotosapedrotti.it

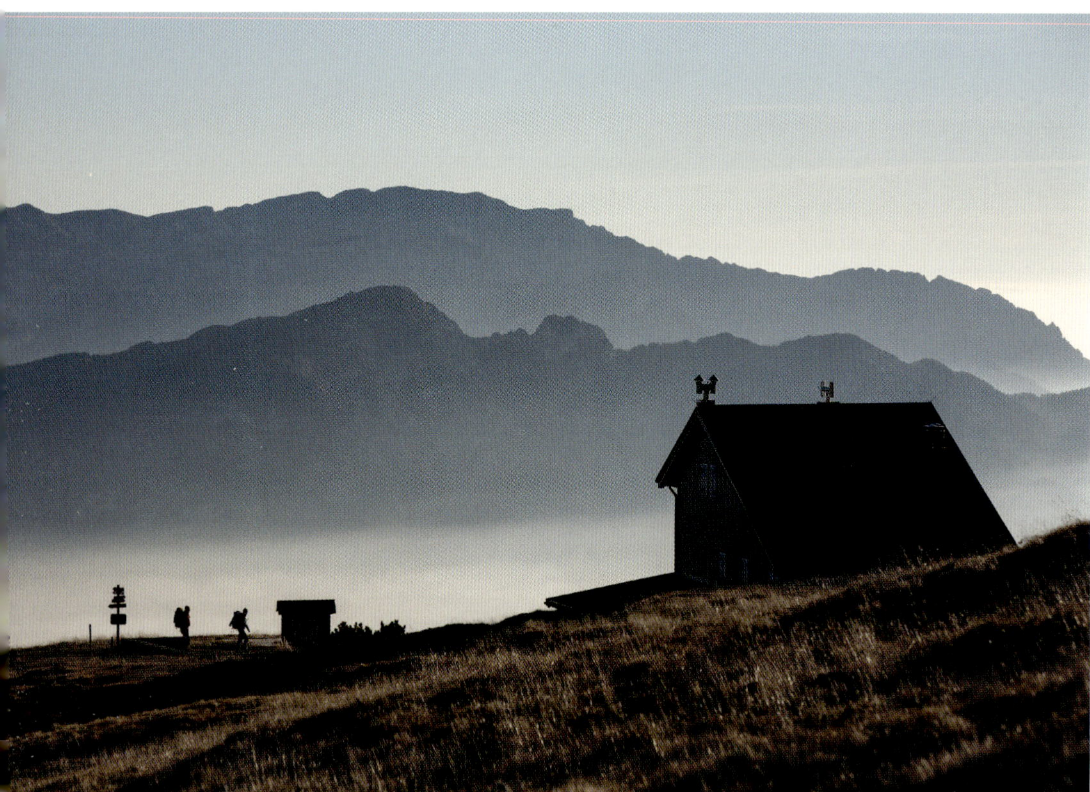

Das Rifugio Altissimo Damiano Chiesa liegt am Monte Baldo im gleichnamigen Naturpark.

67 RIFUGIO ALTISSIMO DAMIANO CHIESA

Hoch über dem Gardasee gelegen

Vor allem im Frühling zieht der Gardasee Deutsche und Österreicher magisch an, verspricht er doch einen Vorgeschmack auf den ersehnten Sommer. Auch Bergtouren lassen sich dort in aller Regel deutlich früher unternehmen. Einen der besten Blicke auf den lang gezogenen See bietet der Monte Altissimo di Nago (2078 m). Knapp unter seinem Gipfel steht das Rifugio Altissimo Damiano Chiesa, in dem Eleonora Orlandi und ihr Team Wanderer und Mountainbiker bewirten. Denn die Hütte lässt sich auf verschiedenen Wegen und Pfaden zu Fuß sowie auf zwei Rädern erreichen. Ein Kammweg ist von der Hütte bis zur Punta Telegrafo (2200 m) möglich.

HÜTTENINFO

HÖHE 2060 m TALORT Nago-Torbole (222 m)
ZUSTIEG Von San Giacomo über den Monte Campo und auf den Rücken des Monte Altissimo zur Hütte unter dem Gipfel.
HÖHENMETER 900 GEHZEIT 3 Std.
BUCHUNG www.rifugioaltissimoda.com

68 RIFUGIO DON ZIO PISONI

Idylle am janusgesichtigen Berg

Wie der römische Gott Janus zeigt der Monte Casale (1631 m) zwei Gesichter: an einer Seite sanfte Wald- und Wiesenhänge, an der anderen eine fast 1400 Meter hohe Felswand. Durch sie führt der berühmte Klettersteig Ferrata Ernesto Che Guevara im Schwierigkeitsgrad B/C. Egal, auf welchem Weg Bergsteiger das weite Gipfelplateau mit Aussicht auf die Schmuckstücke des Trentinos erreichen – wenige Schritte darunter finden sie das Rifugio Don Zio Pisoni. Freiwillige des Toblinger Alpenvereins bieten dort an Wochenenden von April bis Oktober eine Einkehr an.

HÜTTENINFO

HÖHE 1600 m TALORT Comano (618 m)
ZUSTIEG Vom Parkplatz beim Sendemast über Comano zur Hütte am Westrand des Gipfelplateaus des Monte Casale.
HÖHENMETER 720 GEHZEIT 2,5 Std.
BUCHUNG Selbstversorgerhütte ohne feste Bewirtungszeiten oder Anmeldung. Infos über den Alpenverein Toblino per Telefon: +39.0465.21801 oder E-Mail: sat@sat.tn.it

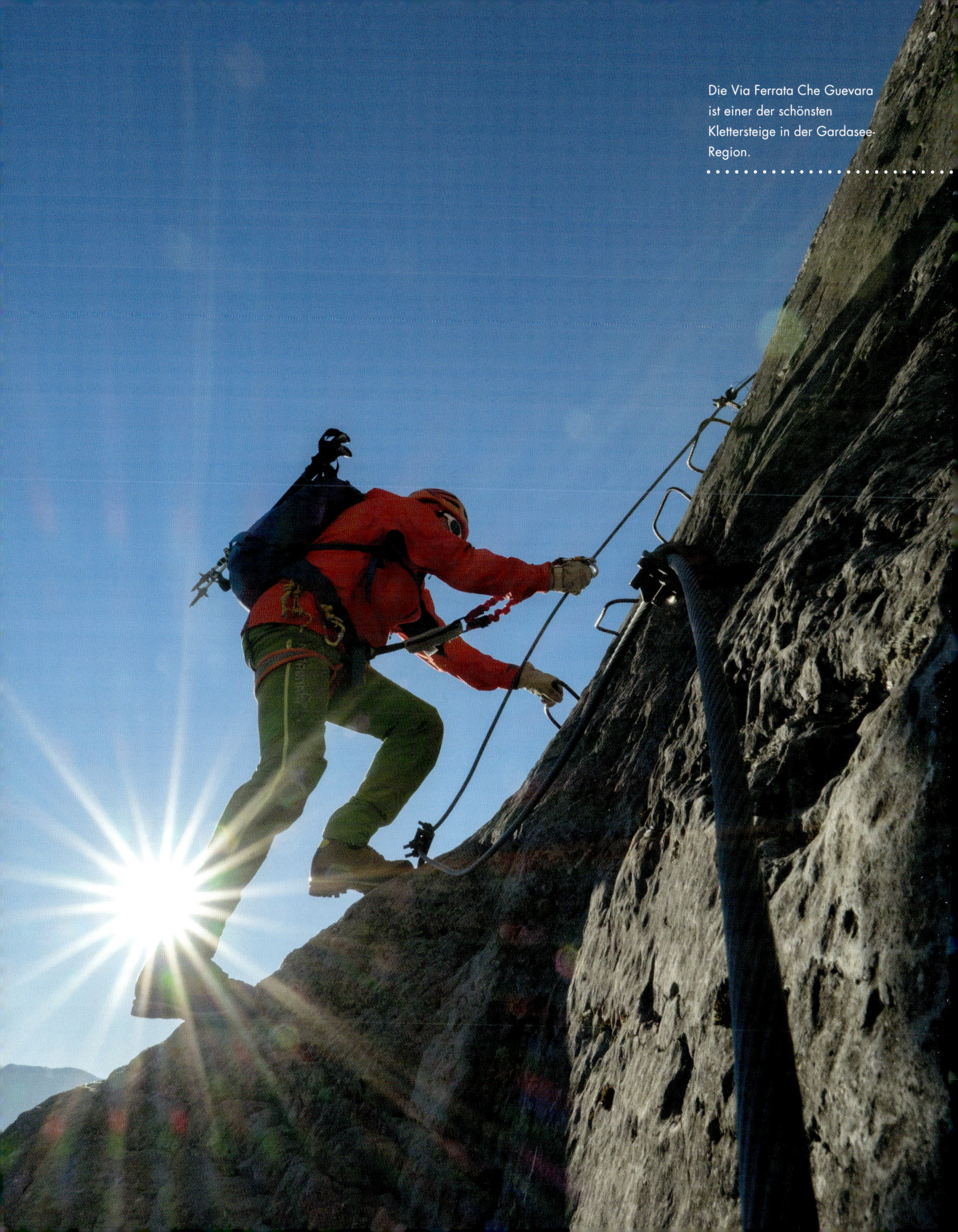

Die Via Ferrata Che Guevara ist einer der schönsten Klettersteige in der Gardasee-Region.

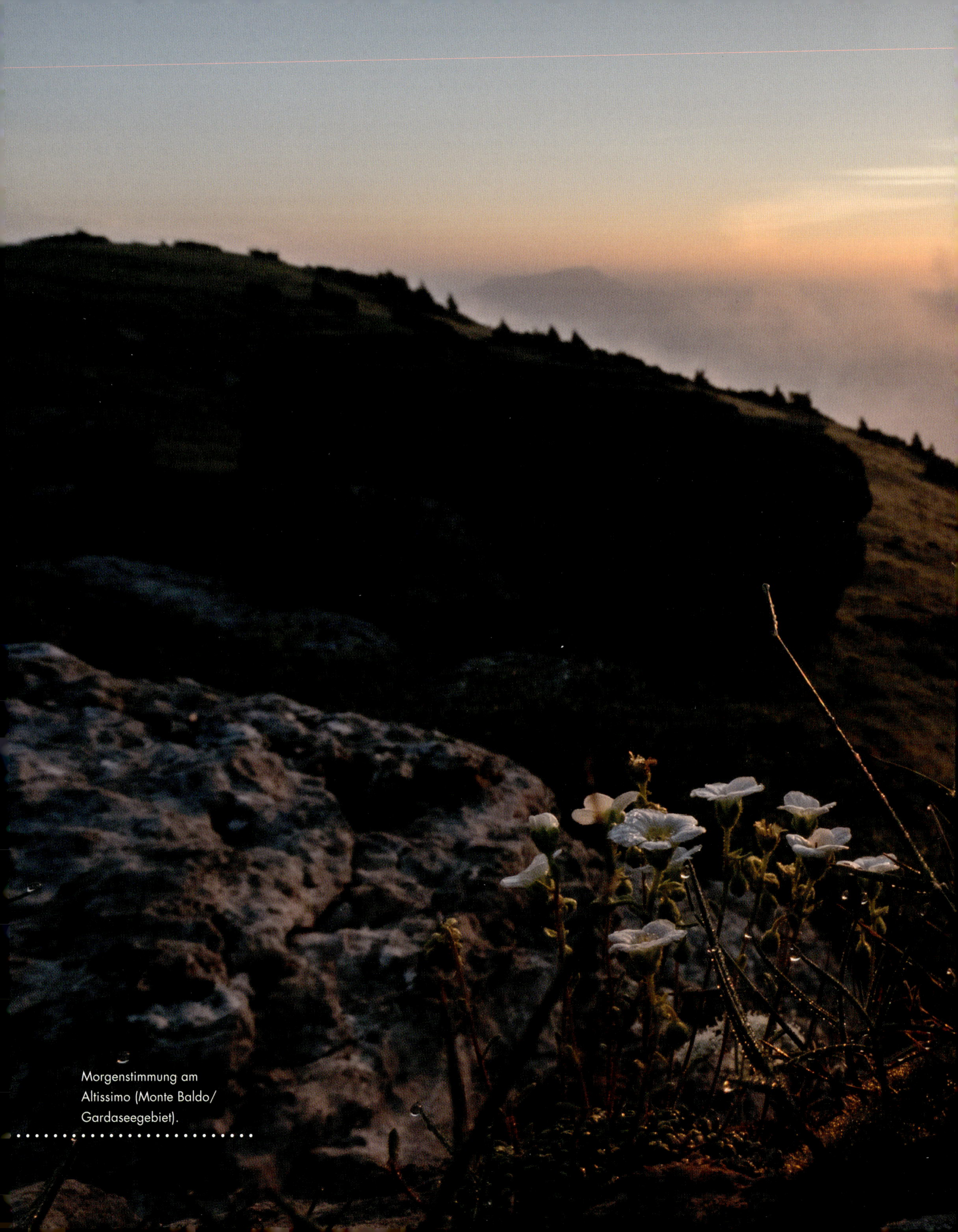

Morgenstimmung am Altissimo (Monte Baldo/ Gardaseegebiet).

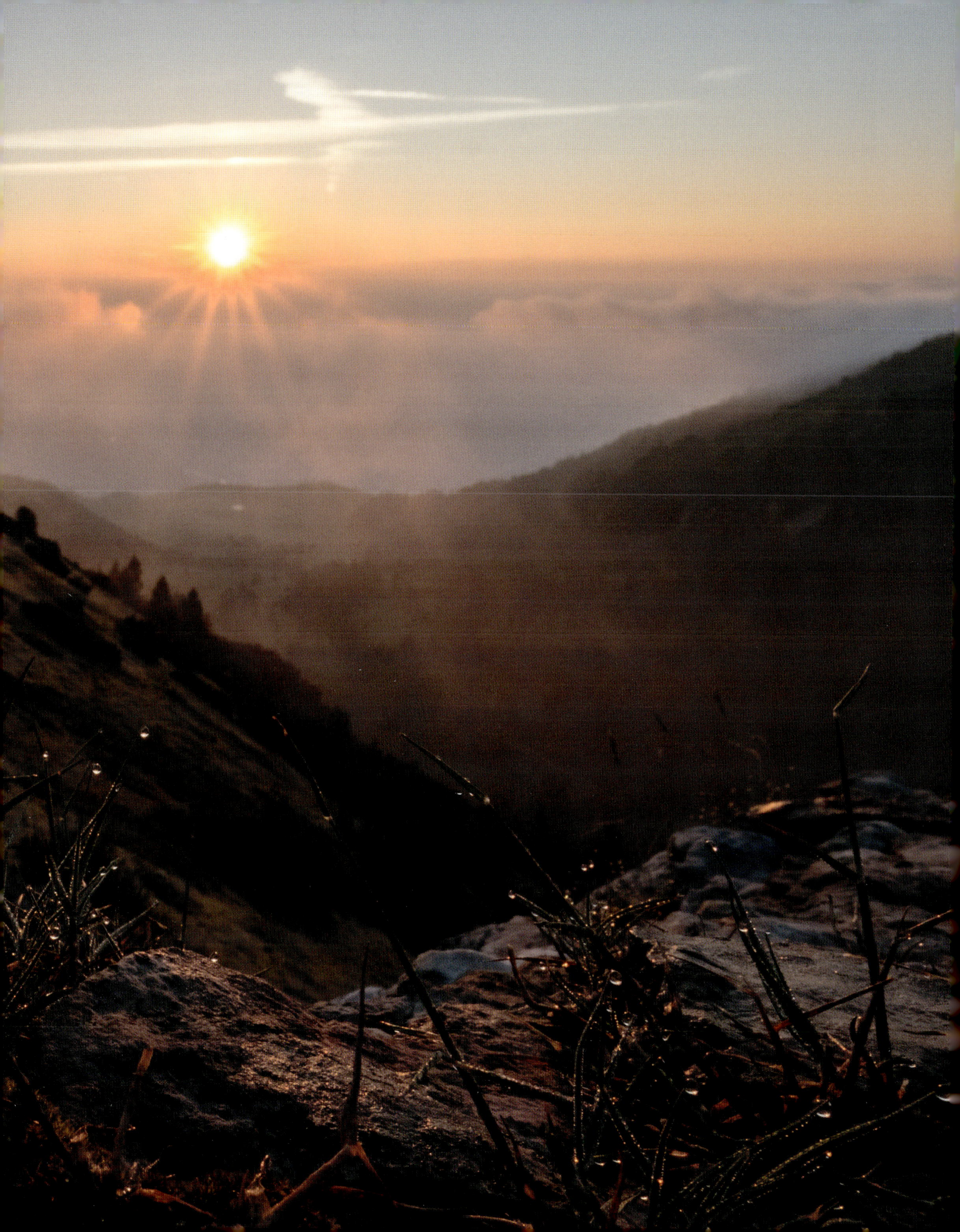

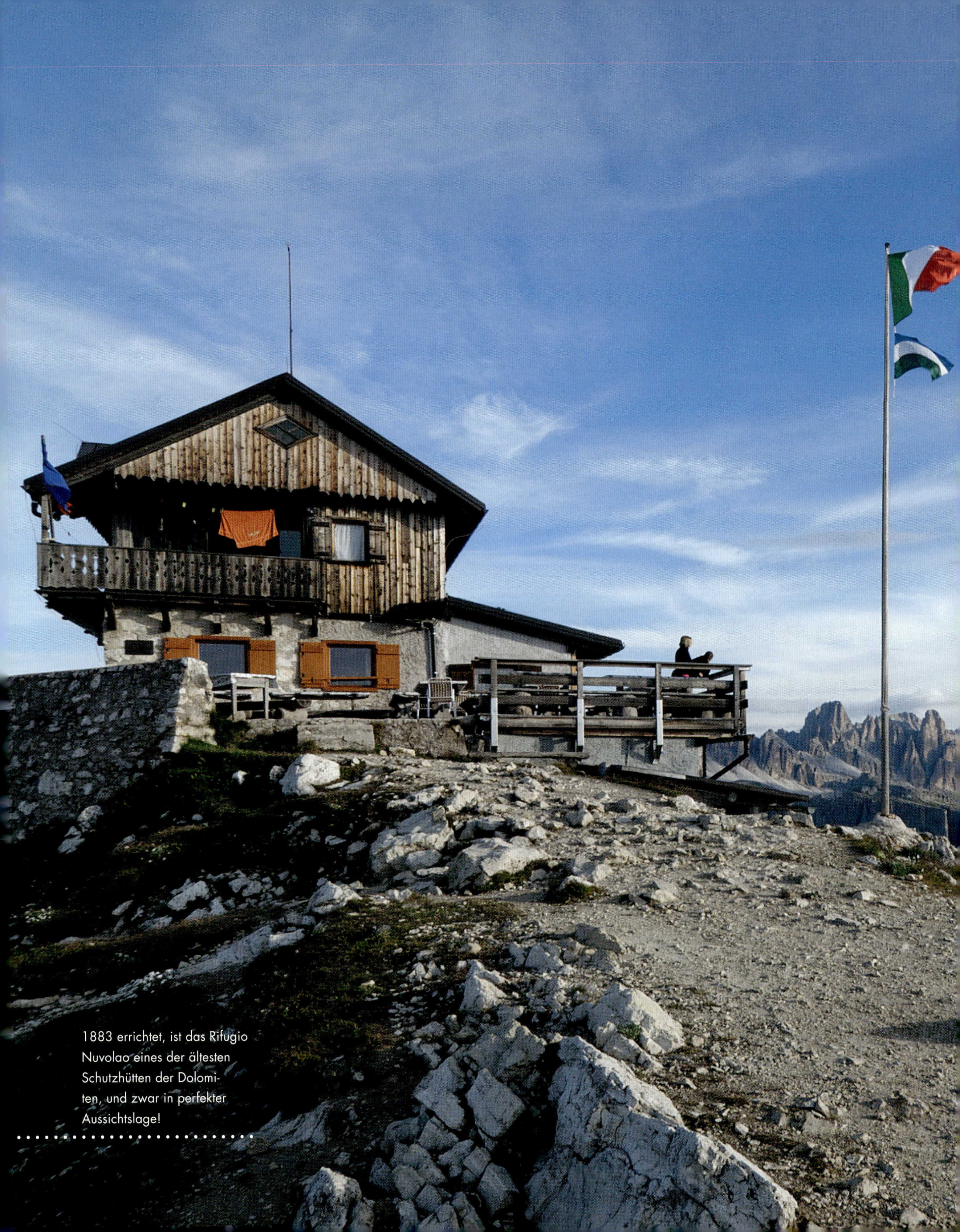

1883 errichtet, ist das Rifugio Nuvolao eines der ältesten Schutzhütten der Dolomiten, und zwar in perfekter Aussichtslage!

Wegweiser zum Nuvolau und anderen Zielen.

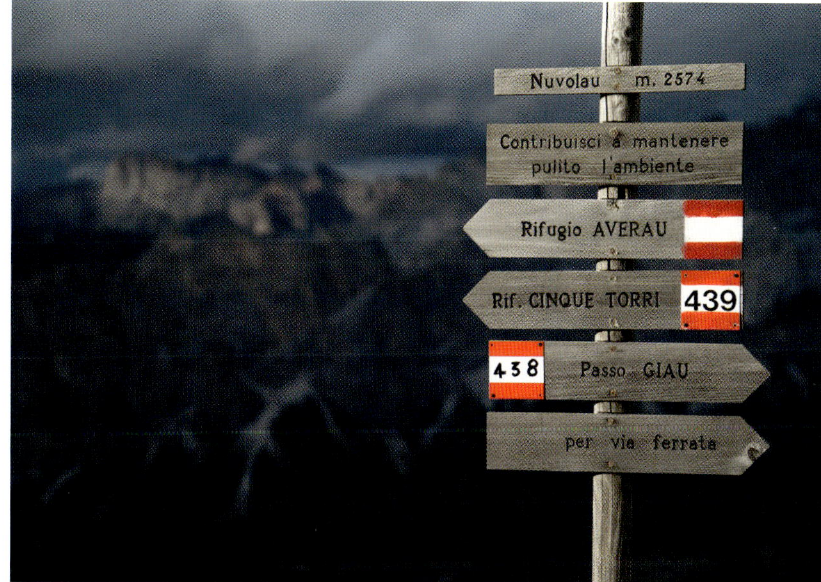

69 RIFUGIO NUVOLAU

360-Grad-Blick über die Dolomiten

Wer auf nur einer kurzen Hüttentour möglichst viel von den Dolomiten erleben will, ist am Rifugio Nuvolau genau richtig. Es steht für alles, was diese Gebirgsgruppe weltberühmt macht: Bleiche Felstürme mit dunklen, schneegefüllten Karen erheben sich majestätisch über grüne Wiesen. Klettersteige erschließen in der Nähe wilde Felsbastionen. Hohe Passstraßen winden sich darunter durch die Landschaft. Und zwischen all dem thront das Rifugio Nuvolau auf einem 2575 Meter hohen und leicht erreichbaren Dolomitengipfel.

Bewirtet wird die Hütte mit dem beeindruckenden Ausblick, die zudem zu den ältesten in den Dolomiten gehört, von der Familie Siorpaes. Bei schönem Wetter grillen sie dort oben ein Essen, das garantiert in Erinnerung bleibt. Zwar gibt es Wege mit Liftunterstützung zur Hütte. Doch richtig beeindruckend ist eine Rundtour vom Passo Falzarego aus: Sie führt zuerst durch liebliche Landschaft inmitten von Alpenrosen, bevor es Felskontakt gibt. Aber keine Angst, sowohl durch eine Schlucht in die Scharte Forcola Gallina zu steigen als auch die senkrechten Wände des Monte Averau (2648 m) zu queren ist nicht schwer. Das gilt ebenso für den letzten Aufstieg zum Nuvolau. Gipfel und Hütte scheinen auf den ersten Blick zwar unerreichbar, sind aber über eine moderat geneigte Felsrampe verbunden.

Diesen Weg nahm in den 1880er-Jahren auch der Dresdener Oberst Richard von Meerheimb mehrmals in Begleitung von Bergführern. Er kurierte im nahen Cortina d'Ampezzo eine schwere Lungenkrankheit aus – was letztendlich schneller und nachhaltiger gelang, als er und seine Ärzte zu hoffen wagten. »Für ihn war es eine regelrechte Auferstehung«, erzählt Joanne Siorpaes. Zum Dank half der Oberst, das Haus auf dem Gipfel zu finanzieren. Es wurde Sachsendankhütte genannt.

Die Geschichte rückte das später umbenannte Rifugio Nuvolau immer wieder in den Fokus: Als der Erste Weltkrieg wütete, wurde es zum Beobachtungsposten, wovon noch heute Schützengräben am Berg zeugen. Ganz andere Aufmerksamkeit bekam es in den 1990er-Jahren, als der Actionfilm *Cliffhanger* mit Sylvester Stallone dort gedreht wurde. »Man filmte sehr viel von Helikoptern aus, geflogen von verrückten Vietnam-Veteranen, die extrem nah an den Mauern der Hütte schwebten«, erzählt Joannes Sohn Kevin Siorpaes.

Für den Abstieg von der Nuvolau-Hütte empfiehlt es sich, einen Teil des Dolomiten-Fernwanderwegs Nr. 1 zu gehen. Er führt nahe an den Felstürmen Cinque Torri vorbei und durch märchenhafte Stein- und Waldlandschaft zurück zum Pass.

> VON DER HÜTTENTERRASSE AUS SIND SIE ALLE ZU SEHEN: DIE MARMOLATA UND IHR GLETSCHER, DIE CIVETTA MIT IHRER RIESIGEN NORDWESTWAND, DIE FELSTÜRME DER TOFANE SOWIE DIE KETTE DES ALPENHAUPTKAMMES.

HÜTTENINFO

HÖHE 2575 m TALORT Cortina d'Ampezzo (1211 m)
ZUSTIEG Zahlreiche Möglichkeiten. Besonders lohnend: vom Passo Falzarego via Forcola Gallina und am Monte Averau vorbei zum Rifugio Nuvolau.
HÖHENMETER 600 GEHZEIT 2 Std.
BUCHUNG www.nuvolau.com

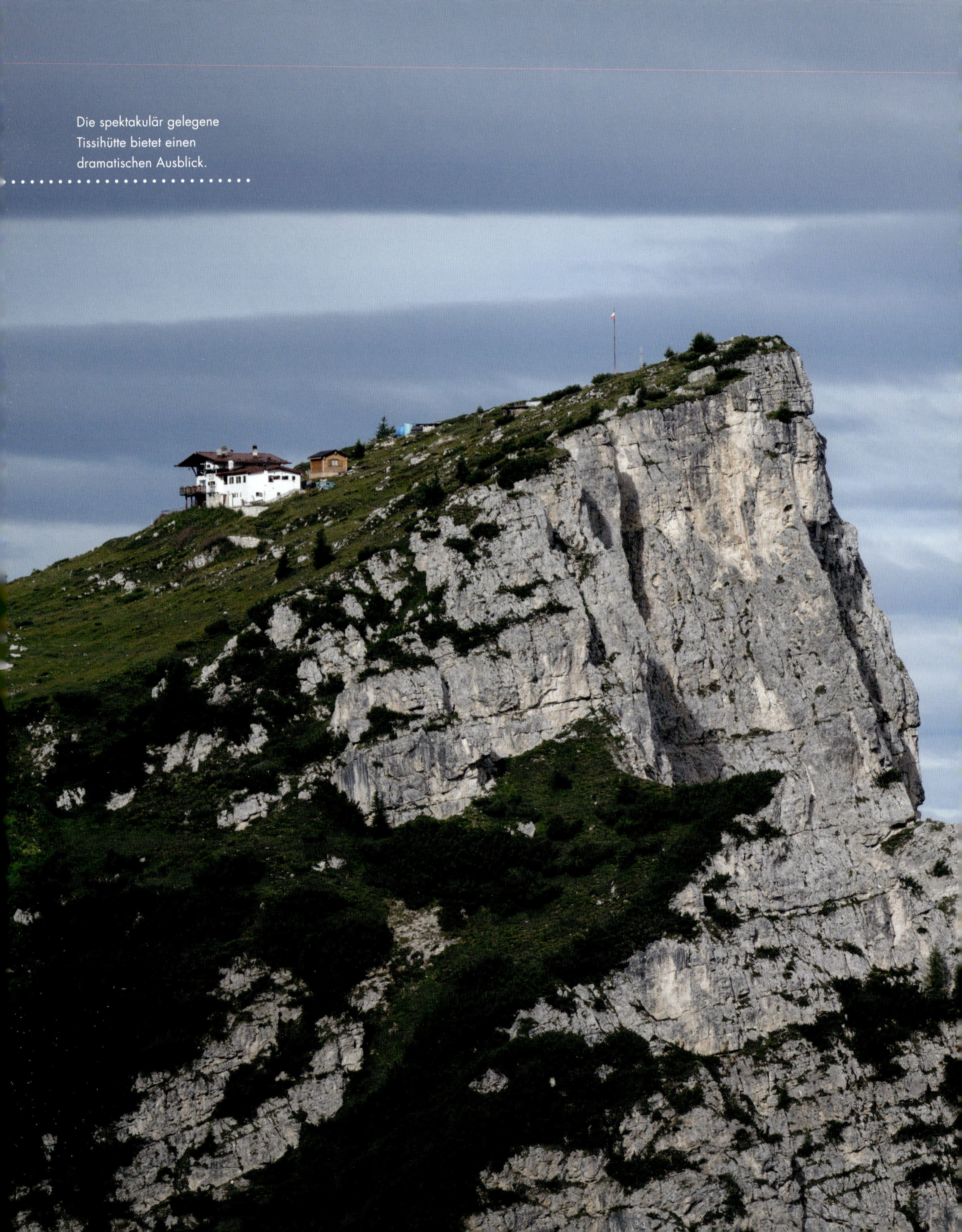

Die spektakulär gelegene Tissihütte bietet einen dramatischen Ausblick.

Der Lago Coldai am Weg zur Tissihütte; hinten die Marmolada.

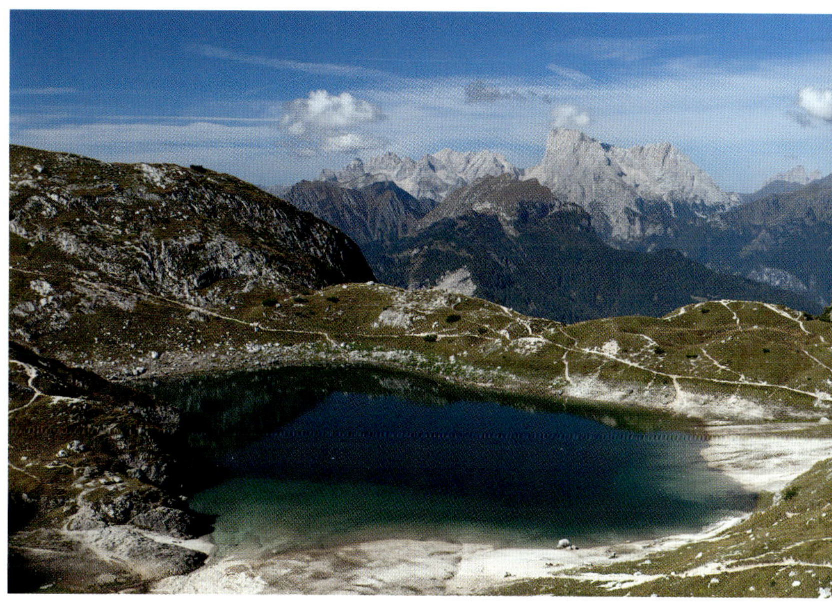

70 RIFUGIO TISSI Im Angesicht der Riesenwand

Sie kann durchaus Respekt einflößen – die 1000 Meter hohe und kilometerbreite Nordwestwand der Civetta (3220 m). Sie zu durchsteigen, ist nur etwas für ausdauernde und besonders fähige Alpinkletterer. Und dennoch brauchen die meisten von ihnen zwei Tage dafür und übernachten daher einmal in der Vertikalen. Doch auch bei einer Hüttenwanderung zum Rifugio Tissi lässt sich die einzigartige Atmosphäre erleben, die von diesem felsigen und von Schneefeldern durchsetzten Bollwerk ausgeht. Denn die Hütte liegt genau gegenüber der Wand, knapp unter dem Gipfel der Cima di Col Rean, von der man also einen wirklich fantastischen Ausblick genießen kann. Auch wer sich in die Wand traut, übernachtet in der Regel hier und holt sich Rat bei Valter Bellenzier. Er kennt so gut wie alle Routen dort. »Vielleicht klettern 50 Seilschaften im Jahr die Wand«, sagt seine Frau Paola.

Wer nicht zum Klettern kommt, wird in der Hütte vor allem sie wahrnehmen: Die Powerfrau mit dem blonden Zopf wirbelt durch die Stube und versorgt dabei ihre Gäste zuvorkommend. Diese haben nach langen Wanderungen garantiert Hunger und Durst. Denn selbst der Aufstieg mit 1000 Höhenmetern Seilbahnunterstützung zum Col di Baldi (1920 m) gestaltet sich alles andere als kurz. Im ständigen Auf und Ab summieren sich mehr als 1000 Höhenmeter. Los geht es zwar noch im Grünen, doch bald folgt typisch steiles und felsiges Dolomitengelände. Auf dem Weg liegen auch die Coldai-Hütte und – nach einer Scharte – der namensgebende See. Er lädt bei gutem Wetter zu einer Pause mit Blick auf die berüchtigte Wand ein, an der einst Alpinisten die Grenzen des Menschenmöglichen verschoben. Auch unterwegs bleibt reichlich Zeit, die Civetta aus der Nähe zu bestaunen. Denn der Pfad zum Rifugio Tissi, ein Teil des Dolomiten-Fernwanderwegs Nr. 1, führt an ihr entlang.

DIE NORDWESTWAND DER CIVETTA GING IN DEN 1920ER-JAHREN ALS »KÖNIGREICH DES SECHSTEN GRADES« IN DIE GESCHICHTE DES BERGSTEIGENS EIN. NOCH HEUTE STELLT SIE KLETTERER VOR GROßE HERAUSFORDERUNGEN.

Erst beim letzten Anstieg zur Hütte auf der Cima di Col Rean kehren Wanderer der Nordwestwand den Rücken, nur um oben eine ganz andere Wand zu entdecken: die 1300 Höhenmeter, die den Gipfel vom Lago di Alleghe trennen. Kaum zu glauben, dass es einen ziemlich direkten und machbaren Weg hinab in den Ort Masaré unten am See gibt. »Er ist zwar steil, aber an den entscheidenden Stellen gut gesichert«, beruhigt Hüttenwirtin Paola diejenigen, die dorthin absteigen wollen. Und sie behält recht: Mit etwas Vorsicht und Geduld geht es gut hinab in die grüne Welt jenseits der dunklen Wand. Auch für Nichtkletterer endet dort ein beeindruckender Dolomitentag.

HÜTTENINFO

HÖHE 2250 m TALORT Alleghe (979 m)
ZUSTIEG Von Alleghe mit der Gondel zum Col di Baldi und über Coldai-Hütte und -See unter die Civettanordwestwand, dann bis zum Abzweig und rechts zum Rifugio Tissi.
HÖHENMETER 1100 GEHZEIT 3,5 Std.
BUCHUNG www.rifugiotissi.com

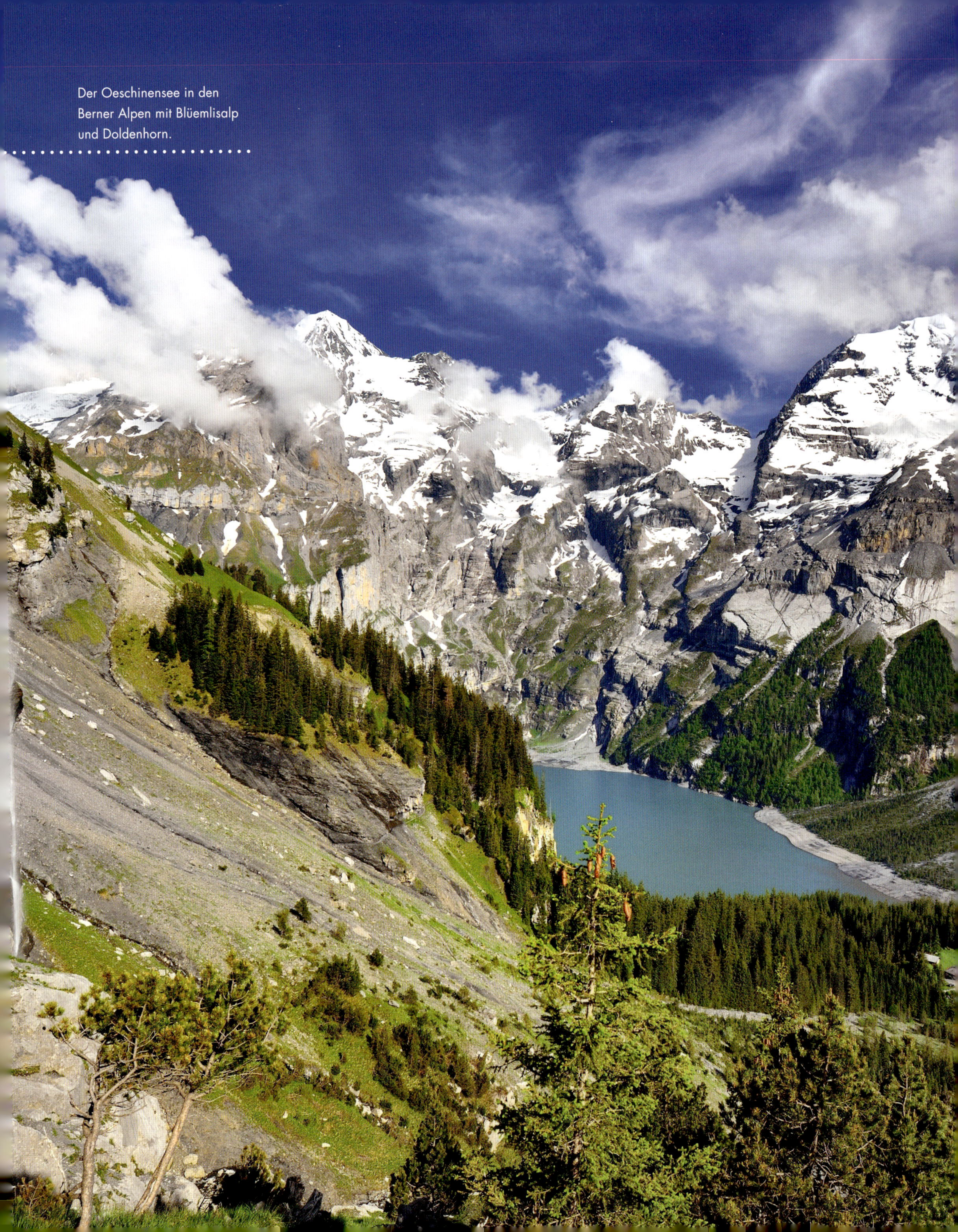

Der Oeschinensee in den Berner Alpen mit Blüemlisalp und Doldenhorn.

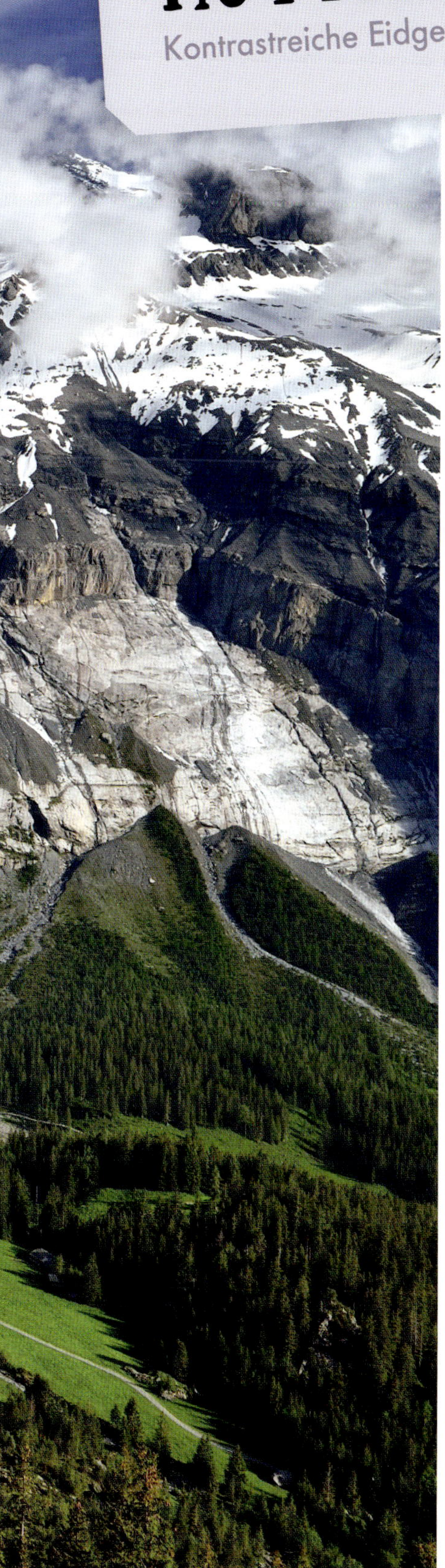

HÜTTEN IN DER SCHWEIZ

Kontrastreiche Eidgenossenschaft

Als Erstes kommen einem beim Gedanken an die Schweiz wohl die Gletscher in den Sinn und die Viertausender. Und natürlich stellen wir hier auch tolle Hütten mit Blick auf die ganz großen Berge oder als Stützpunkte für deren Besteigung vor. Doch hat das Land noch weit mehr zu bieten.

Wer hat denn beispielsweise schon von der Wiwanni oder dem Rifugio Al Legn gehört? Beide liegen auf der Sonnenseite: die erste an den Südhängen über dem Rhônetal mit Blick auf die Walliser Viertausenderkette, die zweite hoch über dem Lago Maggiore und damit bereits in warmen Gefilden. Doch es müssen nicht immer ausgefallene Orte sein: Leser der Schweizer Kapitel werden von einem der schönsten Blicke auf das Matterhorn erfahren, die Eisriesen des Berner Oberlandes kennenlernen und in Gedanken schon einmal das Engadin erkunden. Egal ob Wanderer, Kletterer oder Hochtourengeher – die Schweizer Bergwelt stellt für viele von ihnen eine ganz große Arena dar. Nirgends sonst ragen so viele besonders hohe Berge in den Himmel über Westeuropa und verlangen auch häufig ein ordentliches Maß an Fitness. Doch selbst in diesem Punkt gibt es Ausnahmen ...

DIE TOP 5 HÜTTEN DER REGION

- **Rifugio Al Legn**, 1802 m – Vor allem im Frühsommer verzaubert neben dem Blick auf den Lago Maggiore der heilige Wald.
- **Wiwannihütte**, 2471 m – Uriger Geheimtipp mit einem der besten Blicke auf die Walliser Viertausender.
- **Schreckhornhütte**, 2530 m – In den Berner Alpen ist alles eine Nummer schwieriger. Das gilt auch für den anspruchsvollen Zustieg entlang des Grindelwaldgletschers.
- **Salbithütte**, 2105 m – Kletterparadies und nervenaufreibende Hängebrücke in den Urner Alpen.
- **Georgyhütte**, 3175 m – Gipfelhütte mit Blick in den Festsaal der Alpen zu Piz Palü, Piz Bernina und Piz Roseg.

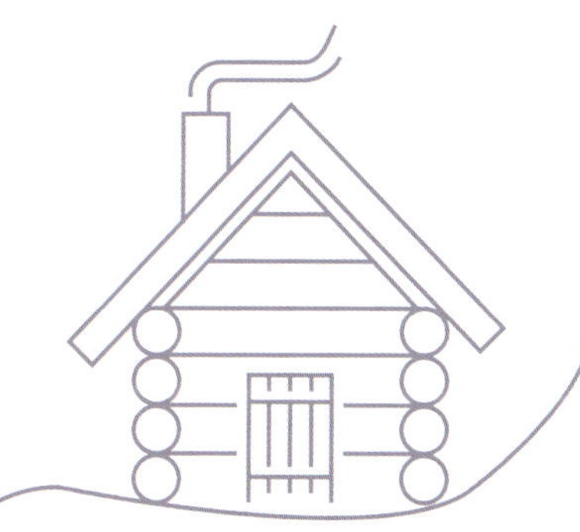

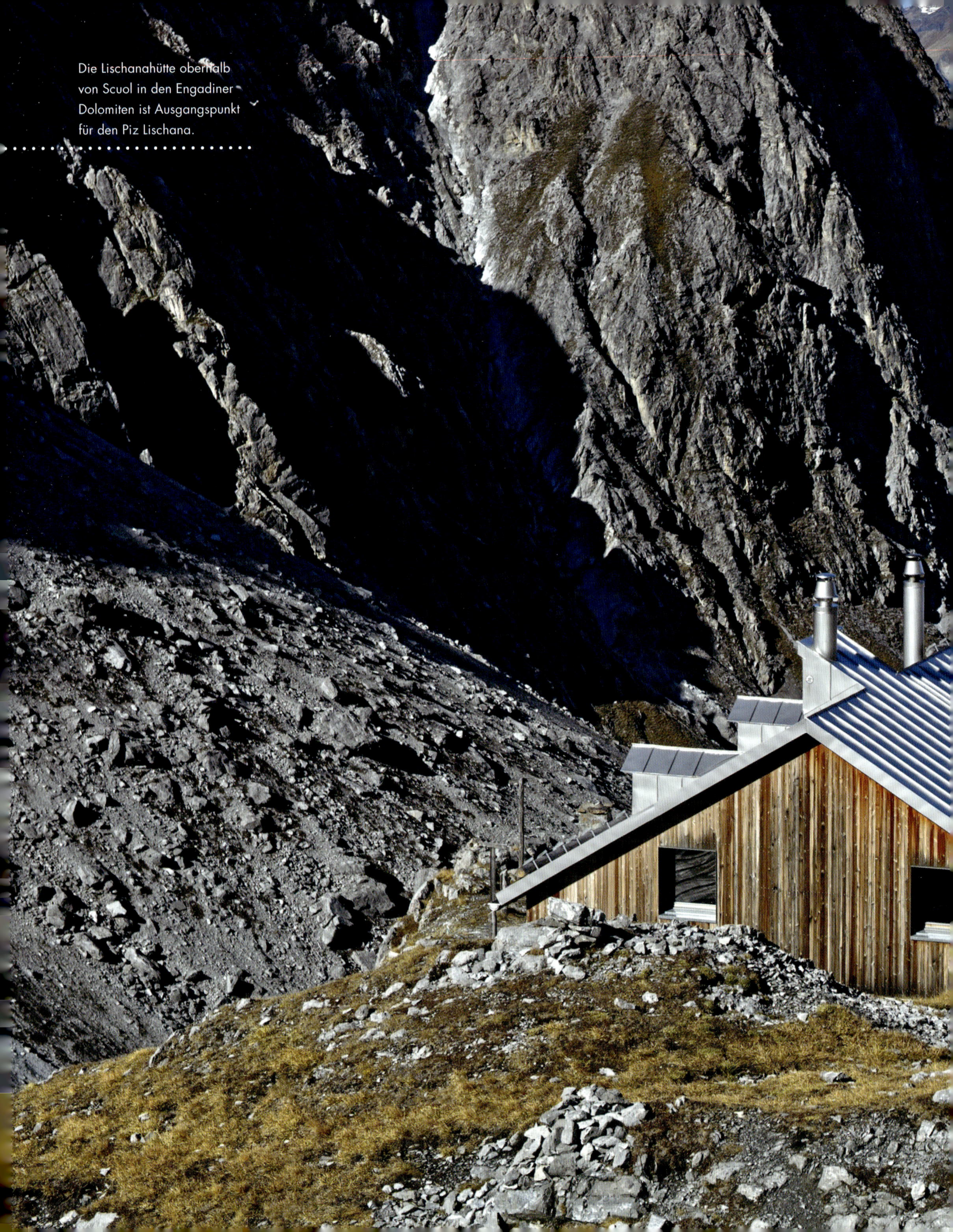

Die Lischanahütte oberhalb von Scuol in den Engadiner Dolomiten ist Ausgangspunkt für den Piz Lischana.

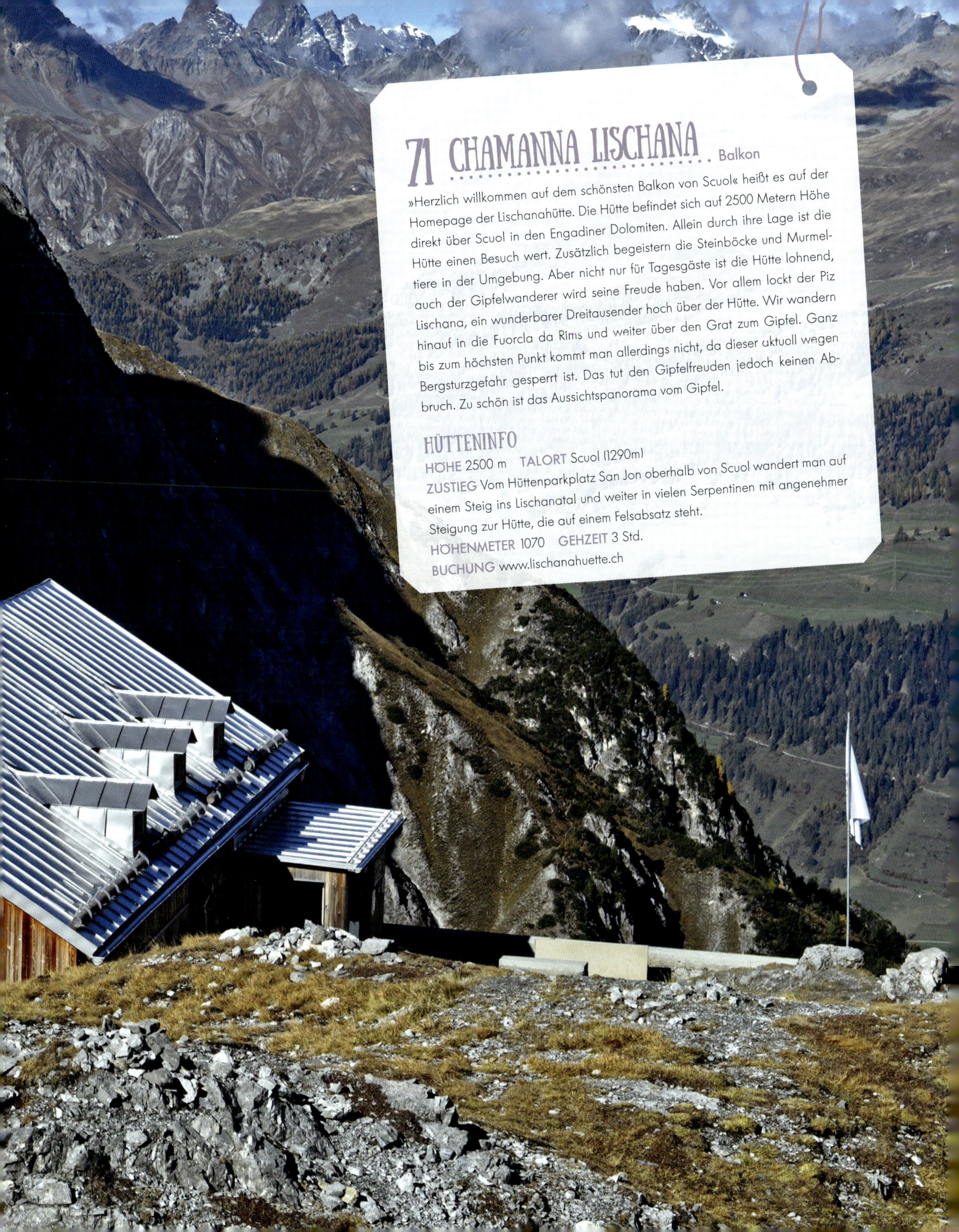

71 CHAMANNA LISCHANA

Balkon

»Herzlich willkommen auf dem schönsten Balkon von Scuol« heißt es auf der Homepage der Lischanahütte. Die Hütte befindet sich auf 2500 Metern Höhe direkt über Scuol in den Engadiner Dolomiten. Allein durch ihre Lage ist die Hütte einen Besuch wert. Zusätzlich begeistern die Steinböcke und Murmeltiere in der Umgebung. Aber nicht nur für Tagesgäste ist die Hütte lohnend, auch der Gipfelwanderer wird seine Freude haben. Vor allem lockt der Piz Lischana, ein wunderbarer Dreitausender hoch über der Hütte. Wir wandern hinauf in die Fuorcla da Rims und weiter über den Grat zum Gipfel. Ganz bis zum höchsten Punkt kommt man allerdings nicht, da dieser aktuell wegen Bergsturzgefahr gesperrt ist. Das tut den Gipfelfreuden jedoch keinen Abbruch. Zu schön ist das Aussichtspanorama vom Gipfel.

HÜTTENINFO

HÖHE 2500 m TALORT Scuol (1290 m)

ZUSTIEG Vom Hüttenparkplatz San Jon oberhalb von Scuol wandert man auf einem Steig ins Lischanatal und weiter in vielen Serpentinen mit angenehmer Steigung zur Hütte, die auf einem Felsabsatz steht.

HÖHENMETER 1070 GEHZEIT 3 Std.

BUCHUNG www.lischanahuette.ch

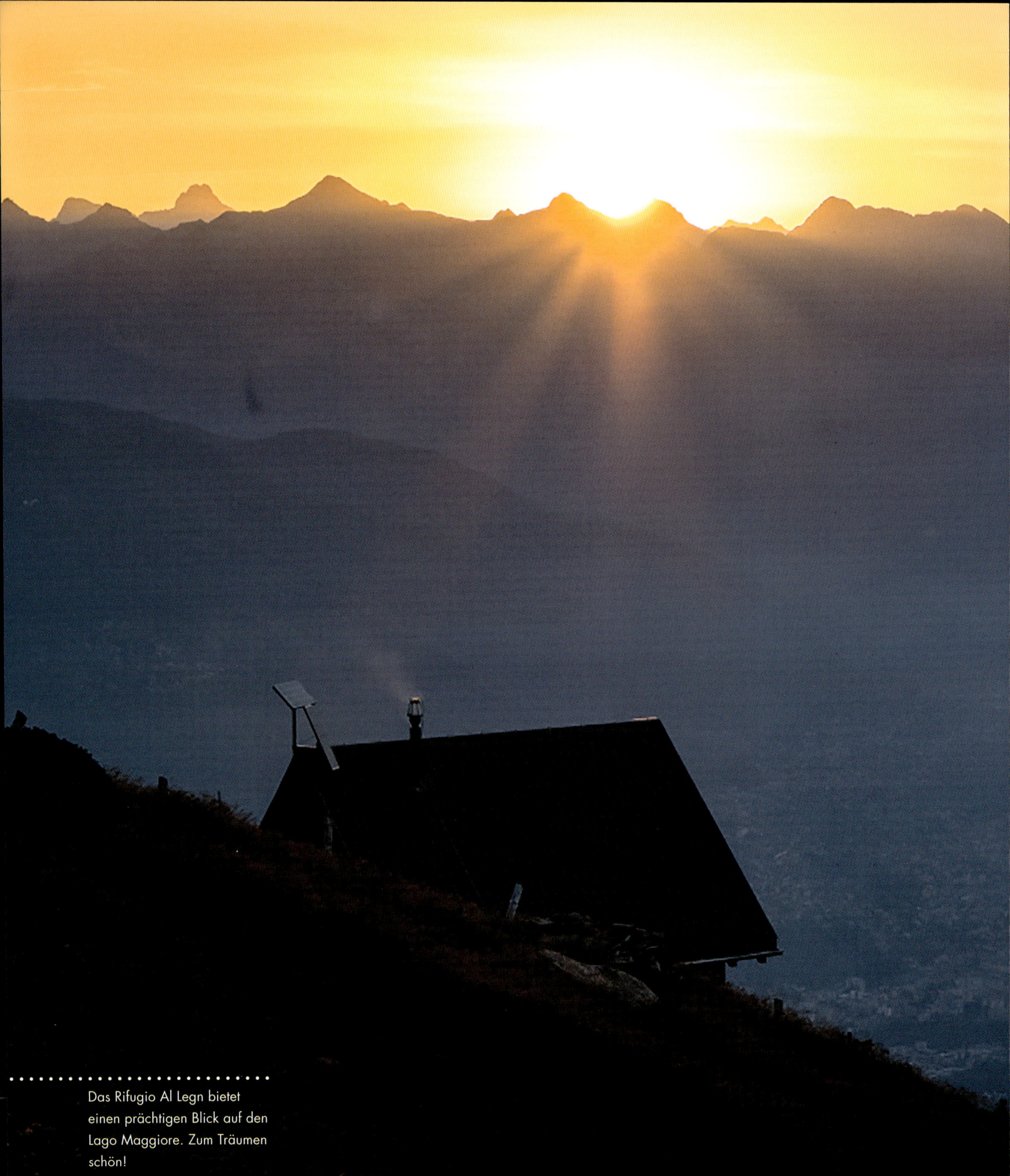

Das Rifugio Al Legn bietet einen prächtigen Blick auf den Lago Maggiore. Zum Träumen schön!

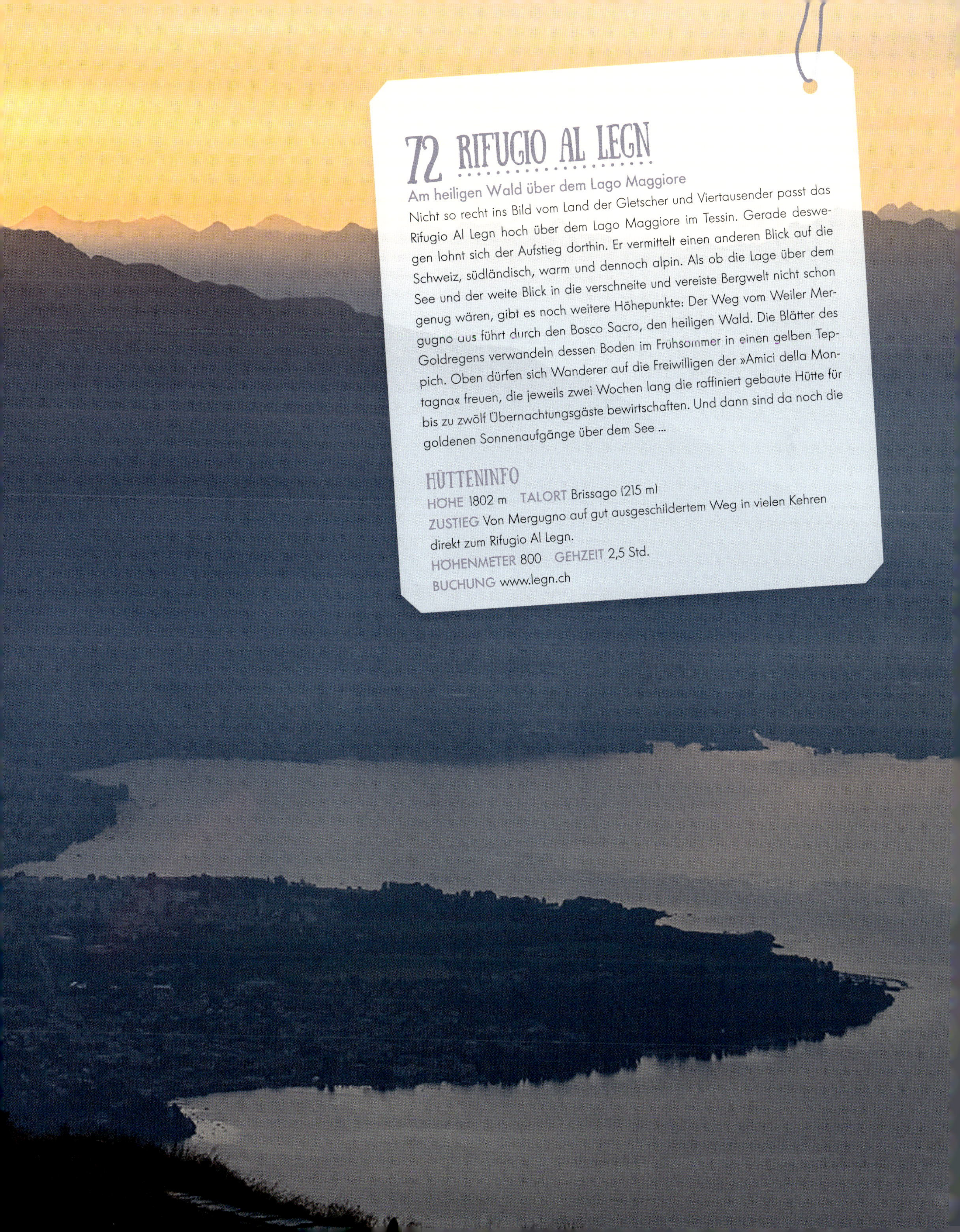

72 RIFUGIO AL LEGN

Am heiligen Wald über dem Lago Maggiore

Nicht so recht ins Bild vom Land der Gletscher und Viertausender passt das Rifugio Al Legn hoch über dem Lago Maggiore im Tessin. Gerade deswegen lohnt sich der Aufstieg dorthin. Er vermittelt einen anderen Blick auf die Schweiz, südländisch, warm und dennoch alpin. Als ob die Lage über dem See und der weite Blick in die verschneite und vereiste Bergwelt nicht schon genug wären, gibt es noch weitere Höhepunkte: Der Weg vom Weiler Mergugno aus führt durch den Bosco Sacro, den heiligen Wald. Die Blätter des Goldregens verwandeln dessen Boden im Frühsommer in einen gelben Teppich. Oben dürfen sich Wanderer auf die Freiwilligen der »Amici della Montagna« freuen, die jeweils zwei Wochen lang die raffiniert gebaute Hütte für bis zu zwölf Übernachtungsgäste bewirtschaften. Und dann sind da noch die goldenen Sonnenaufgänge über dem See …

HÜTTENINFO

HÖHE 1802 m   TALORT Brissago (215 m)

ZUSTIEG Von Mergugno auf gut ausgeschildertem Weg in vielen Kehren direkt zum Rifugio Al Legn.

HÖHENMETER 800   GEHZEIT 2,5 Std.

BUCHUNG www.legn.ch

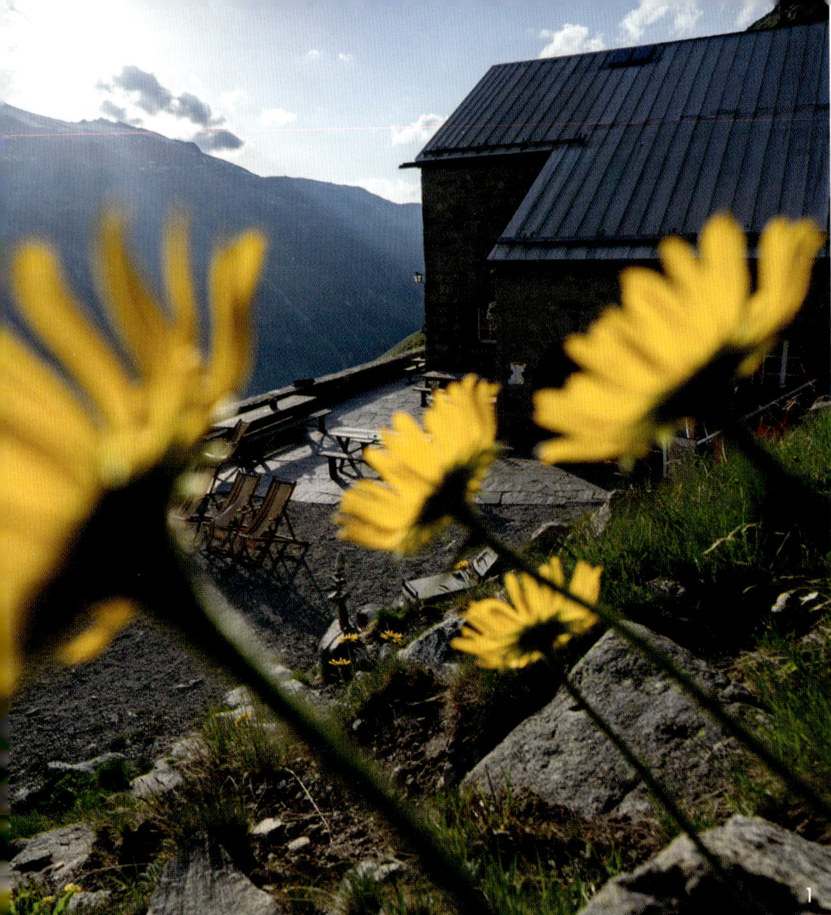

1 Von der Tschiervahütte wird der berühmte Biancograt zum Piz Bernina bestiegen.

73 TSCHIERVAHÜTTE

An den großen Bergen des Engadins

Echtes Bergsteigergefühl kommt an der Tschiervahütte auf. Karabiner klimpern, Seile liegen bereit und Steigeisen erhalten letzte Einstellungen. Wirtin Caroline Zimmermann beherbergt in ihrem großen Haus samt modernem Anbau viele ambitionierte Alpinisten. Die meisten von ihnen wollen über den vergletscherten Biancograt auf den Piz Bernina (4049 m), via Eselsgrat zum Piz Roseg (3937 m) oder auf den Piz Morteratsch (3751 m) steigen. Wer es wagt, hier hinaufzuwandern, erlebt wilde Gletscher und große Gipfel aus der Nähe. Einzig der Piz Tschierva (3546 m) geht noch als Wandergipfel durch.

HÜTTENINFO

HÖHE 2583 m TALORT Pontresina (1805 m)
ZUSTIEG Vom Bahnhof Pontresina auf Fahrweg zum Hotel Roseg (auch per Fahrrad oder Pferdekutsche möglich). Weiter auf markiertem Wanderweg zur Hütte.
HÖHENMETER 800 GEHZEIT 3 Std.
BUCHUNG www.tschierva.ch

74 COAZHÜTTE

Im Festsaal

Die Coazhütte liegt in einer der schönsten Gebirgsregionen der Alpen, der Berninagruppe, auch Festsaal der Alpen genannt. Sie ist umgeben von mächtigen Gletschern und Bergen. Besonders markant sowohl beim Hüttenzustieg als auch auf der Hütte ist der mächtige Piz Roseg, ein beeindruckender, anspruchsvoller Berg. Man muss aber nicht zur Hochtour aufbrechen, allein schon der Zustieg über den aussichtsreichen Panoramaweg von der Mittelstation Murtèl der Corvatschbahn ist herrlich.

HÜTTENINFO

HÖHE 1805 m TALORT Silvaplana (1815 m)
ZUSTIEG Von der Mittelstation der Corvatschbahn in die Fuorcla Surlej. Anschließend abwärts über Almwiesen zur Vallun Murtèl. Nun auf prächtigem Höhenweg zur schön gelegenen Hütte.
HÖHENMETER 350 GEHZEIT 2,5 Std.
BUCHUNG www.coaz.ch

75 CARSCHINAHÜTTE

Reise durch die Zeit

Die Carschinahütte liegt an der Schweizer Südseite des Rätikons, hoch über St. Antönien. Genauer gesagt am Südfuß der Sulzfluh, eines der mächtigsten Berge im Rätikon. Highlight in der Umgebung der Hütte ist sicherlich die Besteigung dieses Berges über den eindrucksvollen Klettersteig. Aber auch für Wanderer ist dieses Gebiet sehr interessant, führt doch der Prättigauer Höhenweg an der Hütte vorbei. Es ist dementsprechend beliebt bei Wanderern, Bergsteigern und Familien.

HÜTTENINFO

HÖHE 2236 m TALORT St. Antönien (1459 m)
ZUSTIEG Vom Dorfplatz St. Antönien auf breitem Wanderweg zum Meierhofer Älpli und weiter zu einer Hochebene. In der Nähe liegt der Carschinasee. Der Weg führt über die Carschinafurgga zur Hütte.
HÖHENMETER 800 GEHZEIT 3 Std.
BUCHUNG www.carschina.ch

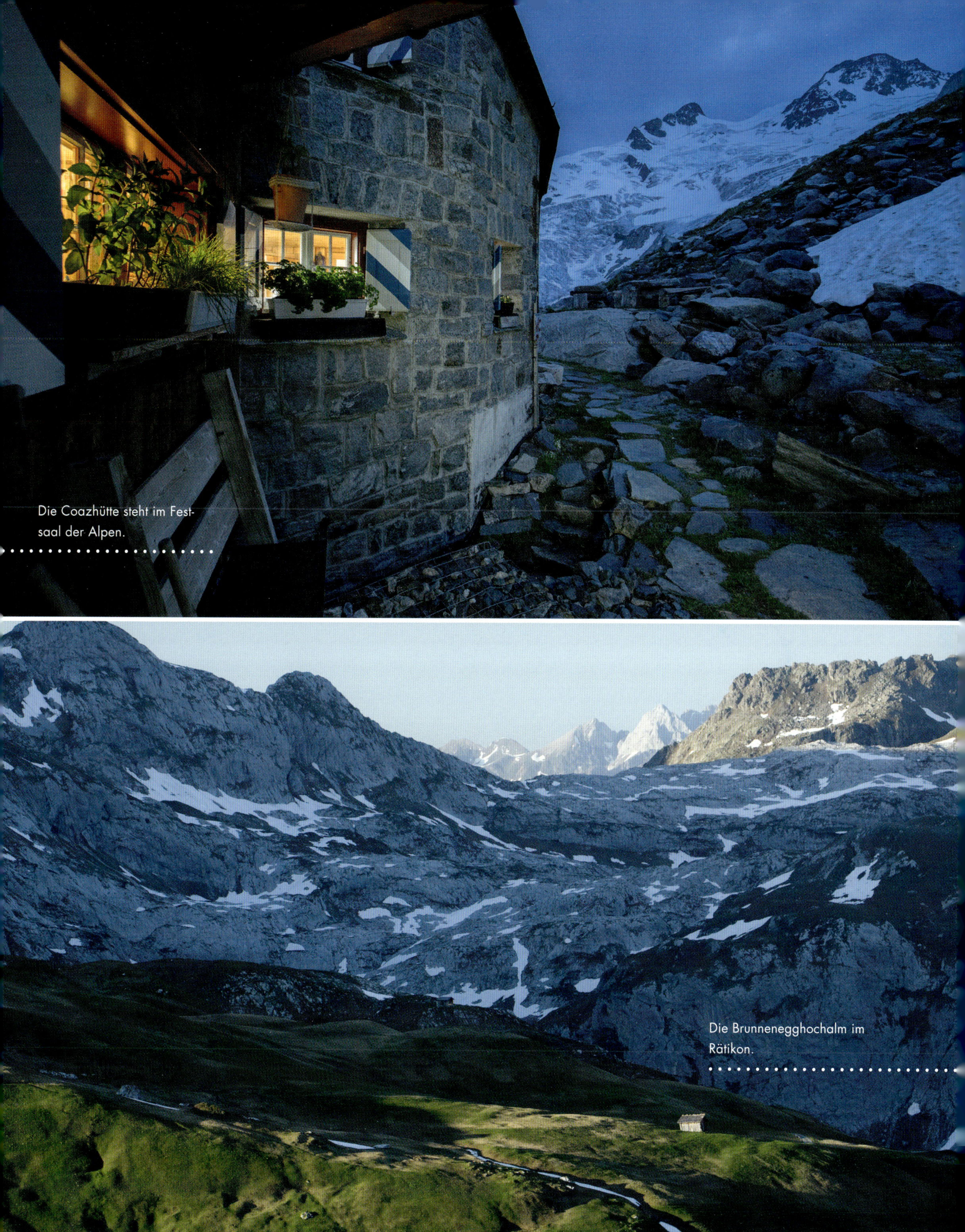

Die Coazhütte steht im Festsaal der Alpen.

Die Brunnenegghochalm im Rätikon.

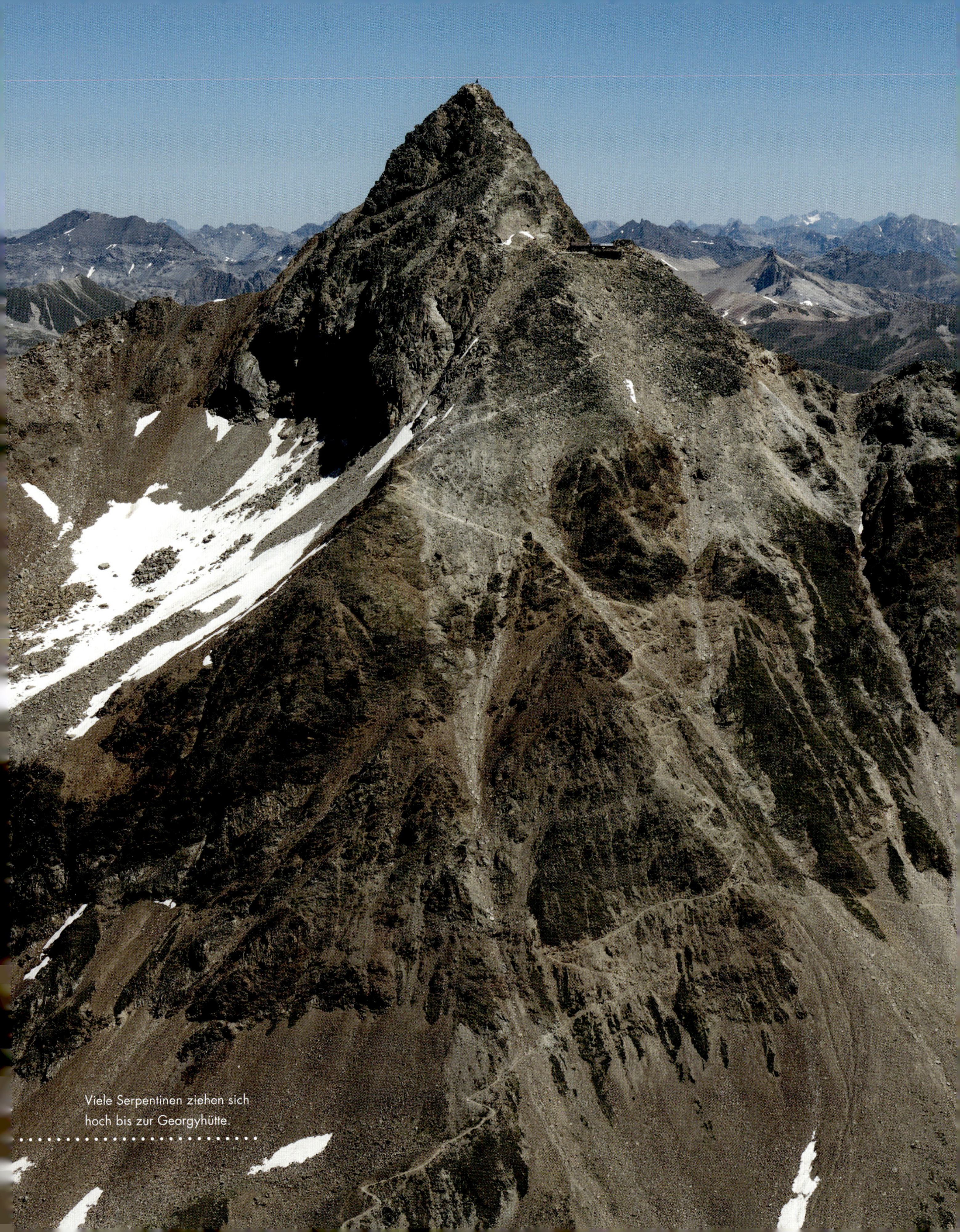

Viele Serpentinen ziehen sich hoch bis zur Georgyhütte.

Die reizvolle Landschaft mit den Oberengadiner Seen bietet eine Riesenauswahl an Wanderzielen.

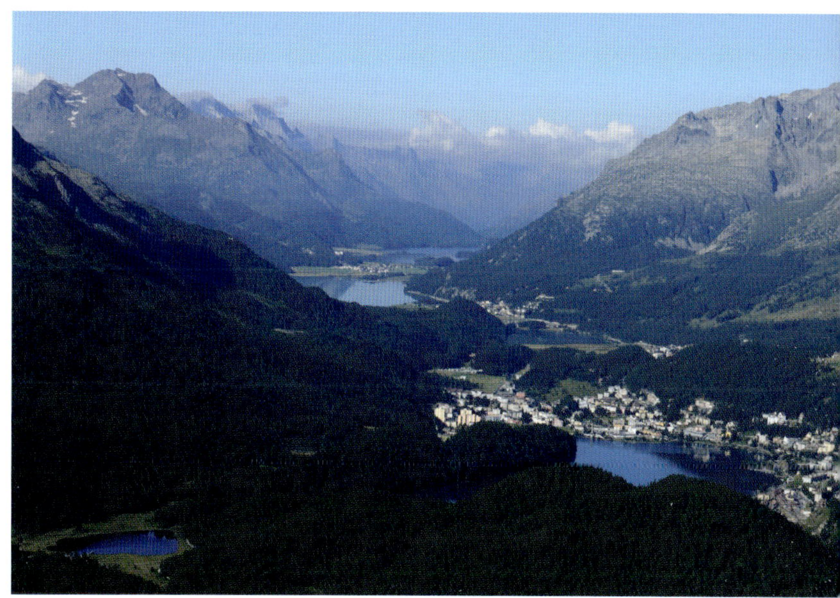

76 GEORGYHÜTTE Die Höchste

Die Georgyhütte ist die höchstgelegene Hütte des Kantons Graubündens. Sie steht auf fast 3200 Metern Höhe, knapp unterhalb des Piz Languard. Von der Hüttenterrasse genießt man einen der herrlichsten Ausblicke auf die Berninagruppe. Piz Palü, Piz Bernina und Piz Roseg präsentieren sich von ihrer Paradeseite. Besonders fasziniert natürlich der Blick auf den Biancograt, einen der eindrucksvollsten Firngrate in den Alpen. Wer möchte, kann hier oben sogar übernachten. Die Hütte ist benannt nach Wilhelm Georgy, 1819 in Leipzig geboren. Er war Kunstmaler und hatte den Auftrag, die Publikation »Das Tierleben der Alpen« zu bebildern. Dadurch kam er in die Schweiz. Er hatte bald enge Kontakte nach Pontresina und verbrachte viel Zeit an der Georgyhütte. Später, als er wieder in Leipzig war, malte er aus der Erinnerung das Bild »Bernina-Gruppe mit Gemsen vom Piz Languard aus«. Heute ist die Hütte ein beliebtes Ausflugsziel hoch über Pontresina und auch relativ schnell erreichbar. Nach der Auffahrt mit dem Sessellift zur Alpe Languard geht man auf gut markiertem Weg zur traumhaft gelegenen Hütte. Von hier sind es nur noch wenige Meter auf den Gipfel des Piz Languard, eines großartigen Wanderdreitausenders. War die Aussicht von der Hüttenterrasse schon toll, so ist sie vom Gipfel noch umfassender. Natürlich fesselt wieder die Berninagruppe. Aber an schönen Tagen reicht die Aussicht viel weiter und die zahlreichen Gipfel kann man kaum zählen.

Ein weiterer Zugang zur Hütte ist von der Bergstation der Standseilbahn Muottas Muragl möglich. Fast noch schöner ist aber die Rundtour. Man beginnt mit dem Aufstieg von der Alpe Languard zur Georgyhütte und zum Piz Languard. Danach geht man am Hüttenweg ein Stück zurück und wandert auf dem Steinbockweg bis nach Muottas Muragl. Dieser Höhenweg ist ein grandioser Panoramaweg. Immer wieder bieten sich tolle Ausblicke auf die Berninagruppe und die umliegenden Berge. Besonders schön ist das Erlebnis, wenn man unterwegs auf Steinböcke trifft, die hier an den Hängen des Piz Languard leben. Auch Murmeltiere hört man häufig pfeifen. Wer zwischendurch noch einkehren möchte, kann das an der Chamanna Segantini tun, an der man unterwegs vorbeikommt. Mit dem Bus gelangt man wieder zurück zur Talstation des Sesselliftes in Pontresina.

WOW – WELCH EIN AUSBLICK VON DER HÜTTENTERRASSE ZUR BERNINAGRUPPE.

HÜTTENINFO

HÖHE 3175 m TALORT Pontresina (1805 m)

ZUSTIEG Von der Bergstation des Sesselliftes zur Alp Languard über freies Gelände bergauf zu den Südausläufern des Piz Languard. Nun steil und in vielen Serpentinen über schuttiges Gelände hinauf zur Hütte.

HÖHENMETER 840 GEHZEIT 2,5 Std.

BUCHUNG www.georgy-huette.ch

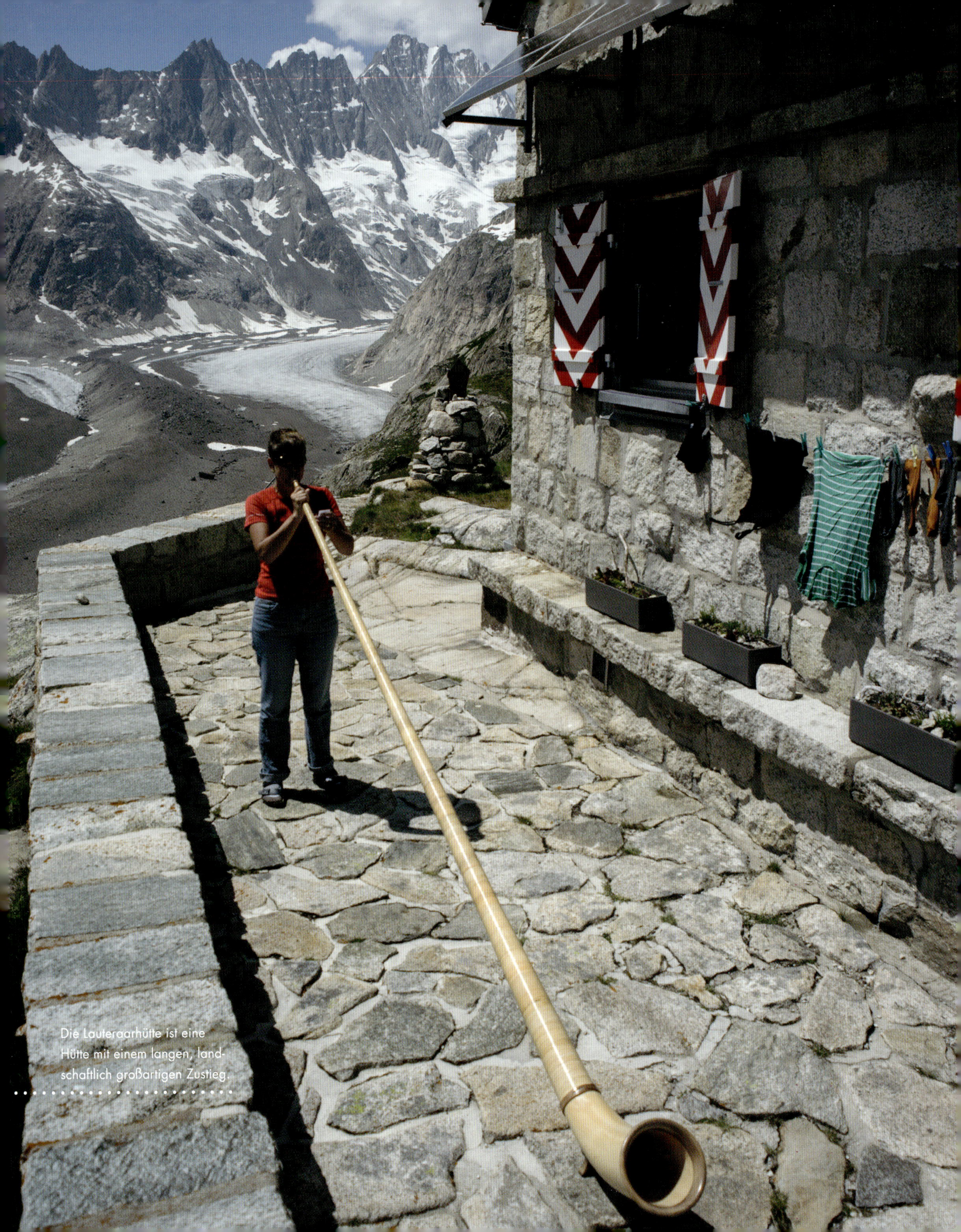

Die Lauteraarhütte ist eine Hütte mit einem langen, landschaftlich großartigen Zustieg.

Gämsen bei der Lauteraarhütte.

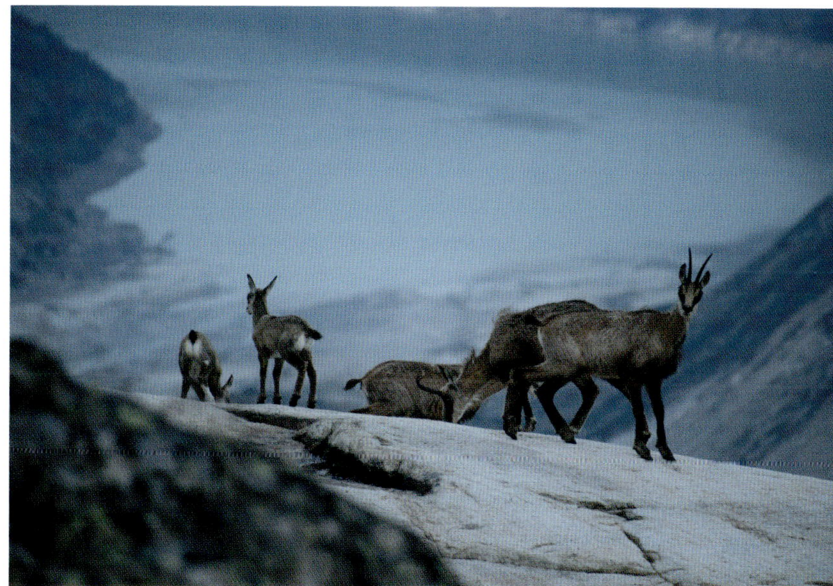

77 LAUTERAARHÜTTE Forschung

Die Geschichte der Lauteraarhütte führt zurück auf Gletscherforscher. Bereits 1827 wurde der Unteraargletscher von Franz Joseph Hugi aus Solothurn erforscht und auf seiner Mittelmoräne eine kleine Hütte erstellt. Bei weiteren Forschungen von 1839 bis 1845 durch Louis Agassiz musste eine neue Hütte gebaut werden. Die Forscher blieben weiterhin auf der Mittelmoräne, während sich die Führer am Rande des Gletschers auf einem Felssporn niederließen, dem heutigen Standort der Lauteraarhütte. Noch heute kann man in einem Stein unter der Hütte die Jahreszahl erkennen. Die Forscher blieben bis 1870 am Unteraargletscher. Mitte der 1840er-Jahre kam ein Fabrikant aus dem Elsass, Daniel Dollfus-Ausset, zu den Forschern und ließ an dieser Stelle einen Pavillon erbauen, der nach ihm »Pavillon Dollfus« benannt wurde. Dieser wurde von der SAC Sektion Zofingen 1882 übernommen und lange als Hütte genutzt. 1931 musste er dann schließlich einem Neubau weichen, der im Wesentlichen bis heute als Lauteraarhütte Bestand hat. Daher ist die Hütte immer noch eine sehr ursprüngliche Bergunterkunft und strahlt echtes Hüttenflair aus. Sogar der Handyempfang ist nur eingeschränkt möglich und WLAN gibt es nicht. Also ideal für eine Auszeit vom stressigen Alltag. Auch heute noch liegt die Hütte hoch über dem Unteraargletscher. Dementsprechend großartig ist der Hüttenzustieg, der noch dazu ordentlich Zeit in Anspruch nimmt. Gut vier Stunden ist man unterwegs von Grimsel Summerloch, bis man an der Hütte steht. Der Weg führt mitten hinein ins Hochgebirge. Nach dem Auftakt entlang des Grimselstausees durchwandert man Hochmoore mit vielen seltenen Pflanzen. Unterwegs kommt man auch dem Unteraargletscher ganz nah. Die Gipfel um die Hütte stellen alle hochalpine Tourenziele dar. Das gilt neben den einfacheren Bergen wie Bächlistock, Brandlammhorn und Hubelhorn vor allem für die beiden Viertausender Lauteraarhorn und Schreckhorn. Zudem handelt es sich bei den Routen auf diese beiden Gipfel nicht um die Normalwege, sondern um anspruchsvollere Anstiege. Aber auch mit dem landschaftlich großartigen Hüttenanstieg, der tollen und abgeschiedenen Lage der Hütte kann man hier wunderbare Momente mitten in den Berner Alpen erleben.

AN DER LAUTERAARHÜTTE SCHEINT DIE ZEIT STEHEN GEBLIEBEN ZU SEIN.

HÜTTENINFO

HÖHE 2393 m TALORT Handegg (1423 m)

ZUSTIEG Von Grimsel Summerloch entlang des Stausees zu seinem Ende. Über das Gletschervorfeld wandert man zum Unteraargletscher und auf einem schönen Bergweg weiter zur Hütte.

HÖHENMETER 680 GEHZEIT 4,5 Std.

BUCHUNG www.sac-zofingen.ch/huetten/lauteraarhuette/

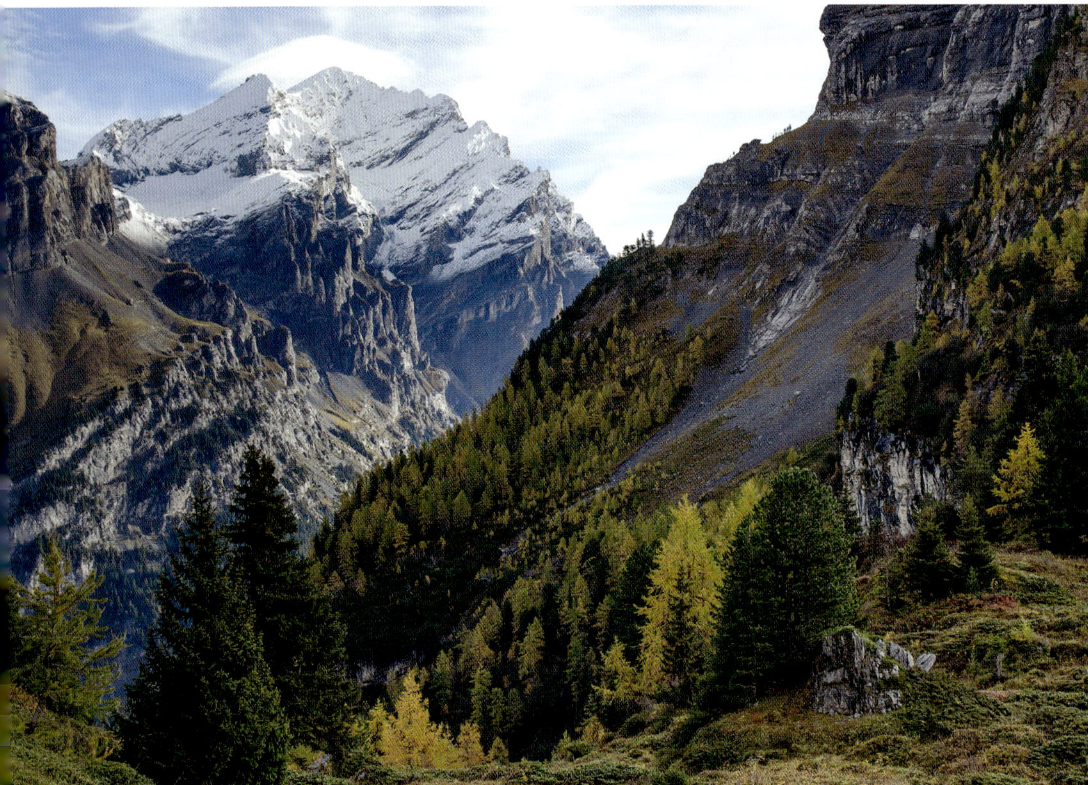

Das Doldenhorn ist der Hausberg der Doldenhornhütte.

78 DOLDENHORNHÜTTE

Mit Seeblick

Die Doldenhornhütte bei Kandersteg steht auf einem Felsvorsprung über dem Tal. Grandios ist der schaurig-schöne Hüttentiefblick auf den lieblichen Oeschinensee. Beim Aufstieg zur Hütte spazieren wir durch einen herrlichen Lärchen- und Arvenwald. Neben dem normalen Hüttenanstieg gibt es noch den beeindruckenden Felsenweg. Die Hütte ist besonders bei Bergwanderern und Familien beliebt. Aber auch der Hochtourengänger findet mit dem mächtigen Doldenhorn ein gut erreichbares, spannendes Gipfelziel.

HÜTTENINFO

HÖHE 1915 m TALORT Kandersteg (1174 m)

ZUSTIEG Von Kandersteg in Richtung des Oeschinensees bis kurz nach der Materialseilbahn. Dann nach rechts abbiegen und über den seilgesicherten Bärentritt bergauf. Nach der Überquerung von zwei Bächen geht man nach links zur sichtbaren Hütte.

HÖHENMETER 750 GEHZEIT 2,5 Std.

BUCHUNG www.doldenhornhuette.com

79 BLÜEMLISALPHÜTTE

In der Höhe

Auf über 2800 Metern Höhe liegt die Blüemlisalphütte im Berner Oberland. Bereits seit 1875 steht hier eine Unterkunft, die heutige Hütte seit 1947. Als Wanderziel ist dies schon ordentlich hoch. Aber die Aufstiegsmühen und Schweißperlen lohnen sich. Der Aufstieg vom Oeschinensee bei Kandersteg ist landschaftlich großartig. Auch die Szenerie an der Hütte mit Blüemlisalphorn, Morgenhorn und Wyssi Frau ist grandios. Unterhalb der Hütte gibt es einen bestens eingerichteten Klettergarten. Gut vier Stunden ist man bis zum Schutzhaus unterwegs.

HÜTTENINFO

HÖHE 2840 m TALORT Kandersteg (1174 m)

ZUSTIEG Von der Bergstation der Seilbahn geht man zum großartig gelegenen Oeschinensee. Der Weg führt weiter über Unteres und Oberes Bärgli zum Hohtürli, von dem es nicht mehr weit bis zur Blüemlisalphütte ist.

HÖHENMETER 1320 GEHZEIT 4 Std.

BUCHUNG www.sac-bluemlisalp.ch/de/Blueemlisalphuette

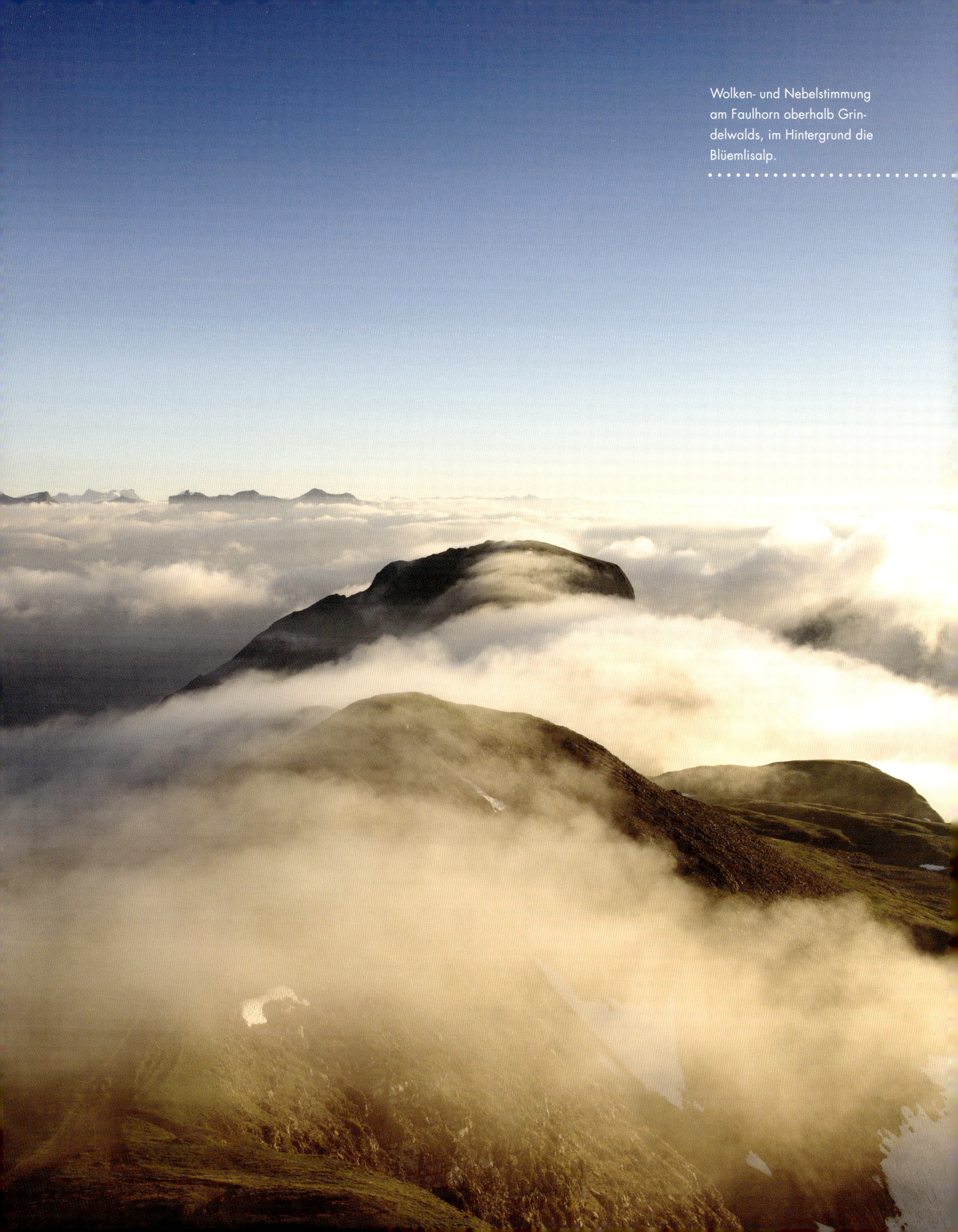

Wolken- und Nebelstimmung am Faulhorn oberhalb Grindelwalds, im Hintergrund die Blüemlisalp.

80 SCHÖNBIELHÜTTE

Mit bester Sicht auf das Matterhorn

Für Wanderer bietet die Schönbielhütte eine der besten Gelegenheiten, die Walliser Bergwelt rund um das Matterhorn (4478 m) zu erleben. Die lange Tour dorthin führt durch reizvolle Landschaft und bietet Blicke auf die Matterhornnordwand. Erst wer ihr gegenübersteht, spürt die Naturgewalt, die von den 1200 Höhenmetern Fels und Eis ausgeht. Unzählige Wasserfälle donnern von dort ins Tal. Der Anblick dieses formschönen Bergs zieht seit Langem Touristen aus aller Welt ins autofreie Zermatt. Doch von diesem Rummel ist an der Schönbielhütte kaum etwas zu spüren. In der einfachen Unterkunft, die Wirtin Yolanda Biner-Perren und ihre Familie führen, ist es selten voll. Dafür lassen sich neben dem Matterhorn weitere Viertausender wie der Dent d'Hérens mit seiner eisbepackten Nordwand sowie nahe Gletscher bewundern.

HÜTTENINFO

HÖHE 2694 m TALORT Zermatt (1608 m)

ZUSTIEG Von Zermatt über die Siedlungen Blatten und «Zum See« zu einem Stausee. Kurz steil bergauf und über einen Möranenrücken zur Hütte. Die Strecke lässt sich auch weit mit dem Mountainbike radeln.

HÖHENMETER 1100 GEHZEIT 4 Std.

BUCHUNG www.section-monte-rosa.ch/de/unsere-hutten/schoenbielhutte

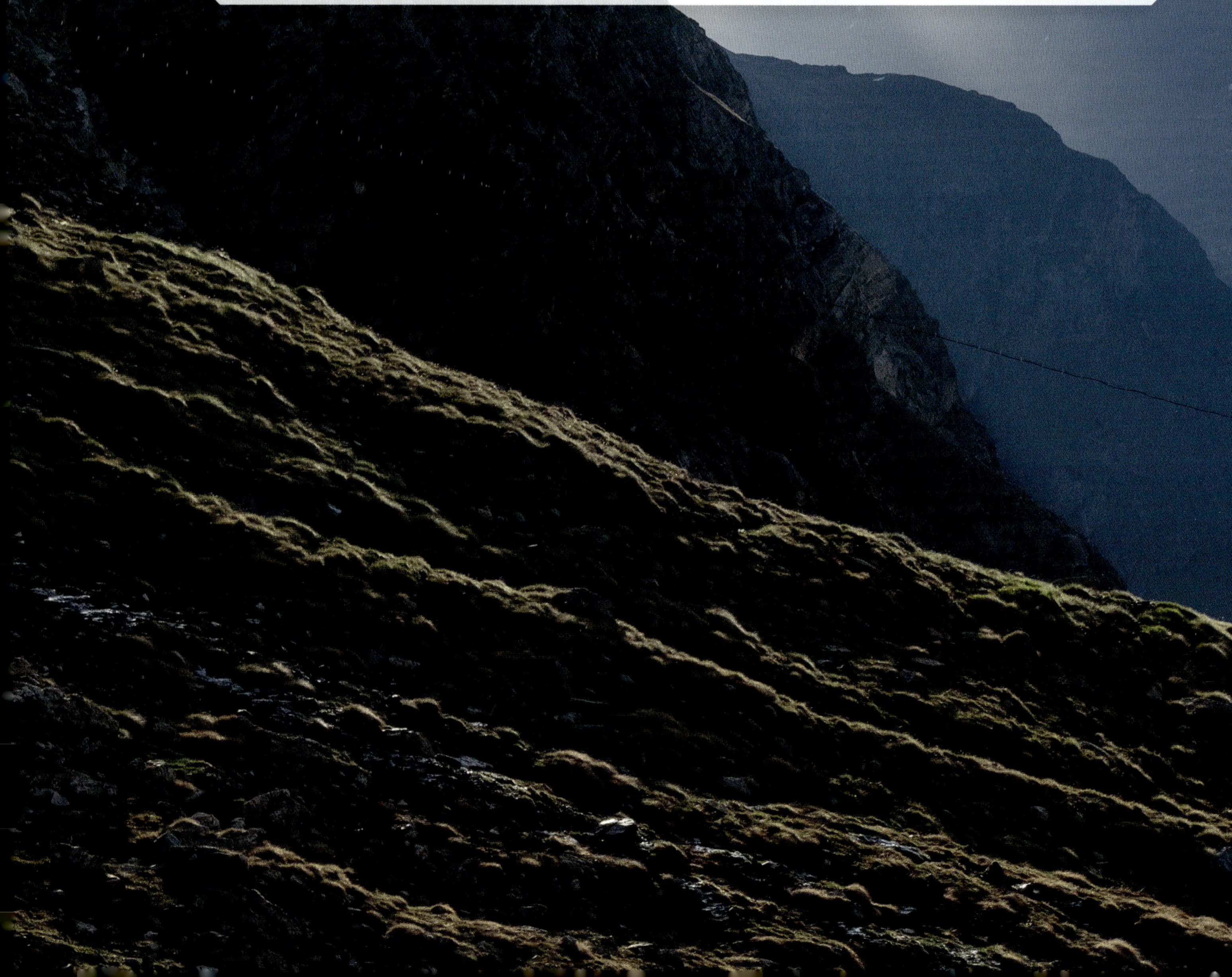

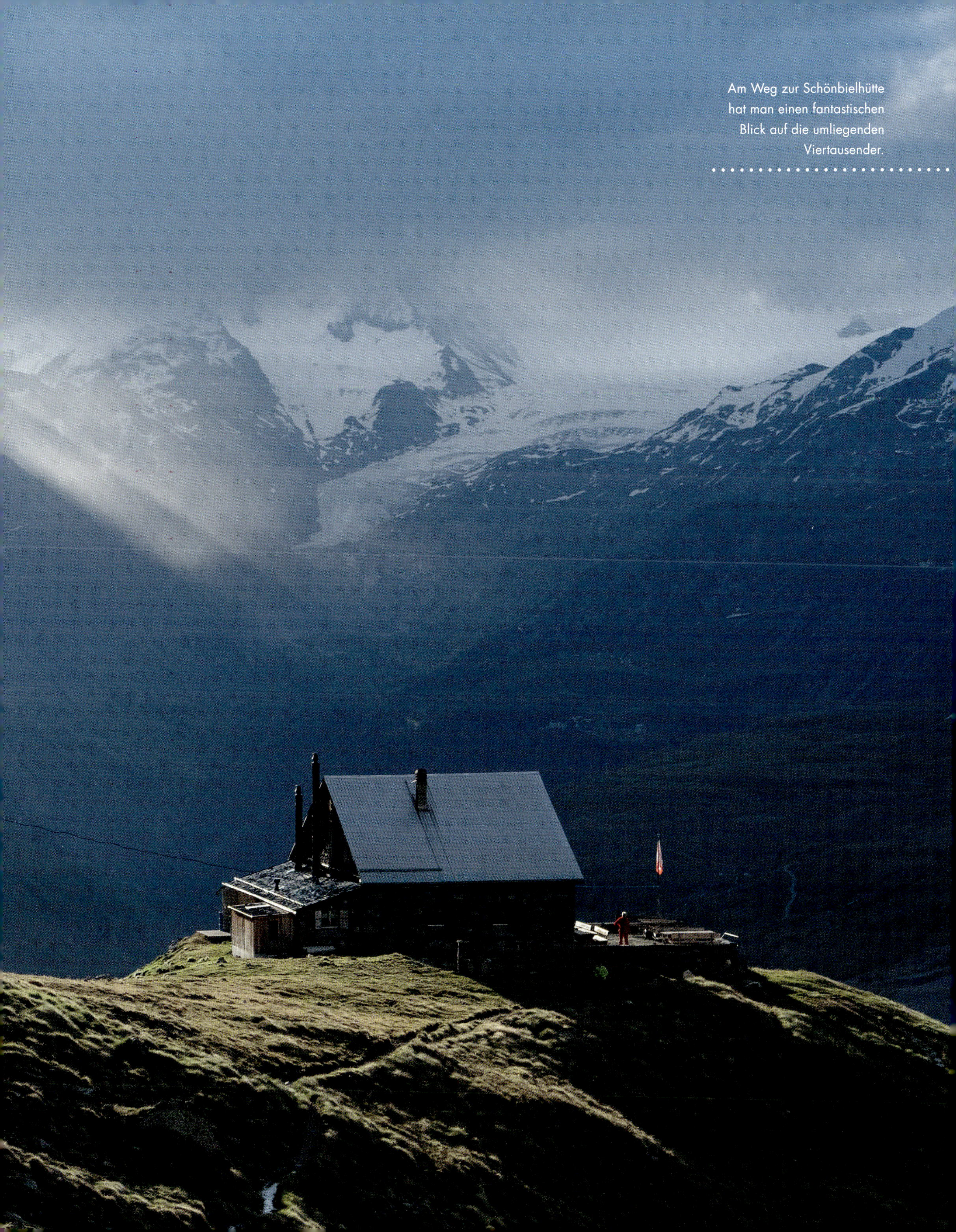

Am Weg zur Schönbielhütte hat man einen fantastischen Blick auf die umliegenden Viertausender.

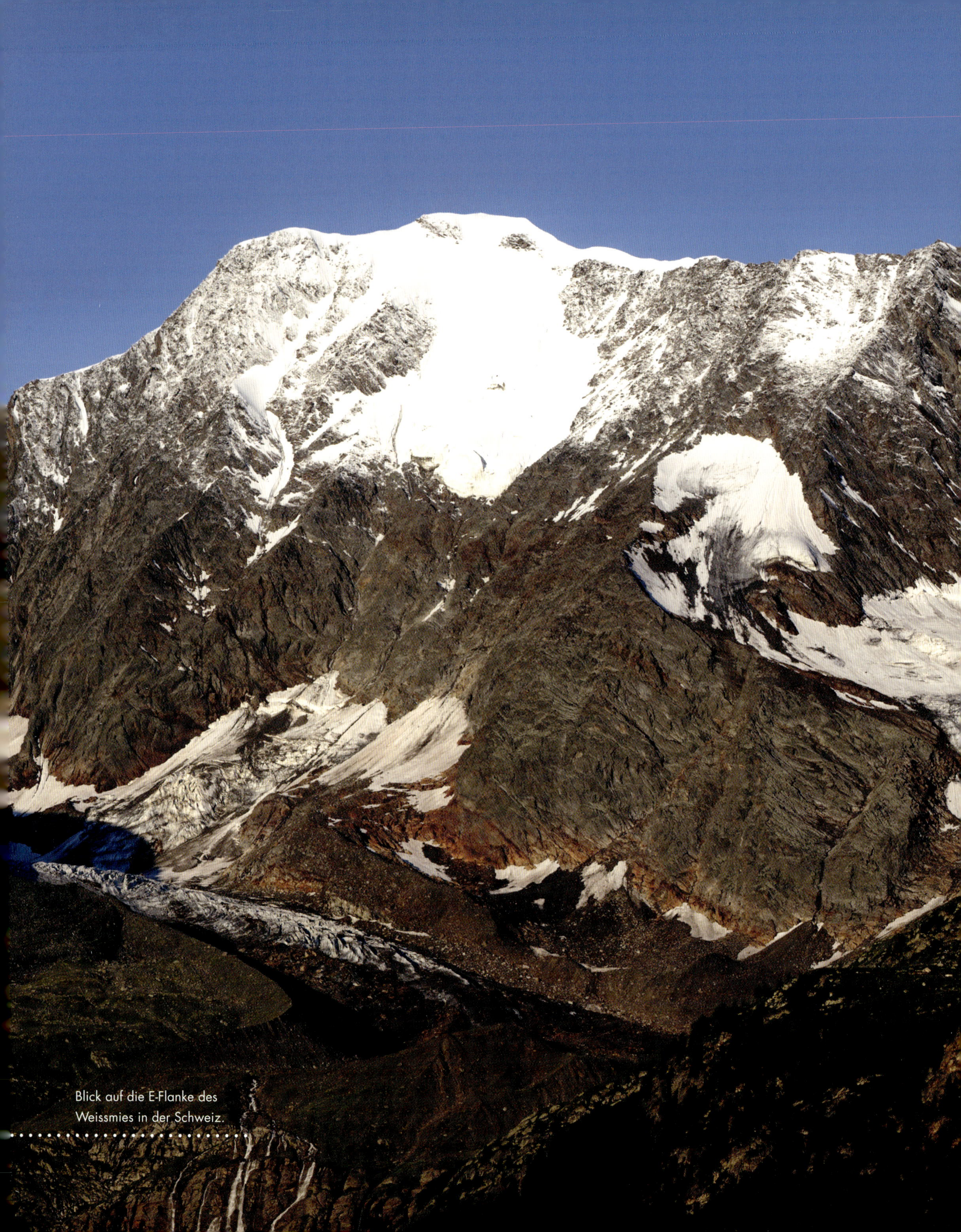

Blick auf die E-Flanke des Weissmies in der Schweiz.

Blick vom Weissmies nach Italien.

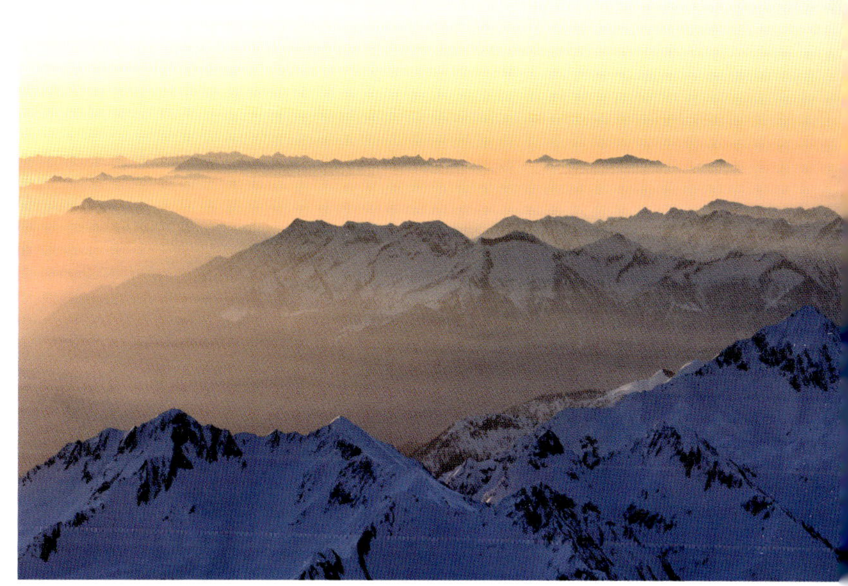

81 WEISSMIESHÜTTE

Perfekter Stützpunkt für ganz große Berge

Machen wir uns nichts vor: Die Weissmieshütte schöpft ihre Beliebtheit vor allem aus den nahen Viertausendern Lagginhorn (4010 m) und Weissmies (4017 m), die noch obendrein als relativ leicht erreichbar gelten. Dass die Gondelbahn zum Hohsaas den Zustieg dabei auf ein Minimum verkürzt, trägt sicher auch zum Erfolg bei und das ist völlig in Ordnung. Doch sei gesagt: Auch die beiden Haus-Viertausender sollte niemand unterschätzen. Zudem gibt es mit dem 3986 Meter hohen Fletschhorn noch eine weitere Hochtour par excellence sowie hochalpine Mehrseillängenrouten und einen Klettersteig. Außerdem ziehen verschiedene Höhenwege auch Wanderer ohne Pickel und Steigeisen an. Denn im Angesicht der gegenüberliegenden Mischabelgruppe mit dem 4545 Meter hohen Dom läuft es sich natürlich erhaben.

Zurück zu Weissmies und Lagginhorn: Verschiedener könnten diese beiden Berge trotz ihrer Nähe und ähnlichen Höhe nicht sein. Das Lagginhorn nordöstlich der Hütte lässt sich je nach gewähltem Weg gletscherfrei erreichen. Die Tour dort hinauf führt auf einer Geländerippe über Blockgelände mit einer geneigten Platte als Schlüsselstelle. Auch wenn es keine zwingenden Gletscherpassagen gibt, Pickel und Steigeisen sind Pflicht für die höchstwahrscheinlich oben liegenden Schneefelder, die oft gefährliche Wechten bilden. Am Weismies im Südosten der Hütte muss sowieso die gesamte Hochtourenausrüstung mit und der Wecker sollte zu früher Stunde klingeln. Denn der Anstieg auf diesen eindrucksvollen Berg ist eine großzügige Gletschertour. Teilweise riesige Spalten, Eis bis 40 Grad Steilheit und ein ausgesetztes letztes Stück am Grat sorgen dort für die Herausforderungen. Denn auch ein relativ leicht zu erreichender Viertausender bleibt ein Viertausender und diese sind nun mal nie zu unterschätzen. Ganz zu schweigen davon, dass Kälte und rasche Wetterwechsel einem das Leben schwer machen können. Ebenso kann die Atmung durch den geringen Luftdruck in der Höhe für weniger gut akklimatisierte Alpinisten zum Problem werden. Doch eine Nacht auf der Weissmieshütte, nach einer kleineren Akklimatisationstour, kann da Abhilfe schaffen.

DIE WEISSMIESHÜTTE LÄSST SICH DANK BAHNUNTERSTÜTZUNG PROBLEMLOS ERREICHEN UND BIETET TRAUMBLICKE AUF DIE GEGENÜBERLIEGENDEN VIERTAUSENDER UM DEN DOM. EBENSO DIENT SIE ALS STÜTZPUNKT FÜR GROẞE HOCHTOUREN.

HÜTTENINFO

HÖHE 2726 m | TALORT Saas-Grund (1560 m)

ZUSTIEG Entweder von der Mittelstation der Gondelbahn, Kreuzboden (2400 m), auf markiertem Weg zur Hütte oder von der Bergstation Hohsaas (3200 m) absteigen.

HÖHENMETER 330 bergauf oder 470 bergab

GEHZEIT 1 Std.

BUCHUNG www.weissmieshuette.ch

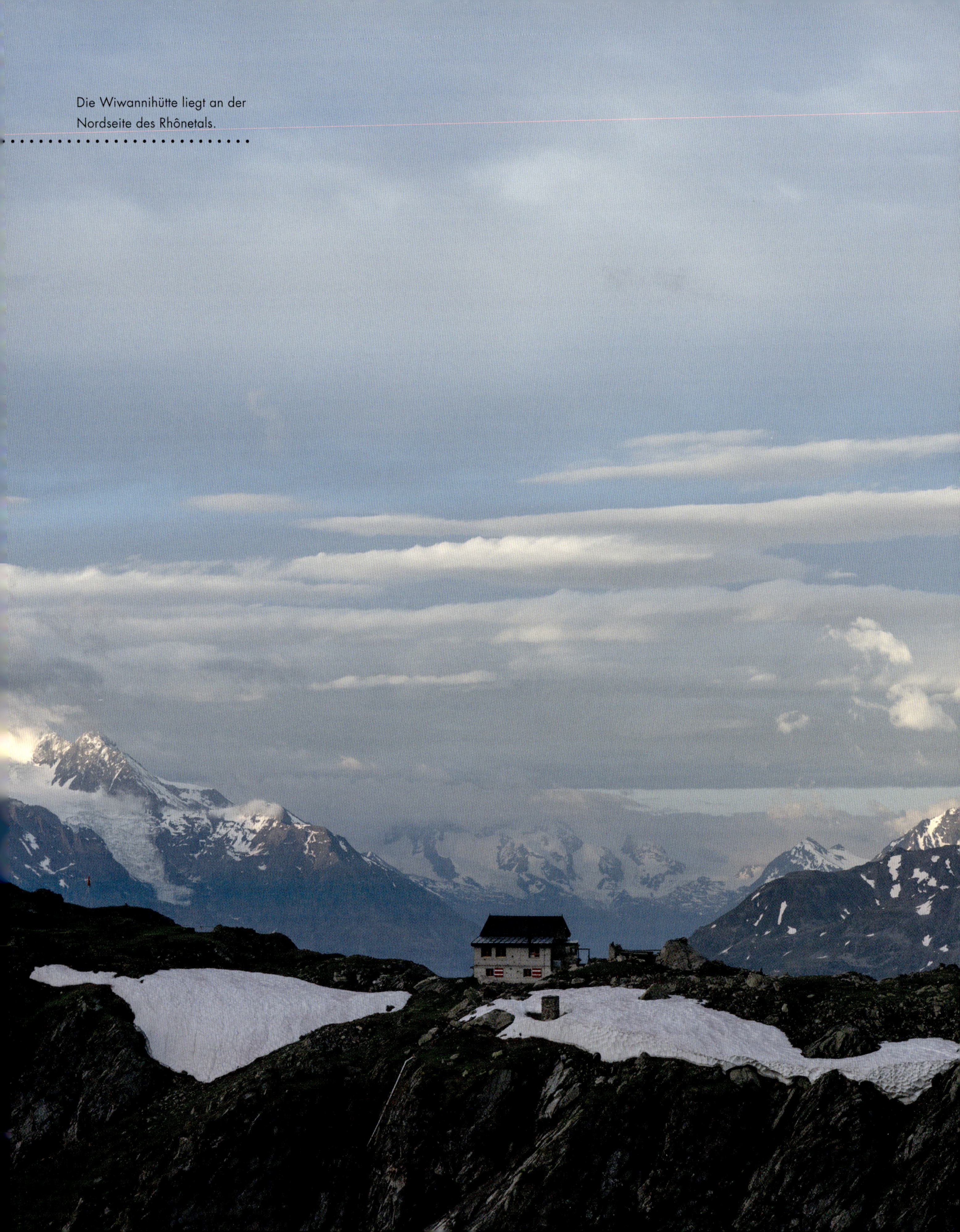

Die Wiwannihütte liegt an der Nordseite des Rhônetals.

Wirt der Wiwannihütte ist der Bergführer Egon Feller.

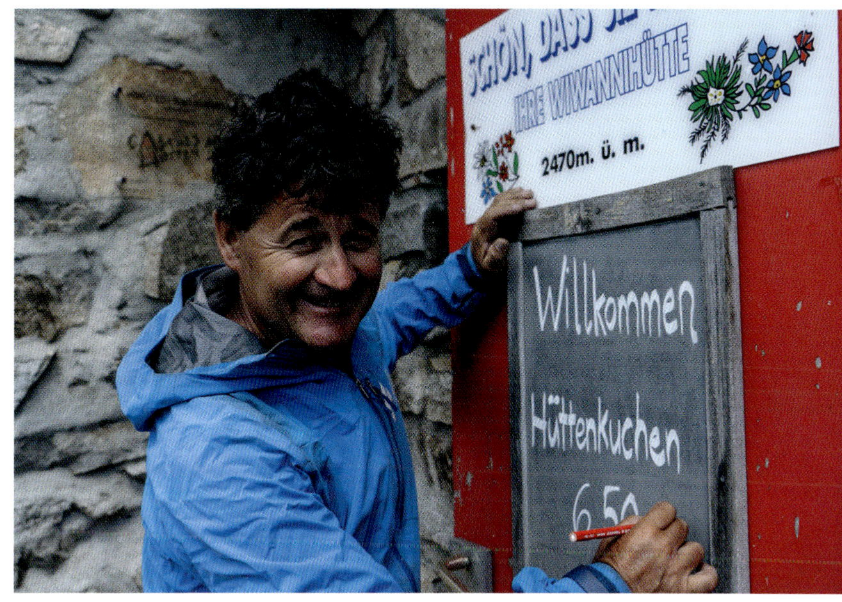

82 WIWANNIHÜTTE

Geheimtipp über dem Rhônetal

Wiwanni – der Name klingt putzig und tatsächlich ist auf der Nordseite des Rhônetals alles etwas kleiner, zumindest für Schweizer Verhältnisse. Das Steinhäuschen passt sich auf einem Bergsattel unterhalb des »nur« 3001 Meter hohen Wiwannihorns ideal in die Umgebung ein. Große, berühmte Gipfel gibt es hier nicht zu besteigen. Doch die Aussicht auf eisgepanzerte Viertausender wie Dom und Weisshorn könnte kaum besser sein. Auch sind Steinböcke um die Hütte herum unterwegs. Mutter- und Jungtiere lassen sich, mit etwas Glück, bestens beobachten.

Gebaut hat die Wiwannihütte der einheimische Bergführer Egon Feller mitten in seinem persönlichen Kletterparadies. Über dem Gastraum bietet das Lager 44 Bergsteigern Platz. Es ist aber selten voll, denn die Hütte ist noch immer ein Geheimtipp. Sie liegt zwar schon in den Berner Alpen, doch noch im Kanton Wallis, 1500 Meter über der nächsten Ortschaft Ausserberg. Trotzdem müssen Wanderer keine stramme Tagestour dorthin unternehmen. An der zentralen Parkuhr im Ort gibt es eine Fahrbewilligung für die schmale und teils abenteuerliche Straße hinauf zur Parknische am Fuxtritt auf 1851 Metern Höhe. Von dort aus führt ein Wanderweg in zwei Stunden zuerst durch südseitigen Lärchenwald, dann über eine windige Hochebene zur Wiwannihütte. Für Hartgesottene gibt es aber auch einen Klettersteig, der über satte 1550 Höhenmeter aus dem Tal zum Haus hinaufzieht.

Egon Feller ist dort aber nicht immer anzutreffen. Vor allem im Sommer führt er viele Gäste auf das Matterhorn oder auf andere Riesen wie das anspruchsvolle Bietschhorn (3934 m), das nördlich der Hütte liegt. Wer mit ihm ins Gespräch kommt, merkt ihm bei jedem Wort die Liebe zu seiner Heimat an. Begeistert erzählt er von der Geschichte des Wallis. Mythen und Sagen lassen sich in einem handgeschriebenen Heft auf der Hütte nachlesen. Der wettergegerbte Bergführer und Hüttenchef erschloss Hunderte Ein- und Mehrseillängenrouten rund um die Hütte und gab sogar einen eigenen Kletterführer dafür heraus. Da verwundert es wenig, dass er sich selbst mit den Worten »wenn ich klettern kann, bin ich glücklich« charakterisiert. Über den eigentümlichen Namen Wiwanni berichtet er: »Das bedeutet entweder Wanne der Wiehen, womit die Bartgeier gemeint sind, oder Weinwanne.« Vor 1816, dem »Jahr ohne Sommer«, soll hier oben sogar Wein gewachsen sein.

DIE WIWANNIHÜTTE BIETET MIT DIE BESTEN BLICKE AUF DIE VIERTAUSENDERKETTE DER WALLISER ALPEN. SIE LIEGT MITTEN IN EINEM KLETTERPARADIES UND IN IHRER NÄHE LASSEN SICH STEINBÖCKE BEOBACHTEN.

HÜTTENINFO

HÖHE 2471 m TALORT Ausserberg (1008 m)
ZUSTIEG Von der Parknische am Fuxtritt auf ausgeschildertem und markiertem Wanderweg durch Lärchenwald zur Wiwanni.
HÖHENMETER 620 GEHZEIT 2 Std.
BUCHUNG www.wiwanni.ch

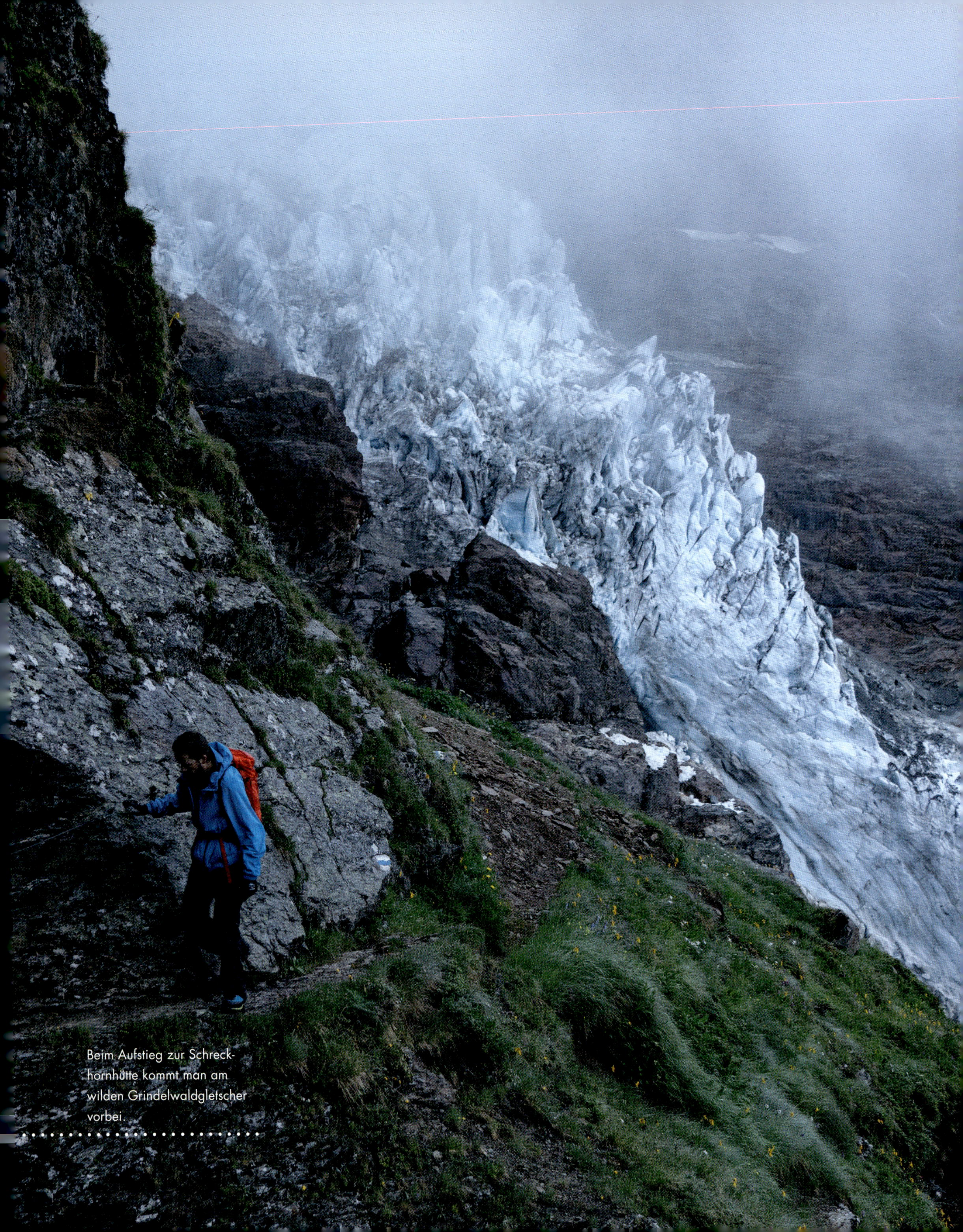

Beim Aufstieg zur Schreckhornhütte kommt man am wilden Grindelwaldgletscher vorbei.

Ganz nah an den Gletschern: die Schreckhornhütte.

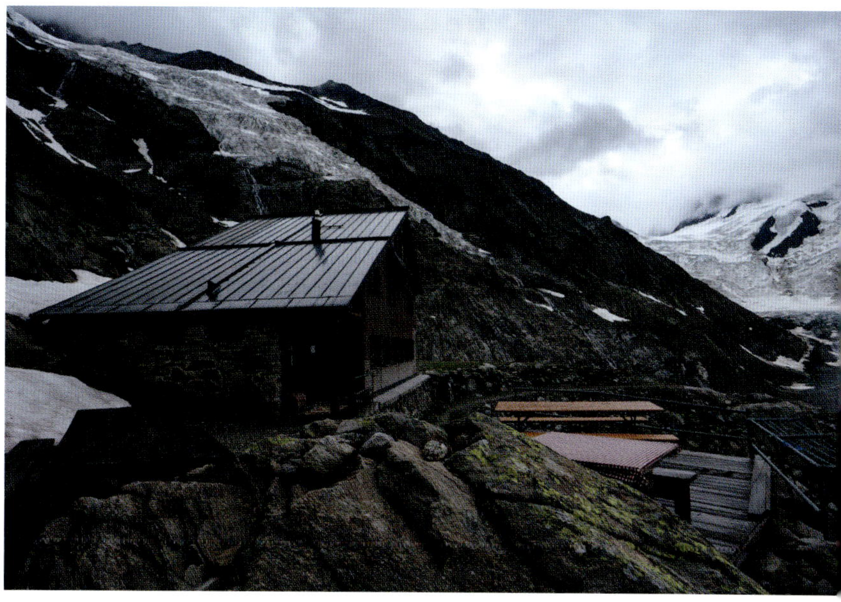

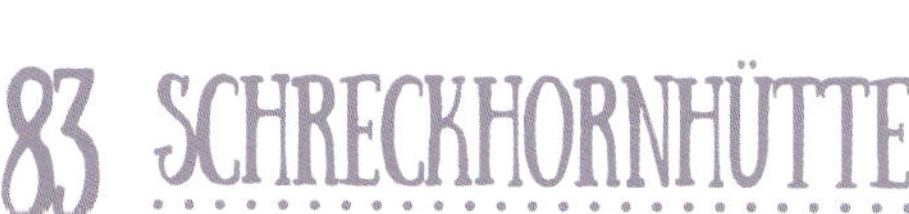

83 Schreckhornhütte

Anspruchsvolle Tour ins Herz der Berner Alpen

Es finden sich höher gelegene Häuser in diesem Buch und solche, zu denen der Anstieg ebenso weit oder noch länger ist. Aber kaum eine Hüttentour gestaltet sich so anspruchsvoll wie die zur Schreckhornhütte. Das passt gut, denn das Schreckhorn über ihr gehört zu den schwierigsten Viertausendern der Schweiz. »Das bringt etwas Elitäres mit sich, weil sich viele das Schreckhorn für den Schluss aufheben und schon auf vielen Viertausendern waren«, sagt Ludivina Petridis-Riedi, die das Haus gemeinsam mit ihrem Bruder Richard Riedi führt.

Grindelwald gehört zu jenen Orten in den Alpen, deren Name durch einen heiligen Gral des Bergsteigens berühmt wurde – den Eiger (3967 m) mit seiner extrem schwierig zu durchsteigenden 1800 Meter hohen Nordwand. Sie bildet praktisch das Empfangskomitee bei der Ankunft. Doch die Wanderung zur Schreckhornhütte führt noch tiefer hinein in die Berner Alpen. Kein Wunder, dass sie es dann auch in sich hat. Zwar kann die Gletscherausrüstung bei einer reinen Hüttentour getrost im Tal bleiben. Doch es geht nah an der steil abbrechenden Zunge des Grindelwaldgletschers vorbei. Trotz der Nähe zum Eis führt der schmale Pfad durch dichte Vegetation und stets an tiefen Abgründen entlang. Neben etwas Kletterkönnen und viel Ausdauer ist also auch stundenlange höchste Konzentration gefragt.

Dabei beginnt alles noch ganz harmlos, wenn auch spektakulär. Von der Bergstation der Seilbahn zum Pfingstegg führt der gut ausgebaute und gesicherte Weg noch ohne Schwierigkeiten zur Bäregghütte. Dort, gegenüber den Ausläufern des Eiger-Mittellegigrats, ändert sich sein Charakter: Ein schmaler Pfad windet sich durch steiles Grasgelände über tiefen Abbrüchen nach oben. Jeder Ausrutscher ist in den kommenden Stunden verboten. Altschneefelder über den Abgründen sorgen für zusätzliche Spannung. Und das war noch lange nicht alles: Am sogenannten Rots Gufer scheint der Weg zu enden. Rechts bricht steil der Grindelwaldgletscher ab, links ragen Felswände auf. An dieser Stelle warnt ein Schild vor alpinen Schwierigkeiten. »Viele haben schon angerufen und abgesagt, weil sie sich an dieser Stelle nicht weitergetraut haben«, erzählt Ludivina Petridis-Riedi. Wer weiter will, muss immer wieder an den Fels fassen, teils helfen Ketten und Leitern. Bei schlechtem Wetter erhält man einen guten Eindruck davon, warum alpine Häuser eigentlich Schutzhütten heißen.

DIE SCHRECKHORNHÜTTE LIEGT AN DEN EISMASSEN DER BERNER ALPEN. VON GRINDELWALD AUS GESEHEN WANDERN BERGSTEIGER AUF EINER ANSPRUCHSVOLLEN ROUTE DURCH EINE TIEFE SCHLUCHT HINTER DEM EIGER VORBEI.

HÜTTENINFO

HÖHE 2530 m TALORT Grindelwald (1034 m)
ZUSTIEG Per Seilbahn zum Pfingstegg und von dort zur Bäregghütte. Nun auf weiß-blau-weiß markierter Route auf teils klettersteigähnlichem Weg über Rots Gufer zur Schreckhornhütte.
HÖHENMETER 1250 GEHZEIT 4,5 Std.
BUCHUNG www.sac-basel.ch/deutsch/huetten/schreckhornhuette/

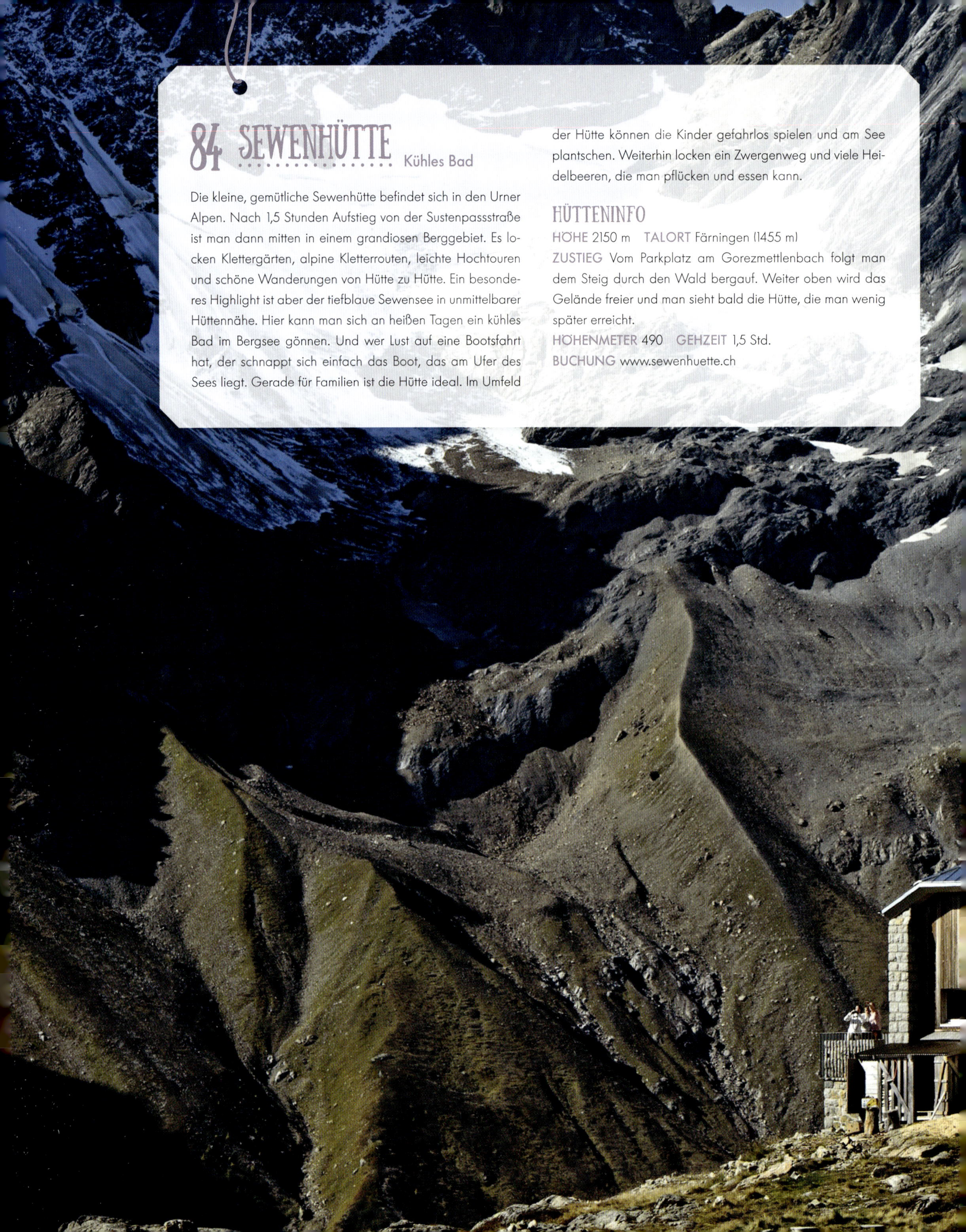

84 SEWENHÜTTE Kühles Bad

Die kleine, gemütliche Sewenhütte befindet sich in den Urner Alpen. Nach 1,5 Stunden Aufstieg von der Sustenpassstraße ist man dann mitten in einem grandiosen Berggebiet. Es locken Klettergärten, alpine Kletterrouten, leichte Hochtouren und schöne Wanderungen von Hütte zu Hütte. Ein besonderes Highlight ist aber der tiefblaue Sewensee in unmittelbarer Hüttennähe. Hier kann man sich an heißen Tagen ein kühles Bad im Bergsee gönnen. Und wer Lust auf eine Bootsfahrt hat, der schnappt sich einfach das Boot, das am Ufer des Sees liegt. Gerade für Familien ist die Hütte ideal. Im Umfeld der Hütte können die Kinder gefahrlos spielen und am See plantschen. Weiterhin locken ein Zwergenweg und viele Heidelbeeren, die man pflücken und essen kann.

HÜTTENINFO

HÖHE 2150 m TALORT Färningen (1455 m)

ZUSTIEG Vom Parkplatz am Gorezmettlenbach folgt man dem Steig durch den Wald bergauf. Weiter oben wird das Gelände freier und man sieht bald die Hütte, die man wenig später erreicht.

HÖHENMETER 490 GEHZEIT 1,5 Std.

BUCHUNG www.sewenhuette.ch

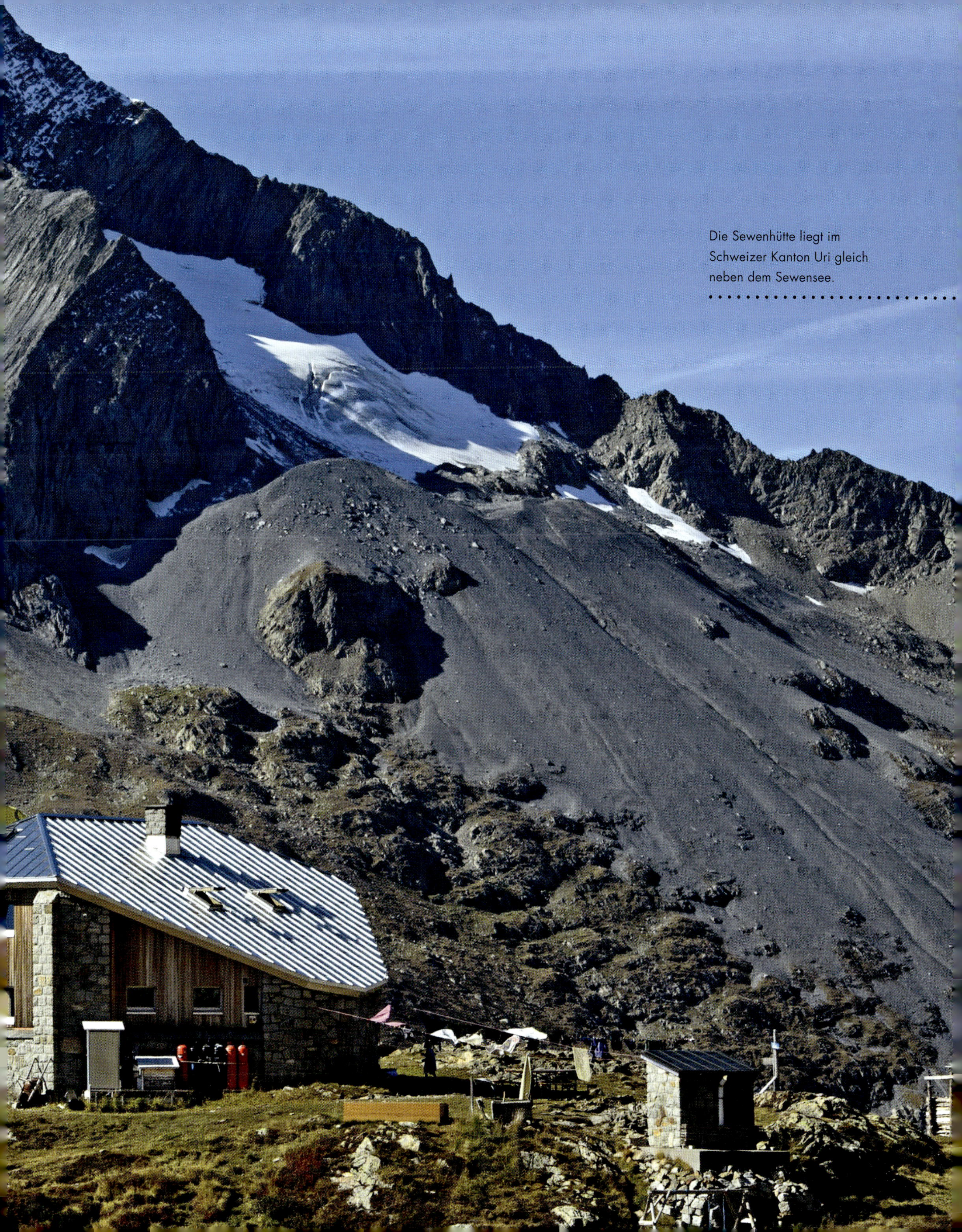

Die Sewenhütte liegt im Schweizer Kanton Uri gleich neben dem Sewensee.

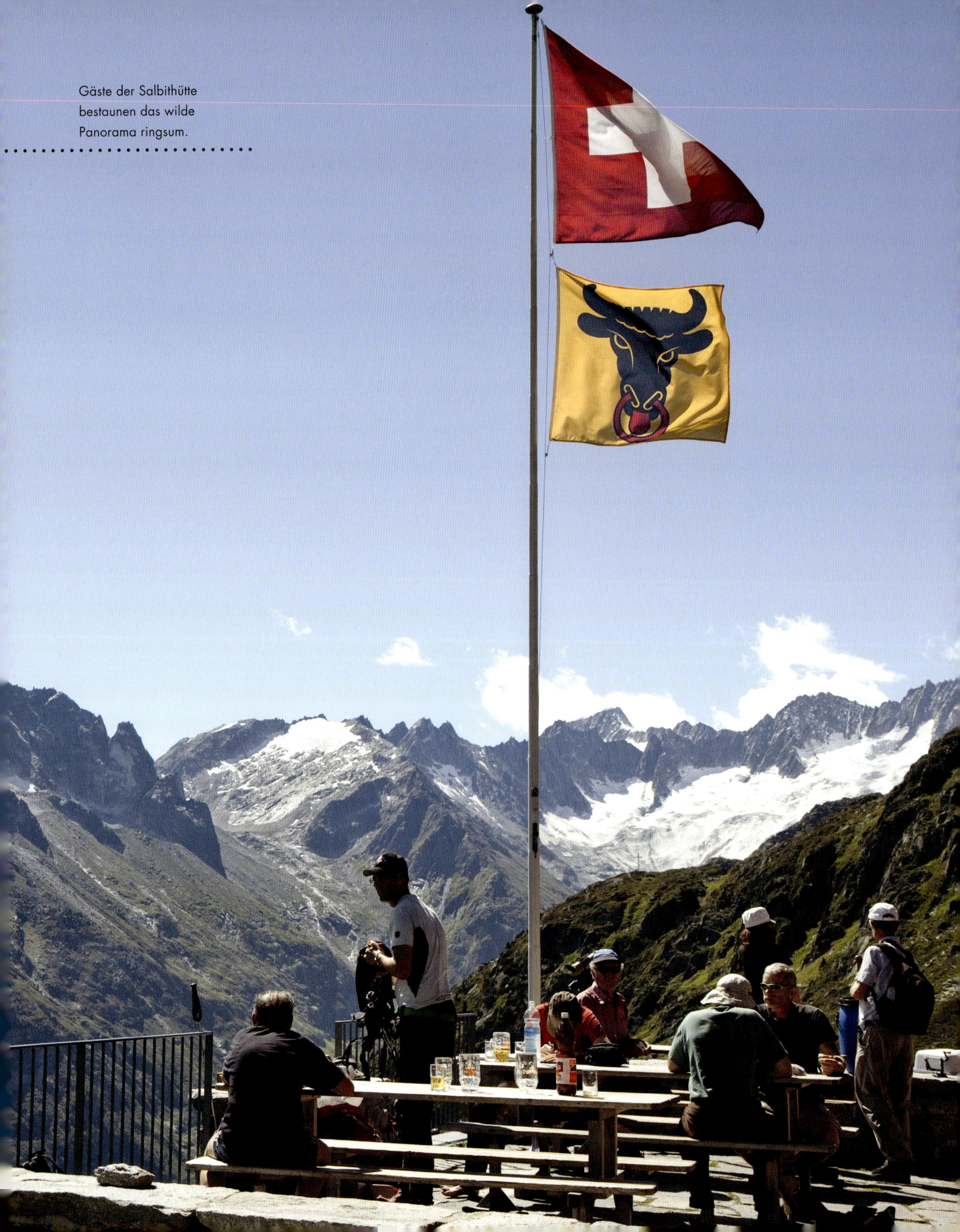

Gäste der Salbithütte bestaunen das wilde Panorama ringsum.

Die Salbithütte liegt am Rande eines wahren Kletterparadieses.

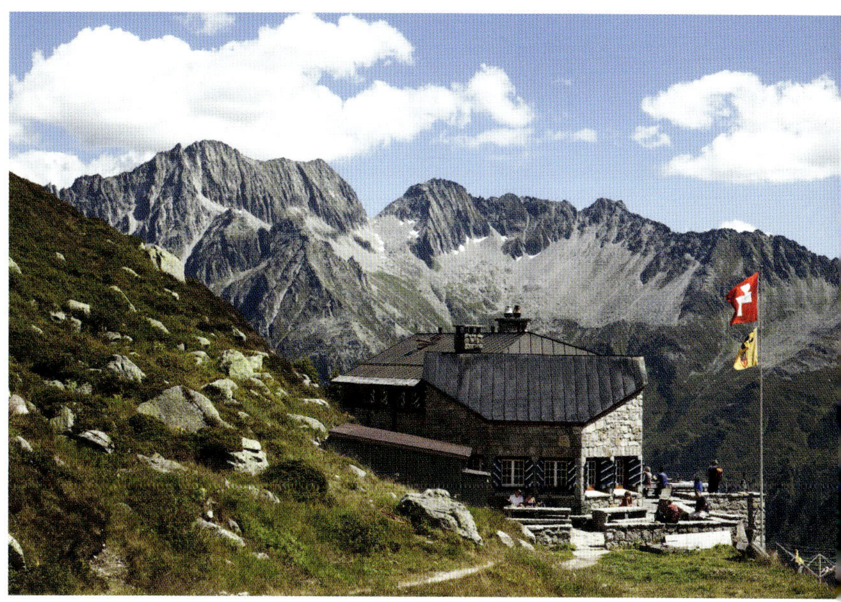

85 SALBITHÜTTE Kletterparadies

Die Salbithütte in den Urner Alpen ist vor allem für ihr Klettergebiet bekannt. Grund hierfür ist der Salbitschijen, berühmt geworden für seine schönen Gratklettereien. Der lange Westgrat, der eindrucksvolle und auch nicht kurze Südgrat und der Ostgrat locken die Kletterer an. Auch in den Wänden und Türmen des Hauptgipfels sowie an den Nachbargipfeln finden sich eindrucksvolle Klettereien in bombenfestem Granit. Aber man sieht hier oben auf der Salbithütte inzwischen nicht nur Kletterer. Auch Wanderer kommen immer öfter vorbei. Gerade der Hüttenweg zur Voralphütte ist wunderschön und sehr beliebt. Er führt über die 90 Meter lange Salbitbrücke, die den Tobel des Stotzig Chäle überwindet. Ein wirklich grandioses Erlebnis. Für den Weg, der teilweise auch mit Drahtseilen und Eisenstiften abgesichert ist, empfiehlt sich die Mitnahme eines Klettersteigsets. Und sogar eine echte kleine Hochtour gibt es – auf das Rohrspitzl. Der Gipfel ist übrigens auch im Winter ein lohnendes Skitourenziel für Könner. Dann allerdings muss man ohne den Luxus einer Hüttenbewirtung auskommen und sich mit dem Winterraum der geschlossenen Hütte begnügen.

Viel zur Erschließung des Gebirges beigetragen hat Hans Berger, der 34 Jahre Hüttenwart auf der Salbithütte war. Er richtete die fünf Klettergärten um die Hütte ein, sanierte die klassischen Kletterrouten im Hüttengebiet und erschloss einige Neutouren im Salbitgebiet. Zudem plante er den Bau der Hängebrücke. Diese Brücke und die damit geschaffene Hüttenverbindung haben die Nächtigungszahlen der Salbithütte nachhaltig gesteigert, was für einen wirtschaftlichen Betrieb der Hütte sehr wichtig ist. Hans Berger setzte sich dabei durch, obwohl der SAC das Projekt am Anfang für unrealisierbar hielt. Sieben Jahre dauerte es von der Idee bis zur fertigen Brücke.

NUR ETWAS FÜR NERVENSTARKE IST DER ÜBERGANG VON DER SALBITHÜTTE ÜBER DIE HÄNGEBRÜCKE ZUR VORALPHÜTTE.

Gemütlichkeit ist auch ein Trumpf der Salbithütte. Ich kann mich noch an ein wunderbares Abendessen auf der Hüttenterrasse bei Hans erinnern. Inzwischen hat er sich in den Ruhestand zurückgezogen, um mehr Zeit mit seiner Familie zu verbringen. Die Salbithütte übergab er an Richard Walker, der sich mit viel Liebe und Engagement um das Schmuckstück der SAC-Sektion Lindenberg und um seine Gäste kümmert.

HÜTTENINFO

HÖHE 2105 m TALORT Göschenen (1111 m)
ZUSTIEG Vom Parkplatz Grit wandert man in vielen Kehren über die steilen Südhänge zum Regliberg. Nun werden die Serpentinen weiter und man erreicht bald die Hütte.
HÖHENMETER 900 GEHZEIT 2,5 Std.
BUCHUNG www.salbit.ch

REGISTER

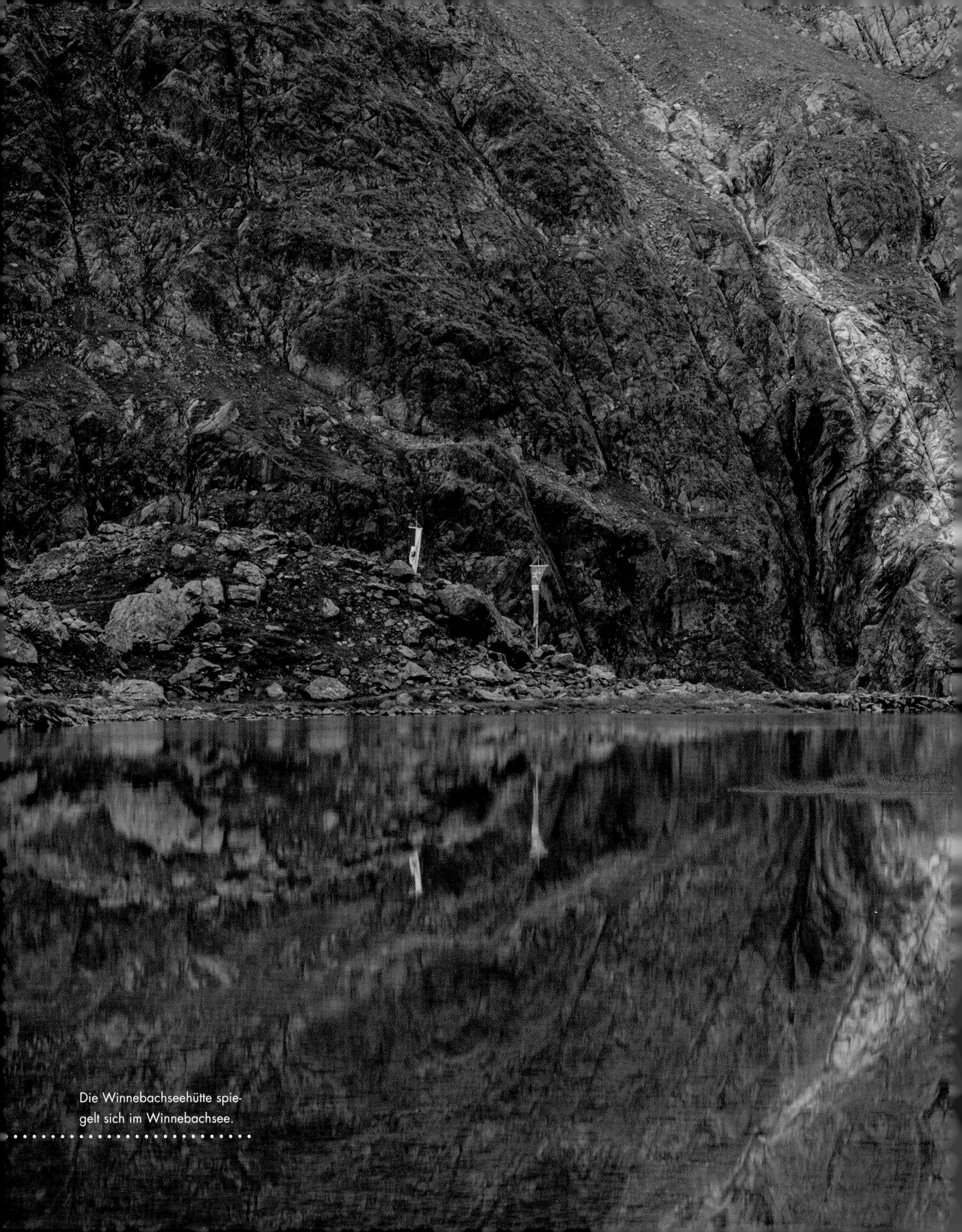

Die Winnebachseehütte spiegelt sich im Winnebachsee.